21世纪高等学校工程管理系列教材
名校精品课程配套教材
一流本科专业一流本科课程建设系列教材

工程经济学

第 2 版

华中科技大学　杜春艳　唐菁菁　周　迎　编

骆汉宾　主审

机械工业出版社

本书是作者几十年工程实践和教学研究的结晶，编写内容在满足《高等学校工程管理本科指导性专业规范》对"工程经济学"课程基本知识单元和知识点的教学要求的同时，吸收了国内有关领域的前沿研究成果，紧密结合了我国工程经济的实际。本书在系统介绍工程经济学的基础理论的同时，列举的案例与课后习题都更加注重实用性和可操作性，力求体现我国目前在工程经济分析和建设项目经济评价中的实际做法。

本书共 9 章，主要内容包括绪论、资金的时间价值、建设项目的经济要素、建设项目的经济评价指标与方法、建设项目多方案的比选、不确定性分析与风险分析、投资项目的经济评价及社会评价、价值工程、设备更新的经济分析。本书配有教师用课件、授课视频和课后习题答案等教学资源，以便教师组织教学及学生自学。

本书可作为高等学校工程管理和土木工程专业的本科生教材，也可作为其他专业本科生学习工程经济学和技术经济学课程的参考书，还可供从事工程规划、设计、施工、管理和投资咨询等工作的工程技术人员参考。

图书在版编目（CIP）数据

工程经济学/杜春艳，唐菁菁，周迎编. —2 版. —北京：机械工业出版社，2024.1（2025.6 重印）

21 世纪高等学校工程管理系列教材　名校精品课程配套教材　一流本科专业一流本科课程建设系列教材

ISBN 978-7-111-74633-1

Ⅰ.①工⋯　Ⅱ.①杜⋯　②唐⋯　③周⋯　Ⅲ.①工程经济学-高等学校-教材　Ⅳ.①F062.4

中国国家版本馆 CIP 数据核字（2024）第 005047 号

机械工业出版社（北京市百万庄大街 22 号　邮政编码 100037）
策划编辑：林　辉　　责任编辑：林　辉　刘春晖
责任校对：李　婷　　封面设计：张　静
责任印制：单爱军
保定市中画美凯印刷有限公司印刷
2025 年 6 月第 2 版第 4 次印刷
169mm×239mm・18 印张・367 千字
标准书号：ISBN 978-7-111-74633-1
定价：49.80 元

电话服务　　　　　　　　　　　网络服务
客服电话：010-88361066　　　　机　工　官　网：www.cmpbook.com
　　　　　010-88379833　　　　机　工　官　博：weibo.com/cmp1952
　　　　　010-68326294　　　　金　书　网：www.golden-book.com
封底无防伪标均为盗版　　　　　机工教育服务网：www.cmpedu.com

前言 PREFACE

人类社会的进步和发展是与人类有目的、有组织的工程经济活动分不开的。由于工程经济活动要消耗资源，因此最大限度地节约资源，使工程经济活动的效果满足人们的需要，显得尤为重要。

工程经济学是适应现代化大生产和投资决策科学化的客观要求而产生的一门研究工程投资项目经济、工程技术经济评价原理与方法的新学科。

20世纪30~40年代，工程经济学在美国得到了初步发展；20世纪60~70年代，形成了相对完整的学科领域。工程经济学在世界其他国家也得到了广泛的重视和应用，如英国的业绩分析、日本的经济性工程学等。自20世纪70年代末改革开放以来，工程经济学的原理和方法在我国也得到了广泛应用和发展。在项目决策阶段、实施阶段和运营阶段，对项目及方案进行评价时，不仅注重其技术的可行性与先进性，而且逐步重视其软环境指标的研究，诸如经济效果、社会效果等。

随着社会生产力的发展，工程技术现已成为经济不可分割的部分，脱离经济的工程与技术是没有生命力的，同时，经济的发展也离不开工程技术的进步，工程技术和经济两者既相互促进又相互制约。工程经济学作为研究工程技术与经济关系的一门学科，现已成为各类工科专业的专业基础课。

"工程经济学"课程是华中科技大学土建类专业的平台课程。教师在教学过程中形成了强大的教学团队，主要教学成员均具有二三十年的"工程经济学"课程教学实践经验,对工程经济学教材体系、重要知识点很熟悉。教学中,在讲授传统基础理论与方法的同时,尽量结合新的国家政策、新的管理理论方法、新的工程案例,取得了良好的教学效果。该课程于2008年被评为华中科技大学校级精品课程。

本书是作者几十年工程实践和教学研究的结晶,编写内容在满足《高等学校工程管理本科指导性专业规范》对"工程经济学"课程基本知识单元和知识点的教学要求的同时,吸收了国内相关领域的前沿研究成果。党的二十大报告中指出"培养造就大批德才兼备的高素质人才,是国家和民族长远发展大计。"本书紧密结合了我国工程的实际,在系统介绍工程经济学基础理论的同时,列举的案例与课后习题都更加注重实用性和可操作性,力求体现我国目前在工程经济分析和建设项目经济评价中的实际做法,注重将学生培养成为既懂技术又懂经济的高级工程技术人才。例如:在资金的时间价值一章中,建筑公司的贷款、还款案例,工厂设备投保案例,项目投资现金流量案例,商品房购房银行贷款、还款案例等。这些案例贴近生活实际,使本书具有较高的易读性,改善了教材内容枯燥乏味的弊病。本书还给出了应用Excel电子表格计算复杂工程经济问题的实例。

在编写本书过程中,编者参考了众多学者的著作,这些著作均在参考文献中列出,在此向相关作者致以感谢。同时骆汉宾教授在百忙之中对本书进行了审阅,提出了许多宝贵意见,在此表示感谢。

本书由华中科技大学土木工程与力学学院工程管理系杜春艳、唐菁菁、周迎三人编写,其中杜春艳编写第1章、第2章、第8章,唐菁菁编写第3章、第4章、第5章、第9章,周迎编写第6章、第7章。

限于编者水平,书中难免存在不足之处,请广大同仁及读者提出宝贵意见。

本书配有教师用课件、全程授课视频、习题答案等资源。教师可登录机械工业出版社教育服务网(www.cmpedu.com)注册后下载教师课件及习题答案;读者可扫描书中二维码观看全程授课视频,并获取习题答案。

编 者

二维码清单

名　称	图形	名　称	图形
前言		2.3 资金时间价值的计算	
1.1 工程经济学的概念和性质		2.4 名义利率与有效利率	
1.2 工程经济学的产生与发展		3.1 建设项目的投资及其估算	
1.3 工程技术与经济的关系		3.2 建设项目的成本费用	
1.4 工程经济学的研究对象和范围		3.3 建设项目的收入及税费	
1.5 工程经济分析的基本原理		4.1 建设项目的经济评价指标与方法(1)	
2.1 资金时间价值的基本概念		4.2 建设项目的经济评价指标与方法(2)	
2.2 资金的等值与现金流量		4.3 建设项目的经济评价指标与方法(3)	

（续）

名　　称	图形	名　　称	图形
4.4 建设项目的经济评价指标与方法(4)		7.1 财务评价	
4.5 建设项目的经济评价指标与方法(5)		7.2 国民经济评价	
5.1 建设项目多方案的比选(1)		7.3 社会评价	
5.2 建设项目多方案的比选(2)		7.4 项目后评价	
5.3 独立方案的比选		8.1 价值工程概述	
6.1 不确定性分析与风险分析概述		8.2 价值工程对象的选择和信息收集	
6.2 盈亏平衡分析		8.3 功能分析	
6.3 敏感性分析		第1章习题答案	
6.4 概率分析		第2章习题答案	

二维码清单

（续）

名　　称	图形	名　　称	图形
第 3 章习题答案		第 7 章习题答案	
第 4 章习题答案		第 8 章习题答案	
第 5 章习题答案		第 9 章习题答案	
第 6 章习题答案			

CONTENTS

前言
二维码清单
第1章 绪论 ·········· 1
  1.1 工程经济学的概念和性质 ·········· 1
  1.2 工程经济学的产生与发展 ·········· 2
  1.3 工程技术与经济的关系 ·········· 3
  1.4 工程经济学的研究对象和范围 ·········· 4
  1.5 工程经济分析的基本原理 ·········· 5
  思考题与习题 ·········· 8
第2章 资金的时间价值 ·········· 9
  2.1 资金时间价值的基本概念 ·········· 9
  2.2 资金的等值与现金流量 ·········· 13
  2.3 资金时间价值的计算 ·········· 15
  2.4 名义利率与有效利率 ·········· 24
  2.5 通货膨胀下的资金时间价值 ·········· 28
  思考题与习题 ·········· 32
第3章 建设项目的经济要素 ·········· 34
  3.1 建设项目的投资及其估算 ·········· 34
  3.2 建设项目的成本费用 ·········· 41
  3.3 建设项目的收入 ·········· 46
  3.4 建设项目的税费 ·········· 47
  思考题与习题 ·········· 50
第4章 建设项目的经济评价指标与方法 ·········· 51
  4.1 概述 ·········· 51
  4.2 静态评价指标 ·········· 55

4.3 动态评价指标……………………………………………………………… 62
4.4 基准收益率………………………………………………………………… 70
4.5 建设项目经济评价指标汇总……………………………………………… 73
思考题与习题……………………………………………………………………… 74

第 5 章　建设项目多方案的比选……………………………………………… 76
5.1 多方案之间的关系类型…………………………………………………… 76
5.2 互斥方案的比选…………………………………………………………… 78
5.3 独立方案的比选…………………………………………………………… 94
5.4 混合方案和相关型多方案的比选………………………………………… 99
思考题与习题…………………………………………………………………… 101

第 6 章　不确定性分析与风险分析…………………………………………… 103
6.1 概述………………………………………………………………………… 103
6.2 盈亏平衡分析……………………………………………………………… 106
6.3 敏感性分析………………………………………………………………… 112
6.4 概率分析…………………………………………………………………… 117
思考题与习题…………………………………………………………………… 130

第 7 章　投资项目的经济评价及社会评价…………………………………… 132
7.1 财务评价…………………………………………………………………… 132
7.2 国民经济评价……………………………………………………………… 154
7.3 社会评价…………………………………………………………………… 167
7.4 项目后评价………………………………………………………………… 171
7.5 某公路建设项目可行性研究案例………………………………………… 174
思考题与习题…………………………………………………………………… 192

第 8 章　价值工程……………………………………………………………… 193
8.1 概述………………………………………………………………………… 193
8.2 价值工程对象的选择和信息收集………………………………………… 198
8.3 功能分析…………………………………………………………………… 208
8.4 价值工程在工程设计方案选优中的应用………………………………… 226
8.5 价值工程案例分析………………………………………………………… 229
思考题与习题…………………………………………………………………… 232

第 9 章　设备更新的经济分析………………………………………………… 234
9.1 概述………………………………………………………………………… 234
9.2 设备的经济寿命…………………………………………………………… 237
9.3 设备更新决策……………………………………………………………… 240
9.4 设备租赁决策……………………………………………………………… 243
思考题与习题…………………………………………………………………… 247

附录 ·········· 249
附录A 复利系数表 ·········· 249
附录B 建设项目融资前税前财务基准收益率取值表 ·········· 269
附录C 建设项目资本金税后财务基准收益率取值表 ·········· 270
附录D 建设项目财务评价指标一览表 ·········· 271
附录E "工程经济学"课程知识单元及知识点 ·········· 273

参考文献 ·········· 274

第 1 章

绪 论

本章提要

本章主要介绍工程经济学的概念和性质、工程经济学的产生与发展、工程技术与经济的关系、工程经济学的研究对象和范围、工程经济分析的基本原理等内容。

1.1 工程经济学的概念和性质

1.1.1 工程经济学的概念

工程经济学（Engineering Economics）是工程与经济的交叉学科，是研究工程技术实践活动经济效果的学科。它是以工程项目为主体，把经济学原理应用到与工程经济相关的问题和投资上，以技术-经济系统为核心，研究如何有效利用资源，提高经济效益的科学。

工程经济学中研究的各种工程技术方案的经济效益，是指各种技术在使用过程中如何以最小的投入获得预期产出，或者说如何以等量的投入获得最大产出，如何用最低的寿命周期成本实现产品、作业以及服务的必要功能。

1.1.2 工程经济学的性质

1. 工程经济学是一门与自然科学、社会科学密切相关的边缘学科

要组织生产，进行预测、决策，对技术方案做分析、论证，都离不开科学技术和现代化管理；进行工程项目的投资决策，需要运用数学优化方法和现代计算手段；从事某一行业的企业管理和技术经济工作，也必须了解该行业的生产技术等。因此，自然科学是本课程的基础。进行工程经济分析，就是为获得更高的经济效益，而经济效益的取得离不开管理的改进、职工积极性和创造性的发挥。因此，本课程与社会学、心理学等社会科学相联系。

2. 工程经济学是一门与生产建设、经济发展有着直接联系的应用性学科

无论是工程经济还是企业管理的研究，都要与我国具体情况和生产建设实践密切结合，包括自然资源的特点、物质技术条件和政治、社会、经济状况等。研究所需资料和数据应当来自生产实际，研究目的都是为了更好地配置和利用社会资源，不断提高经济效益。因此，工程经济学是一门应用性较强的学科。

3. 工程经济学是一门定性与定量分析并重的学科

工程经济与企业管理都要求有一套系统全面的研究方法。随着自然科学与社会科学的交叉与融合，使系统论、数学、计算机进入工程经济和企业管理领域，使过去只能定性分析的某些因素，现在可以定量化。但是，仍存在大量无法定量化的因素，如技术政策、社会价值、企业文化等。因此，在研究中必须注意定性与定量分析的结合。

1.2 工程经济学的产生与发展

工程经济学的历史可以追溯到1887年惠灵顿（Arthur M. Wellington）的《铁路布局的经济理论》的出版。惠灵顿认为，资本化的成本分析法可应用于铁路最佳长度或路线曲率的选择，从而开创了工程经济领域中的经济评价工作。作为一名建筑工程师，在他看来，工程经济并不是建造艺术，而是一门少花钱多办事的艺术。

1915年，斯坦福大学教授菲什（J. C. L. Fish）出版了第一部直接冠以《工程经济学》（*Engineering Economics*）名称的著作。在这本著作中，菲什教授将投资模型与证券市场联系起来，其分析内容包括投资、利率、初始费用、商业与商业统计、估价与预测、工程报告等。同期，戈尔德曼（O. B. Goldman）教授在其著作《财务工程学》中指出，工程师的最基本责任就是考虑成本，以便取得真正的经济效益，即赢得最大可能数量的货币，获得最佳的财务效率。

1930年，在距惠灵顿的《铁路布局的经济理论》的出版43年后，格兰特（Eugene L. Grant）教授发表了被誉为工程经济经典之作的《工程经济原理》，真正使工程经济学成为一门系统化科学，在这本书中，以复利计算为基础，讨论了判别因子和短期评价的重要性以及资本长期投资的一般方法，首创了工程经济的评价理论和原则。

工程经济学作为一门独立的学科，从产生到现在，其研究内容在不断地扩大和完善。从20世纪40年代至60年代初，研究内容从单纯的工程费用效益分析发展到市场供求和投资分配领域，进入60年代后，研究内容主要集中在风险投资、决策敏感性分析和市场不确定性分析三个方面。

近十几年来，西方工程经济学理论出现了宏观化研究的趋势，工程经济中的微观部门效果分析正逐渐同宏观的研究效益、环境效益、社会效益分析结合在一起，国家的经济制度和政策等宏观问题成为当代工程经济学研究的新内容。

1.3 工程技术与经济的关系

为了弄清工程技术与经济的关系，先要了解工程、技术与经济的概念。

1. 工程

工程是指土木建筑或其他生产、制造部门用比较大而复杂的设备来进行的工作，如土木工程、机械工程、交通工程、化学工程、采矿工程、水利工程等。

一项工程要为人们所接受必须具备两个条件：一是技术上的可行性；二是经济上的合理性。在技术上无法实现的项目是不可能存在的，因为人们还没有掌握它的客观规律；而一项工程如果只讲技术可行，忽略经济合理性也同样是不能被接受的。人们发展技术、应用技术的根本目的，正是在于提高经济活动的合理性，这就是经济效益。技术的先进性与它的经济合理性是相一致的，凡是先进的技术，一般来说，总是具有较高的经济效果。因此，为了保证工程技术更好地服务于经济，最大限度地满足社会需要，就必须研究、寻找技术与经济的最佳结合点，在具体目标和条件下，获得投入产出的最大效益。

2. 技术

人们通常将技术与科学视为一体，但科学和技术是有着根本区别的。科学是人们对客观规律的认识和总结，而技术则是人们改造自然的手段和方法，是人类在利用自然和改造自然的过程中积累起来并在生产劳动中体现出来的经验和知识。科学家的作用是发现宇宙间各种现象的规律来丰富人类的知识宝库，而工程师的作用是把这些知识用于特定的系统中，为社会提供商品和劳务。科学是认识和发现，技术是创造和发明。技术是在产品（或结构、系统及过程）开发、设计和制造中所采用的方法、措施、技巧，运用劳动工具（包括机械设备等），正确有效地使用劳动对象和保护资源与环境，有目的地加工生产，更好地改造世界，为人类造福。技术一般包括自然技术和社会技术两方面。自然技术是根据生产实践和自然科学原理而发展形成的各种工艺操作方法、技能和相应的生产工具及其他物质装备。社会技术是指组织生产及流通等技术。

3. 经济

现代汉语中所使用的"经济"一词，源于19世纪后半叶，由日本学者从英语"Economy"翻译而来，如无特殊说明，一般不包括古汉语中"经邦济世""经国济民"的意思。

"经济"是一个多义词，通常有以下四个方面的含义：

经济是指生产关系，指社会经济体制，是生产关系的总和，如马克思的政治经济学研究的经济的含义。

经济是指一国国民经济的总称，或指国民经济的各部门，如工业经济、农业经济、运输经济等。

经济是指社会生产和再生产，即指物质资料的生产、交换、分配、消费的现象和过程，如工业经济学研究的经济含义。

经济是指节约或节省，指对资源的有效利用和节约，如工程经济学研究的经济含义。工程经济学研究的经济不仅是指可以用货币计量的经济效果，还包括不可用货币计量的经济效果，不仅包括工程所直接涉及的经济效果，还包括由此而引起的间接效果。

4. 工程技术与经济

在人类进行物质生产、交换活动中，工程技术和经济是始终并存且不可分割的两个方面，两者相互促进又相互制约。第一，对任何技术的采用或者进行工程建设都是为一定的经济目标服务，经济的发展成为技术进步的动力和方向。第二，经济的发展又必须依赖于一定的技术手段，技术进步是推动经济发展、提高经济效益的重要条件和手段。第三，任何新技术的产生与应用又都必须消耗人力、物力和资金等资源，这些都需要经济的支持，同时经济发展又将推动技术的更大进步。第四，技术具有强烈的应用性和明显的经济目的性，技术生存的必要条件是其先进性和经济合理性的结合，没有应用价值和经济效益的技术是没有生命力的。技术与经济的这种特性使得它们之间有着紧密而又不可分割的联系，它们之间的这种相互促进、相互制约的联系，使任何工程的实施和技术的应用都不仅是一个技术问题，同时又是一个经济问题。

1.4 工程经济学的研究对象和范围

工程经济是微观经济学的一个特殊领域，工程经济学涉及工程技术和经济的关系。工程经济学作为一门新兴学科现在已经得到了很大的发展，但是对于工程经济学的研究对象却存在着不同的认识，归纳起来有下面几种观点：

1）从经济角度选择最佳方案。工程经济学研究技术方案、技术政策、技术规划、技术措施等的经济效果，通过计算分析寻找具有最佳经济效果的技术方案。

2）工程经济学研究技术与经济的关系。技术与经济相互促进与协调发展，以达到技术与经济的最佳结合。

3）工程经济学是研究生产、建设中各种技术经济问题的学科。

4）工程经济学是研究技术创新、推动技术进步、促进企业发展和国民经济增长的科学。

总的来看，工程经济学是研究技术与经济的关系以及技术经济活动规律的科学，它是利用经济学的理论和分析方法研究如何有效地在各种技术之间配置资源，寻求技术和经济最佳结合的学科。具体地说，就是研究为实现一定功能而提出的在技术上可行的技术方案、生产过程、产品或服务，在经济上进行计算、分析、比较和论证的方法的科学。工程经济学并不关心怎样设计一个工程项目（如一个工厂、一座桥梁）或者如何建设它，它关心的问题是：是否应该在这个地点、这个时间建这个项目？如果建这个项目，将要花多少钱？这样的问题可应用于许多工程，如铁路定线、建筑物高度方案的选择、机械设备是购买还是租赁等。

本书的研究对象主要是工程项目，即以工程项目为主体，以技术经济系统为核心，研究各种工程技术方案的经济效益，通过对经济效果的计算，以求找到最优的工程方案，作为决策部门进行工程技术决策的依据。这里所说的项目是指投入一定资源的计划、规划和方案并可以进行分析和评价的独立单位。项目的含义很广泛，它可以是一座拟建中的水电站或工厂、车间，也可以是一项技术革新或改造的计划，还可以是设备更新方案等。

1.5 工程经济分析的基本原理

1.5.1 工程技术方案经济效果评价的基本原则

工程（技术）经济学是工程技术和经济相结合的综合性的边缘科学，工程（技术）经济学必须以自然规律为基础，以经济科学作为理论指导和方法论，在尊重客观经济规律的前提下，对项目方案、成熟的技术和新技术进行经济性分析、比较和评价，从经济的角度为项目方案、技术的采用和发展提供决策依据。

工程技术经济分析中最常用的方法是方案比较法，其为一项综合性很强的工作，必须用系统分析的观点正确处理各方面的矛盾关系，以下原则应贯穿在工程技术方案经济效果评价的始终。

1. 动态分析与静态分析相结合，以动态分析为主

在方案评价时，要考虑投入—产出资金的时间价值，进行动态的价值判断，即将项目建设和生产不同时间段上资金的流入、流出折算成同一时点的价值，变成可加性函数，从而为不同项目或方案的比较提供同等基础，这对于提高决策的科学性和准确性有重要的作用。

2. 定量分析与定性分析相结合，以定量分析为主

工程技术方案的经济分析，是通过项目建设和生产过程中的费用—效益计算，给出明确的数量概念，进行事实判断，而不是笼统地定性描述。凡可量化的经济要素都应作出量的表述，这就是说，一切技术方案都应尽可能通过计算定量指标将隐含的经济价值揭示出来。

3. 满意度分析与最优化分析相结合，以满意度分析为主

传统决策理论是建立在绝对逻辑基础上的一种封闭式决策模型，它把人看作具有绝对理性的"理性人"或"经济人"，在决策时，会本能地遵循最优化原则（即取影响目标的各种因素的最有利的值）来选择实施方案。而以美国经济学家西蒙

(Simon) 首创的现代决策理论的核心则是"令人满意"准则。他认为，由于人的头脑能够思考和解答问题的容量同问题本身规模相比非常渺小，因此在现实世界里，要采取客观的合理举动，哪怕接近客观合理性也是很困难的。因此，对决策人来说，最优化决策几乎是不可能的。西蒙提出了用"令人满意"准则来代替"最优化"准则，他认为决策人在决策时，可先对各种客观因素、执行人据以采取的可能行动，以及这些行动的可能后果加以综合研究，并确定一套切合实际的衡量标准。如果某一可行方案符合这种衡量标准，并能达到预期的目标，则这一方案便是满意的方案，可以采纳。否则应对原衡量标准作适当的修改，进行下一轮方案选择。

4. 差异分析与总体分析相结合，以差异分析为主

进行经济效果分析，一般只考虑各技术方案的差异部分，不考虑方案的相同部分，因而可把方案之间的共同点省略，这样既可以减少工作量，又使各对比方案之间的差别一目了然。但在省略时，一定要保证舍弃的确实是方案之间的相同部分，因为哪怕是微小的差异也会使分析结果产生变化。

5. 价值量分析与实物量分析相结合，以价值量分析为主

不论是财务评价还是国民经济评价，都要设立若干实物指标和价值指标。在计划经济下，我国往往侧重考虑生产能力、实物消耗、产品产量等指标。在目前的市场经济条件下，应把投资、劳动力、信息、资源和时间等因素都量化为用货币表示的价值因素，对任何项目或方案都用具备可比性的价值量去分析，以便于项目或方案的取舍和判别。

6. 全过程效益分析与阶段效益分析相结合，以全过程效益分析为主

技术实践活动的经济效果，是在目标确定、方案提出、方案选优、方案实施以及生产经营活动的全过程中体现出来的，忽视哪一个环节都会前功尽弃。在全过程效益分析中，还必须重点突出。以前，我国普遍重视工程项目投产后的经济效益，对基本建设过程的经济效果重视不够；在基本建设工作中，又普遍忽视工程建设项目前期工作阶段的经济分析，而把主要精力放在施工阶段。这样做尽管也有效果，但毕竟是"亡羊补牢"，事倍功半。所以，要有效地提高技术活动的经济效果，就要坚决地把工作重点转到建设前期阶段上来，未雨绸缪，以取得事半功倍的效果。

7. 宏观效益分析与微观效益分析相结合，以宏观效益分析为主

对工程技术方案进行经济评价，不仅要看其本身获利多少，有无财务生存能力，还要考虑其需要国民经济付出多大代价及其对国家的贡献。如果项目自身的效益是以牺牲其他企业的利益为前提，或使整个国民经济付出了更大的代价，那么对全社会来说，这样的项目就是得不偿失的。我国现行经济效果评价方法规定，项目评价分为财务评价与国民经济评价两个层次，当两个层次的评价结论发生矛盾时，一般情况下，应以国民经济评价的结论为主来考虑项目或方案的取舍。

6. 预测分析与统计分析相结合，以预测分析为主

技术经济学所讨论的经济效果问题几乎都和"未来"有关，它的着眼点是"未来"，也就是对技术政策、技术措施制订以后，或技术方案被采纳后，将要带来的经济效果进行计算、分析与比较。技术经济学关心的不是某方案已经花费了多少代价，它是不考虑"沉没成本"（过去发生的，而在今后的决策过程中，我们已无法控制的，已经用去的那一部分费用）的多少，而只考虑从现在起为获得同样使用效果的各种机会（方案）的经济效果。

工程（技术）经济学讨论的是各方案"未来"的经济效果问题，那么就意味着它们含有"不确定性因素"与"随机因素"的预测与估计，这将关系到技术效果评价计算的结果。因此工程（技术）经济学是建立在预测基础上的科学。

1.5.2 工程技术方案经济效果评价的可比性条件

为了在对各种工程技术方案进行评价和选优时，能全面、正确地反映实际情况，必须使各方案的条件等同化，这就是所谓的"可比性问题"。由于各个方案涉及的因素是极其复杂且多样化的，所以不可能做到绝对的等同化，何况其中还包括一些目前还不能加以定量表达的所谓不可转化因素。因此，在实际工作中我们只能做到受经济效果影响较大的主要方面达到可比性的要求。一般要求在各方案之间达到以下四个可比性要求：

1. 满足需要的可比性

例如，住宅和厂房是分别满足居住与生产的需要而建设的，它们都需要投资，但由于它们满足需要的目标不同，所以在比较投资经济效益时，应将住宅与住宅、厂房与厂房进行比较。

2. 相关费用的可比性

所谓相关费用，就是如何确定合理计算方案费用的范围。两个方案，如果计算费用的范围不合理，也没有可比性。例如，钢模板与木模板的采用，不能单一考虑模板的购置费用，还应考虑其在使用过程中的相关费用，如模板的维护费用、使用的一次的摊销费用、拆模费用等。

3. 时间因素的可比性

技术方案的经济效果，除了数量的概念以外，还具有时间的概念。例如，有两个技术方案，它们的产品产量、投资、成本完全相同，但时间上有差别，其中一个投产较早，而另一个投产较晚；或者一个投资早，另一个投资晚；或者一个方案的使用寿命长，另一个方案的使用寿命短。在这种情况下，这两个方案的产出即使相同，也不能简单地进行比较。必须考虑时间因素的影响，计算资金的时间价值。

不同的技术方案必须符合以下时间方面的可比条件：不同技术方案的经济比较应该采用相等的计算期作为比较基础；同时应该考虑它们由于在人力、物力和资源的投入以及效益的发挥的时间先后不同时对国民经济所引起的经济影响的大小。

4. 价格的可比性

在经济分析中最通用的办法，是采用价格指标，几乎绝大部分效益和费用都是在价格的基础上计算出来的。因此，价格体系是否合理是方案比较中必须考虑的问题。我国现行的价格体系不尽合理，表现为工农业产品比价不合理；资源性产品与加工性产品价格比价不合理；公用事业价格比价不合理；质量与技术处于不同层次的产品比价不合理等。这些不合理因素，使不同技术方案缺乏价格的可比性，若按现行价格进行评价，其结果往往带有片面性。因此，在方案比较中，对产出物和投入物的价格应尽量采用可比价格。

可比性所涉及的问题远不止上述四种，还有定额标准、安全系数等。分析人员认为必要时，可自行斟酌决定。总之，满足可比条件是方案比较的前提，必须遵守。

思考题与习题

1. 简述工程技术与经济的关系。
2. 工程经济学的研究对象是什么？
3. 工程技术经济评价的原则及可比性条件是什么？

第 2 章

资金的时间价值

本章提要

资金时间价值理论和计算方法是工程经济学的理论基础和有效的经济分析工具。本章主要介绍资金时间价值的概念、现金流量的表达方式、资金等值计算公式、名义利率与有效利率的概念和换算、通货膨胀下的资金时间价值等内容。

2.1 资金时间价值的基本概念

2.1.1 资金时间价值的概念

资金时间价值,是指资金在生产和流通过程中随着时间推移而产生的增值,它是进行经济分析时必须考虑的重要因素。

通常认为,由于通货膨胀、货币贬值、投资风险和银行存款利息的存在,现在的一元钱不等于将来的一元钱。这是因为现时的一元钱通过投入一定的经济活动,获取一定的利润(利息)后,将来就会增值而大于一元钱。相反,如果把它锁在保险柜中,不管时间多长都不会增值,若考虑通货膨胀,反而会贬值。从而说相同金额的资金在不同时期中的价值是不同的,资金的时间价值是客观存在的。

在工程经济分析中,无论是技术方案所发挥的经济效益还是所消耗的人力、物力和自然资源,最终都可用资金的形式表现出来。资金运动反映了物化劳动和活劳动的运动过程,而这个过程也是资金随时间运动的过程。因此,在工程经济分析时,不仅要着眼于方案资金量的大小(资金收入和支出的多少),也要考虑资金发生的时点。资金的价值是随时间变化而变化的,是时间的函数,随时间的推移而增值,其增值的这部分资金就是原有资金的时间价值。

影响资金时间价值的主要因素有:

(1)资金的使用时间 在单位时间的资金增值率一定的条件下,资金使用时间越长,则资金的时间价值就越大;反之,其资金的时间价值就越小。

（2）资金数量的大小 在其他条件不变的情况下，资金数量越大，资金的时间价值就越大；反之，资金的时间价值则越小。

（3）资金投入和回收的特点 在总投资一定的情况下，前期投入的资金越多，资金的负效益越大；反之，后期投入的资金越多，资金的负效益越小。而在资金回收额一定的情况下，离现在越近的时间回收的资金越多，资金的时间价值就越大；反之，离现在越远的时间回收的资金越多，资金的时间价值就越小。

（4）资金周转的速度 资金周转越快，在一定的时间内资金回收就越快，原资金的时间价值越大；反之，资金的时间价值越小。

总之，资金的时间价值是客观存在的，讲究资金的时间价值，就是用动态的观点去看待资金的使用和占用，讲求资金运用的效果；而从投资角度来看，就要求人们加快资金周转，早日回收资金，使原有资金最大限度地获得高额回报。

2.1.2 衡量资金时间价值的尺度（利息与利率）

衡量资金时间价值的尺度有绝对尺度和相对尺度。利息、盈利或收益是衡量资金时间价值的绝对尺度；利率、盈利率或收益率则是其相对尺度。

1. 利息（Interest）

利息又称"子金"。在借贷过程中，债务人支付给债权人的超过原借贷款金额的部分就是利息，即

$$I = F - P \tag{2-1}$$

式中 I——利息；

F——本利和，即本金与利息之和；

P——原借贷款金额，又称为"本金"。

在工程经济分析中，利息又可被看做是资金的一种机会成本（Opportunity Cost）。这是因为如果放弃资金的使用权力，相当于失去收益的机会，也就相当于付出了一定的代价。例如，资金一旦用于投资，就不能进行现期消费，而牺牲现期消费又是为了能在将来获得更大的收益以便有更多消费的本钱，从这个意义上讲，利息是指占用资金所付的代价或是放弃近期消费所得的补偿。而建设项目的建设期利息是指筹措债务资金（银行借款和其他债务资金、融资费用）时在建设期内发生并按规定在投产后计入固定资产原值的利息，即资本化利息。

2. 利率（Interest Rate）

利率就是在单位时间内所得利息额与原借贷款金额之比，通常用百分数表示，即

$$i = \frac{I}{P} \times 100\% \tag{2-2}$$

式中 i——利率。

用于表示计算利息的时间单位称为计息周期"n"，计息周期通常为：年、半

年、季、月、周或天。

利率作为一种经济杠杆,在经济生活中起着十分重要的作用,在市场经济条件下,利率的高低由以下几种因素决定:

1) 首先取决于社会平均利润率的高低,并随之呈正向变动,并且遵循"平均利润和不为零"的原则。所谓"平均利润和不为零",是指借方平均收益与贷方所获得的平均利润之代数和不为零。即借方借用货币资金所获得的利润不可能将其全部以利息的形式交给贷款者,而贷方因为放弃了货币资本能够增值的使用价值(资金的时间价值),因而必须获得报酬,利息就不能为零,更不能为负数。一般来说,利息是平均利润(社会纯收入)的一部分,因而利率的变化,要受平均利润的影响。

2) 在平均利润率不变的情况下,利率高低取决于金融市场上借贷资本的供求情况,当借贷资金供大于求时,利率会相应下调;反之,则升高。

3) 借出资本要承担一定的风险,风险越大,利率也就越高。

4) 通货膨胀对利率的波动有直接影响。

5) 借出资本的期限长短。贷款期限越长,风险就越大,利率也就越高。

3. 单利和复利

(1) 单利 单利是指在计算利息时,以本金为基数计算利息,不将利息计入本金,即通常所说的"利不生利"的计息方法,所获得的利息与时间成正比。其计算式如下

$$I = P \cdot i \cdot n \tag{2-3}$$

式中 n——计息期数。

而 n 期末单利的本利和 F 等于本金加上利息,即

$$F = P + P \cdot i \cdot n = P(1 + i \cdot n) \tag{2-4}$$

在式(2-4)中,要注意 n 和 i 反映的时期要一致。如 i 为年利率,则 n 应为计息的年数;若 i 为月利率,n 即应为计息的月数。

【例 2-1】 以单利方式借入 1000 元,年利率为 10%,第四年末一次性偿还本和利,则各年年末利息和年末本利和如表 2-1 所示。

表 2-1 【例 2-1】表 (单位:元)

使用期	年初款额	年末利息	年末本利和	年末偿还
1	1000	1000×10%=100	1100	0
2	1100	100	1200	0
3	1200	100	1300	0
4	1300	100	1400	1400

由表 2-1 可见，单利这种计息方式并不符合客观的经济发展规律，没有反映资金随时都在"增值"的概念，即没有完全反映资金的时间价值。因此，在工程经济分析中单利使用较少，通常只适用于短期投资及不超过一年的短期贷款。

（2）复利　复利是指以本金和累计利息之和为基数来计算利息的方法，即"利生利""利滚利"的计算方式。其表达式如下

$$I_t = i \cdot F_{t-1} \tag{2-5}$$

式中　I_t——第 t 期的利息；

F_{t-1}——表示第（$t-1$）期末本利和。

而 t 期末的本利和为

$$F_t = F_{t-1} \cdot (1+i) \tag{2-6}$$

【例 2-2】　数据同【例 2-1】，按复利计算，则各年年末利息和年末本利和如表 2-2 所示。

表 2-2　【例 2-2】表　　　　　　　　　　　（单位：元）

使用期	年初款额	年末利息	年末本利和	年末偿还
1	1000	1000×10%=100	1100	0
2	1100	1100×10%=110	1210	0
3	1210	1210×10%=121	1331	0
4	1331	1331×10%=133.1	1464.1	1464.1

从表 2-1 和表 2-2 可以看出，同一笔借款，在利率和计息周期均相同的情况下，用复利计算出的利息金额比用单利计算出的利息金额大。本金越大，利率越高，计息周期越多，两者差距就越大。复利计息比较符合在社会再生产过程中资金运动的实际状况。因此，我国现行财税制度规定，投资贷款实行差别利率按复利计算。同样，在工程经济分析中，一般采用复利计算。

复利计算有离散式复利和连续式复利两种。按期（年、半年、季、月、周、日）计算复利的方法称为离散式复利（即普通复利）；按瞬时计算复利的方法称为连续式复利。在实际使用中主要采用离散式复利。

常用的离散式复利计算有一次支付情形和等额支付系列情形两种。

4. 利息和利率在工程经济活动中的作用

1）利息和利率是以信用方式动员和筹集资金的动力。以信用方式筹集资金的一个特点就是自愿性，而自愿性的动力在于利息和利率。投资人首先要考虑的是投资某一项目所得到的利息是否比把这笔资金投入其他项目所得的利息（或利润）要多，否则不会投资。

2）利息促进投资者加强经济核算，节约使用资金。投资者借款需付利息，增加支出负担，这就促使投资者必须精打细算，减少借入资金的占用以便少付利息。

同时可以使投资者自觉压缩库存限额，减少多环节占压资金。

3）利息和利率是宏观经济管理的重要杠杆。国家在不同的时期制定不同的利率政策，就会对整个国民经济及各行业部门产生影响。

4）利息与利率是金融企业经营发展的重要条件。金融机构作为企业，必须获取利润，由于金融机构的存贷款利率不同，其差额成为金融机构业务收入。此款扣除业务费后就是金融机构的利润，其可刺激金融企业的经营发展。

2.2 资金的等值与现金流量

2.2.1 资金等值

等值（Equivalent in Value）是指在资金时间因素的作用下，在不同的时点上绝对值不等的资金具有相等的价值。例如现在的100元，与一年后的108元，虽然绝对数量不等，但如果在年利率为8%的情况下，则这两个时点上的两笔绝对值不等的资金在价值上看是"等值"的。不同时点上数额不等的资金如果等值，则它们在任何相同时点上的数额必然相等。

利用等值概念，把某一时点的资金按一定利率变换为与之等值的另一时点的资金，这个过程称为资金的等值计算。

影响资金等值计算的要素有三个：①资金金额的大小；②资金发生的时点；③计算的利率。在已定资金额及时点情况下，利率是决定资金等值的主要因素。在工程经济分析中，为使项目或方案具有可比性，在等值计算中一般均采用统一的利率。

2.2.2 现金流量及现金流量图

1. 现金流量（Cash Flow）

工程经济分析中对于考察对象所投入的资金、花费的成本、获取的收益，均可看成是以资金形式体现的资金流出或资金流入。这种在考察对象整个期间各时点 t 上实际发生的资金流出或资金流入称为现金流量。其中，流出系统的资金称为现金流出（Cash Outflow），用符号 CO_t 表示；流入系统的资金称为现金流入（Cash Inflow），用符号 CI_t 表示；现金流入与现金流出之差称之为净现金流量（Net Cash Flow），第 t 期的净现金流量用符号 $(CI-CO)_t$ 表示。

现金流量的内涵和构成应视经济分析范围和对象而定。例如，在财务评价中现金流量只计现金收支（包括现金、转账支票等结算凭证），而不计如折旧等项目的内部现金转移。

2. 现金流量图（Cash Flow Diagram）

为了形象地表达经济活动资金流入流出的情况，特别是经济活动现金流量发生次数多，且时间不一时，为清楚有效地分清计息时间，将现金流量表示在二维坐标图上，此图称为现金流量图，又称为现金流量计息图，它是一个二维坐标矢量图。

现以图 2-1 作为说明，绘制时遵照以下规则：

1）水平横线是时间刻度，时间推移自左向右，每一格代表一个时间单位（年、月、日）。始点"0"表示第 1 年（或月、日）开始；"1"表示第 1 年（或月、日）的结束，第 2 年的开始；即第 n 期终点和第 $n+1$ 期始点是重合的。

2）箭头表示现金流动方向，向下表示流出，向上表示流入。箭杆的长短与收入、支出的大小大体按比例绘制，若数额悬殊可象征性绘出两者的差异。

3）借、贷双方的现金流量图不同，因为收支对借、贷双方正好相反。

4）箭线与时间轴的交点即为现金流量发生的"时点"。

例如，某公司向银行贷款 1000 万元，年利率 6%，以年复利计息，按合同规定 4 年后偿还，本利和一共为 1262 万元。公司（借款人）的现金流量图如图 2-1b 所示。银行贷款现金流量图如图 2-1c 所示。

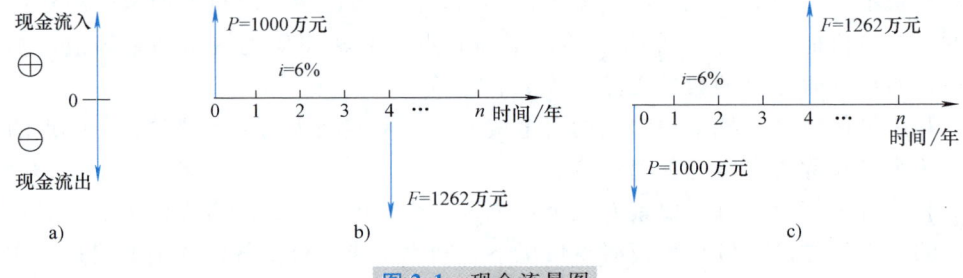

图 2-1 现金流量图
a）现金流入、流出图 b）借款人现金流量图 c）银行贷款现金流量图

现金流量图中的符号通常规定如下：

P——现值（Present Value），即资金发生在某一特定序列中的起始点的价值；

F——终值（将来值）（Final/Future Value），资金发生在某一特定时间序列的终点的价值；

A——年金（Annuities），即连续出现在各计息周期期末的等额收、支金额；

G——每一时间间隔流入或流出的等差变化值（Gradient Value）；

j——每一时间间隔流入或流出的等比变化值；

n——计息周期数（Number of Period）；

i——每个计息周期的利率（Interest Rate）。

总之，要正确绘制现金流量图，必须把握好现金流量的三要素，即现金流量的大小（现金数额）、方向（现金流入或流出）和作用点（现金发生的时点）。

3. 累计现金流量图

当分析某一具体工程项目的现金流量时，还要绘制该工程项目从开始建设至寿命终结时的累计现金流量图。首先对项目将要发生的现金流量作出预测（包括建设期各年发生的投资和投产后历年的销售收入和费用支出,以及终了时的残值),再将其值在"时间—现金"坐标图上把各点表示出来,使分析计算者对项目在整个研究周期上的现金收支一目了然,便于校核。对于"常规"投资项目来说,初期的现金流量常为负值,后期则转为

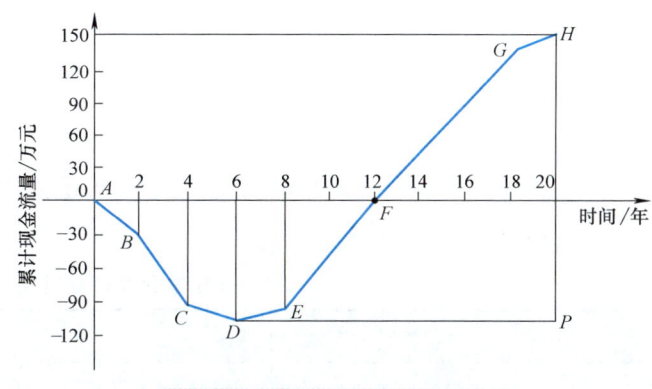

图 2-2　某项目累计现金流量图

正值,最后可能由于市场饱和等不利因素而导致曲线下滑。某项目累计现金流量图如图 2-2 所示。

图 2-2 中所示各点和线段的经济含义如下:

AB——建设前期费用(包括工程开发、研究、设计等);

BC——基本建设投资(土地、厂房、设备等);

CD——试生产前准备的支出(流动资金);

DE——试生产合格后产品的销售收入(含利润);

EFGH——生产获利情况(包括流动资金和固定资产残值回收);

D——累计最大资金支出额;

F——收支平衡点;

H——累计净现金流量的最大值。

2.3　资金时间价值的计算

在工程经济分析中,为了考察投资项目的经济效益,必须对项目寿命周期内不同时间点上所发生的全部收益与费用进行计算和分析。不同时间点上发生的收益与费用,在考察资金时间价值的情况下,不能简单地直接加减,而必须通过等值计算将它们换算到同一时间点上再进行分析。资金等值计算公式是以复利计算公式为基础的,现将主要计算公式介绍如下:

1. 一次支付系列

一次支付又称整付,是指所分析的系统的现金流量,无论是流入还是流出均在某一个时点上一次发生。它包括两个计算公式。

(1) 一次支付终值公式(已知 P,求 F)　一次支付复利终值是指期初一次性投资(贷款)P 元,利率为 i,n 年末一次补偿(或偿还)本利和 F。其现金流量图如图 2-3 所示。

图 2-3 已知 P 求 F 的现金流量图

其公式推导过程如表 2-3 所示。

表 2-3 n 年本利和计算过程

年份	年初本金	当年利息	年终本利和 F
1	P	Pi	$P(1+i)$
2	$P(1+i)$	$P(1+i)i$	$P(1+i)^2$
3	$P(1+i)^2$	$P(1+i)^2 i$	$P(1+i)^3$
⋮	⋮	⋮	⋮
$n-1$	$P(1+i)^{n-2}$	$P(1+i)^{n-2}i$	$P(1+i)^{n-1}$
n	$P(1+i)^{n-1}$	$P(1+i)^{n-1}i$	$P(1+i)^n$

由表 2-3 可见，n 年末的终值 F 与现值 P 的关系用下式表示

$$F = P(1+i)^n \tag{2-7}$$

式中 F——第 n 年末的终值（本利和）；

P——本金（现值）；

i——利率；

n——计息期数；

$(1+i)^n$——一次支付复利系数，可用符号 $(F/P, i, n)$ 表示。

【例 2-3】 某建筑公司进行技术改造，2014 年初贷款 100 万元，2015 年初贷款 200 万元，设年利率为 5%，复利计息，2016 年底一次归还，问共需还款多少万元？

【解】 依题意，作出一次支付未来值现金流量图 2-4。2016 年底的终值由式（2-7）可得

$F = 100\ 万元 \times (1+5\%)^3 + 200\ 万元 \times (1+5\%)^2$

$\quad = 100\ 万元 \times 1.1576 + 200\ 万元 \times 1.1025$

$\quad = 336.26\ 万元$

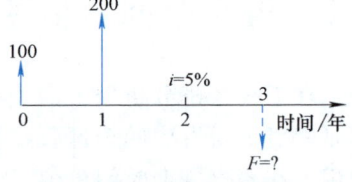

图 2-4 【例 2-3】图

或查表 A-5 中复利系数计算表，即

$F = 100\ 万元 \times (F/P, 5\%, 3) + 200\ 万元 \times (F/P, 5\%, 2)$

$\quad = 100\ 万元 \times 1.1576 + 200\ 万元 \times 1.1025 = 336.26\ 万元$

（2）一次支付现值公式（已知 F，求 P） 这是已知终值 F 求现值 P 的等值公式，是一次支付终值公式的逆运算。它的现金流量图如图 2-5 所示。

根据式（2-7）可得

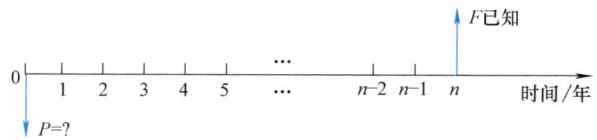

图 2-5　已知 F 求 P 的现金流量图

$$P = F(1+i)^{-n} = F(P/F, i, n) \tag{2-8}$$

式中　$(1+i)^{-n}$——一次支付现值系数，可用符号（P/F，i，n）表示。

【例 2-4】　某人计划 4 年后从银行提取 10 万元，如果银行年利率按 5% 计算，问现在应存入银行多少钱？

【解】　由式（2-8）可得

$$P = 10 \text{ 万元} \times (P/F, 5\%, 4) = 10 \text{ 万元} \times \frac{1}{(1+5\%)^4} = 10 \text{ 万元} \times 0.8227 = 8.227 \text{ 万元}$$

2. 等额支付类型

等额支付是指所分析的系统中现金流入与现金流出可在多个时点上发生，而不是集中在某一个时点上，即形成一个序列现金流量，并且这个序列现金流量数额的大小是相等的。它包括四个下列基本公式。

（1）等额支付年金终值公式（已知 A，求 F）
在工程经济分析中，往往需要计算由一系列期末等额支付累计而成的一次终值，如图 2-6 所示。

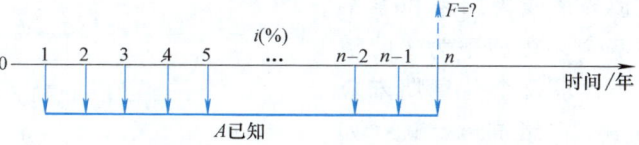

图 2-6　已知 A 求 F 的现金流量图

由图 2-6 不难看出，在 n 年末一次支付总的终值 F 等于每次等额支付 A 的未来值之和（见表 2-4），即

表 2-4　等额支付终值的计算过程

期（年）末	等额支付值	累计本利和（终值）
1	A	A
2	A	$A + A(1+i)$
3	A	$A + A(1+i) + A(1+i)^2$
⋮	⋮	⋮
n	A	$A[1 + (1+i) + (1+i)^2 + \cdots + (1+i)^{n-1}]$

$$F = A[1 + (1+i) + (1+i)^2 + \cdots + (1+i)^{n-1}] \qquad ①$$

等式①两边同乘以 $(1+i)$ 分别可得

$$F(1+i) = A[(1+i) + (1+i)^2 + \cdots + (1+i)^n] \qquad ②$$

由等式②－等式①，得

$$F(1+i) - F = A(1+i)^n - A$$

整理得

$$F = A\left[\frac{(1+i)^n - 1}{i}\right] \tag{2-9}$$

式中 $\frac{(1+i)^n - 1}{i}$ ——等额支付终值利率系数，其表示符号为 $(F/A, i, n)$。

【例2-5】 某建设项目工期5年，每年年末向银行贷款1000万元，年利率6%，问5年建成时其实际负债额为多少万元？

【解】 由式（2-9）可得

$F = 1000\text{万元} \times (F/A, 6\%, 5) = 1000\text{万元} \times \left[\frac{(1+6\%)^5 - 1}{6\%}\right] = 1000\text{万元} \times 5.637 = 5637\text{万元}$

即5年末实际负债额为5637万元。

（2）等额支付偿债基金公式（已知 F，求 A） 等额支付偿债基金公式又称为等额支付积累基金公式。也就是为了在未来偿还一笔债务，或为未来积累某笔基金，在利率为 i 的情况下，求每个计息期末应等额存储的金额，如图2-7所示。

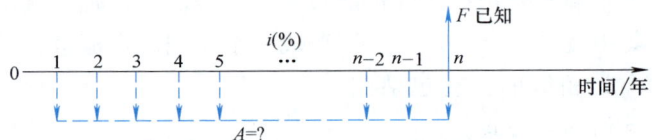

图2-7 已知 F 求 A 的现金流量图

等额支付偿债基金公式是等额支付年金终值公式（2-9）的逆运算，即

$$A = F\left[\frac{i}{(1+i)^n - 1}\right] \tag{2-10}$$

式中 $\frac{i}{(1+i)^n - 1}$ ——等额支付偿债基金利率系数，其表示符号为 $(A/F, i, n)$。

【例2-6】 某厂计划从现在起每年等额自筹资金，在5年后进行扩建，扩建项目预计需要资金500万元，若年利率为6%，则每年应等额筹集多少资金？

【解】 由式（2-10）可得

$A = 500\text{万元} \times (A/F, 6\%, 5) = 500\text{万元} \times \frac{6\%}{(1+6\%)^5 - 1} = 500\text{万元} \times 0.1774 = 88.7\text{万元}$

（3）等额支付现值公式（已知 A，求 P） 如果在收益率为 i 的情况下，希望在今后几年内，每年末能取得等额的存款或收益 A，现在必须投入多少资金？其现金流量如图2-8所示。

由式（2-7）和式（2-9）可推出

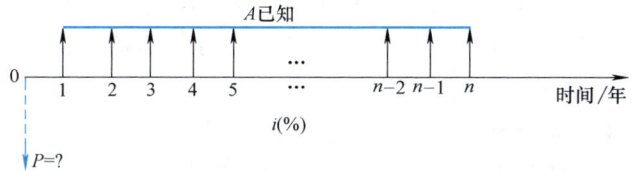

图 2-8　已知 A 求 P 的现金流量图

$$P = F(1+i)^{-n} = A\left[\frac{(1+i)^n - 1}{i}\right] \times \frac{1}{(1+i)^n} = A\left[\frac{(1+i)^n - 1}{i(1+i)^n}\right] \quad (2-11)$$

式中　$\dfrac{(1+i)^n - 1}{i(1+i)^n}$——等额支付现值利率系数，其表示符号为 $(P/A, i, n)$。

【例 2-7】　在未来 5 年中每年年末应为设备支付维修费 5000 元，如年利率为 6%，则现在应存入银行多少钱，才能满足每年有 5000 元的维修费？

【解】　由式（2-11）可得

$$P = 5000 \text{元} \times (P/A, 6\%, 5) = 5000 \text{元} \times \frac{(1+6\%)^5 - 1}{6\%(1+6\%)^5} = 5000 \text{元} \times 4.2124 = 21062 \text{元}$$

（4）等额支付资本回收公式（已知 P，求 A）　该公式是指如果现在投资 P 元，按复利计算，希望分 n 期期末等额回收，那么每次应回收多少才能连本带利全部回收。其现金流量图如图 2-9 所示。

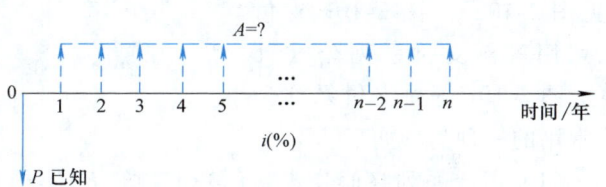

图 2-9　已知 P 求 A 的现金流量图

根据式（2-11）的逆运算可得

$$A = P\left[\frac{i(1+i)^n}{(1+i)^n - 1}\right] \quad (2-12)$$

式中　$\dfrac{i(1+i)^n}{(1+i)^n - 1}$——资本回收利率系数，其表示符号为 $(A/P, i, n)$。

【例 2-8】　某工厂贷款 600 万元开发新产品，银行要求 4 年内等额回收全部贷款本利，已知贷款利率为 8%，那么该工厂平均每年的净收益至少应有多少万元才能还清贷款？

【解】　由式（2-12）可得

$$A = 600 \text{万元} \times (A/P, 8\%, 4) = 600 \text{万元} \times \left[\frac{8\% \times (1+8\%)^4}{(1+8\%)^4 - 1}\right]$$

$= 600\ 万元 \times 0.3019 = 181.14\ 万元$

所以,该工厂每年的净收益至少应有 181.14 万元才够还贷。

3. 等差系列现金流量公式

前面介绍了六个常用资金等值计算公式,但在有些工程经济问题中,现金流量每年都可能有一定数量的增加或减少,如房屋随着其使用期的延长,维修费将逐年有所增加。如果逐年的递增量或递减量是等额的,则称之为等差系列现金流量,如图 2-10a 所示。

图 2-10a 为一个等差递增系列现金流量,可看作是两个支付系列,即等额系列现金流量 A_1(见图 2-10b)和由 G 组成的等额递增系列现金流量(见图 2-10c)。图 2-10b 支付系列用等额支付系列公式计算。图 2-10c 等差支付系列公式常用的三种类型如下:

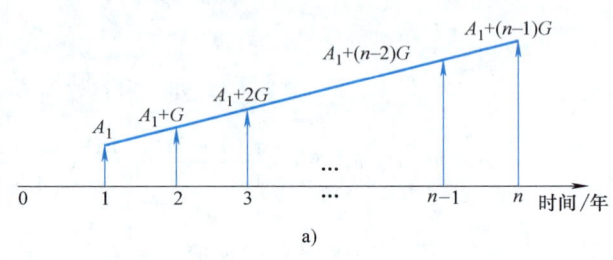
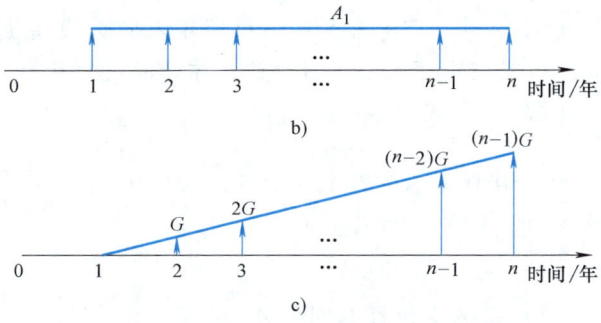

图 2-10 等差系列递增现金流量示意图

(1) 等差系列终值公式(已知 G,求 F) 根据图 2-10c,可列出 F 与 G 的计算式如下:

$$F_G = G(1+i)^{n-2} + 2G(1+i)^{n-3} + \cdots + (n-2)G(1+i) + (n-1)G \qquad ①$$

式①两边同乘以 $(1+i)$ 得

$$F_G(1+i) = G(1+i)^{n-1} + 2G(1+i)^{n-2} + \cdots + (n-2)G(1+i)^2 + (n-1)G(1+i) \qquad ②$$

由式② - 式① 得

$$F_G i = G[(1+i)^{n-1} + (1+i)^{n-2} + \cdots + (1+i)^2 + (1+i) + 1] - nG$$

$$= G\frac{(1+i)^n - 1}{i} - nG$$

整理得

$$F_G = G\left[\frac{(1+i)^n - 1}{i^2} - \frac{n}{i}\right] \qquad (2\text{-}13)$$

式中 $\left[\dfrac{(1+i)^n - 1}{i^2} - \dfrac{n}{i}\right]$——等差支付系列终值系数,用符号 $(F/G, i, n)$ 表示。

因此，图 2-10a、图 2-11 等差系列终值公式用符号表示为

$$F = F_{A_1} \pm F_G = A_1(F/A, i, n) \pm G(F/G, i, n) \quad (2\text{-}14)$$

其中，"减号"为等差递减系列现金流量，如图 2-11 所示。

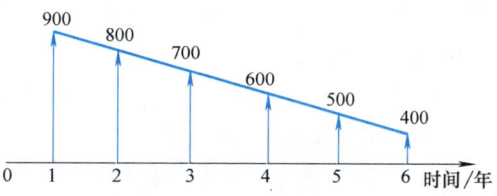

图 2-11 等差系列递减现金流量示意图

（2）等差系列年值公式（已知 G，求 A） 由式（2-10）可得

$$A_G = F_G(A/F, i, n) = G\left[\frac{(1+i)^n - 1}{i^2} - \frac{n}{i}\right]\left[\frac{i}{(1+i)^n - 1}\right]$$

整理得

$$A_G = G\left[\frac{1}{i} - \frac{n}{(1+i)^n - 1}\right] \quad (2\text{-}15)$$

式中 $\left[\dfrac{1}{i} - \dfrac{n}{(1+i)^n - 1}\right]$——等差年值换算系数，用符号 $(A/G, i, n)$ 表示。

因此，图 2-10a、图 2-11 等差系列年值用符号表示为

$$A = A_1 \pm A_G = A_1 \pm G(A/G, i, n) \quad (2\text{-}16)$$

（3）等差系列现值公式（已知 G，求 P） 由式（2-8）可得

$$P_G = F_G(1+i)^{-n} = G\left[\frac{(1+i)^n - 1}{i^2(1+i)^n} - \frac{n}{i(1+i)^n}\right] \quad (2\text{-}17)$$

因此，图 2-10a、图 2-11 等差系列现值用符号表示为

$$P = P_{A_1} \pm P_G = A_1(P/A, i, n) \pm G\left[\frac{(1+i)^n - 1}{i^2(1+i)^n} - \frac{n}{i(1+i)^n}\right] \quad (2\text{-}18)$$

【例 2-9】 一建筑公司欲对某种设备进行投保，保险期限暂定为 6 年，初次保费额为 900 元，以后每年递减 100 元。现金流量图如图 2-12 所示。若年利率为 10%，复利计息，试求其现值、终值和年值。

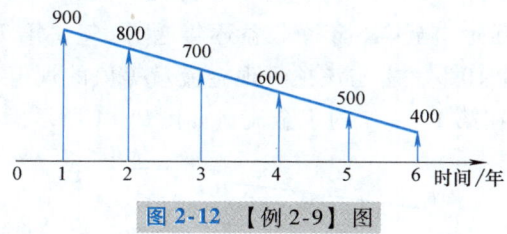

图 2-12 【例 2-9】图

【解】 由式（2-16）得

$$A = A_1 - A_G = A_1 - G(A/G, i, n) = 900 \text{元} - 100 \text{元} \times (A/G, 10\%, 6)$$

查表 A-10 得 $(A/G, 10\%, 6) = 2.224$

$$A = 900 \text{元} - 100 \text{元} \times 2.224 = 677.6 \text{元}$$

由式（2-11）得

$P = A(P/A,i,n) = 677.6 \text{元} \times (P/A,10\%,6) = 677.6 \text{元} \times 4.3553 = 2951.15 \text{元}$

由式（2-9）得

$F = A(F/A,i,n) = 677.6 \text{元} \times (F/A,10\%,6) = 677.6 \text{元} \times 7.7156 = 5228.09 \text{元}$

4. 等比系列现金流量公式

等比系列现金流量是指每期期末发生的现金流量系列是成等比变化的数列，其现金流量如图 2-13 所示。

将等比系列通式 $A_t = A_1(1+j)^{t-1}$ 分别代入公式中化简，即可求得等比系列现值和终值。

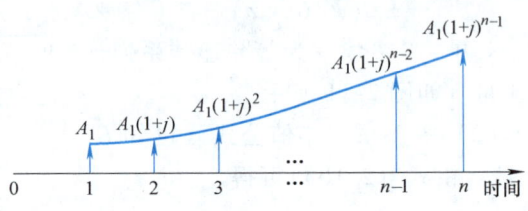

图 2-13　等比系列现金流量示意图

（1）等比系列现值公式

$$P = \sum_{t=1}^{n} A_t (1+i)^{-t} = \sum_{t=1}^{n} A_1 (1+j)^{t-1} (1+i)^{-t} = \frac{A_1}{1+j} \sum_{t=1}^{n} \frac{(1+j)^t}{(1+i)^t}$$

即

$$P = \begin{cases} \dfrac{nA_1}{1+j} & i=j \\ A_1 \left[\dfrac{(1+j)^n (1+i)^{-n} - 1}{j-i} \right] & i \neq j \end{cases} \qquad (2\text{-}19)$$

（2）等比系列终值公式　由式（2-7）可得

$$F = \begin{cases} nA_1 (1+j)^{n-1} & i=j \\ A_1 \left[\dfrac{(1+j)^n - (1+i)^n}{j-i} \right] & i \neq j \end{cases} \qquad (2\text{-}20)$$

【例 2-10】　某项目第 1 年年初投资 1000 万元，第 2 年年初又投资 300 万元，第 2 年获净收益 500 万元，至第 6 年净收益逐年递增 6%，第 7~9 年每年获净收益 800 万元，若年利率为 10%，求与该项目现金流量等值的现值和终值。

【解】　按题意，在第 1~9 年内现金流量如图 2-14 所示。

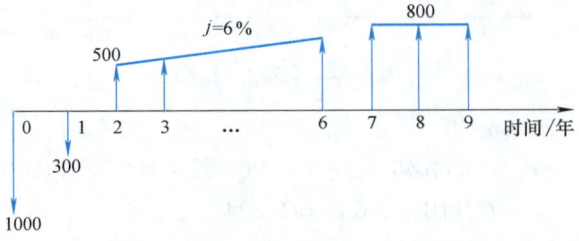

图 2-14　【例 2-10】现金流量图

该现金流量系列的现值

$P = -1000\text{万元} - 300\text{万元} \times (P/F, 10\%, 1) + 500\text{万元} \times \left[\dfrac{(1+j)^5 (1+i)^{-5} - 1}{j - i} \right]$

$\times (P/F, 10\%, 1) + 800\text{万元} \times (P/A, 10\%, 3) \times (P/F, 10\%, 6)$

$= -1000\text{万元} - 300\text{万元} \times 0.9091 + 500\text{万元} \times \left[\dfrac{(1+6\%)^5 (1+10\%)^{-5} - 1}{6\% - 10\%} \right]$

$\times 0.9091 + 800\text{万元} \times 2.4869 \times 0.5645$

$= -1000\text{万元} - 300\text{万元} \times 0.9091 + 500\text{万元} \times 4.2267$

$\times 0.9091 + 800\text{万元} \times 2.4869 \times 0.5645 = 1771.60\text{万元}$

该现金流量系列的终值

$F = P(F/P, 10\%, 9) = 1771.60\text{万元} \times (1+10\%)^9 = 1771.60\text{万元} \times 2.358 = 4177.433\text{万元}$

5. 复利计算公式小结

前面讲到的前六个复利计算公式，是工程经济分析中常用的基本公式，应会熟练运用。为了便于记忆，现将这六个常用的复利等值计算公式汇总于表 2-5 中。

表 2-5 六个常用的复利等值计算公式

类型	图形关系	公式名称	已知→未知	公式	系数	系数名称
一次支付公式		一次支付终值公式	$P \to F$	$F = P(1+i)^n$ $= P(F/P, i, n)$	$(1+i)^n$	一次支付复利系数
		一次支付现值公式	$F \to P$	$P = F(1+i)^{-n}$ $= F(P/F, i, n)$	$(1+i)^{-n}$	一次支付现值系数
等额支付公式		等额支付终值公式	$A \to F$	$F = A \left[\dfrac{(1+i)^n - 1}{i} \right]$ $= A(F/A, i, n)$	$\dfrac{(1+i)^n - 1}{i}$	等额支付终值利率系数
		等额支付偿债基金公式	$F \to A$	$A = F \left[\dfrac{i}{(1+i)^n - 1} \right]$ $= F(A/F, i, n)$	$\dfrac{i}{(1+i)^n - 1}$	等额支付偿债基金利率系数
		等额支付现值公式	$A \to P$	$P = A \left[\dfrac{(1+i)^n - 1}{i(1+i)^n} \right]$ $= A(P/A, i, n)$	$\dfrac{(1+i)^n - 1}{i(1+i)^n}$	等额支付现值利率系数
		等额支付资本回收公式	$P \to A$	$A = P \left[\dfrac{i(1+i)^n}{(1+i)^n - 1} \right]$ $= P(A/P, i, n)$	$\dfrac{i(1+i)^n}{(1+i)^n - 1}$	资本回收利率系数

运用复利计算公式时应注意下列问题：

1) 为了实施方案的初始投资，假定发生在方案的寿命期初。
2) 方案实施过程中的经常性支出，假定发生在计息期（年）末。
3) 本期的期末即是下一期的期初。
4) P 是在第一个计息期期初发生。
5) F 是在考察期期末（n 年末）发生。
6) 等额的 A 是在考察期间各期期末发生。当涉及 P 和 A 时，系列的第一个 A 是在 P 发生一期后的期末发生；当涉及 F 和 A 时，系列的最后一个 A 是和 F 同时发生。
7) 等差和等比系列中，第一个 G 或 j 发生在系列的第二期期末，或递增或递减，而 A_1 发生在第一个 G 或 j 的前一期。

2.4 名义利率与有效利率

2.4.1 名义利率（Nominal Interest Rate）

在实际经济活动中，计息周期可以是年、半年、季度、月、日等。当利率为年利率，而实际的计息周期小于一年时，就出现了名义利率和有效利率的概念。例如，年利率是 12%，按月计息，则这 12% 的利率是名义利率，而月实际计息的利率是 1%。

名义利率 r 是指计息周期利率 i 乘以一年内的计息周期数 m 所得的年利率，即

$$r = i \cdot m \tag{2-21}$$

反之，若计息周期月利率为 1%，则名义利率为 12%。很显然，计算名义利率时忽略了前面各期利息再生的因素，这与单利的计算原理相同。

2.4.2 有效利率（Effective Interest Rate）

有效利率是指资金在计息中所发生的实际利率，包括计息周期有效利率和年有效利率两种情况。

1. 计息周期有效利率

计息周期有效利率 i，由式（2-21）可知

$$i = \frac{r}{m} \tag{2-22}$$

2. 年有效利率（年实际利率）

（1）离散式复利　按期（年、季、月和日）计息的方法称为离散式复利，又称为间断式复利。

已知某年初有资金 P，名义利率为 r，一年内计息 m 次，则计息周期有效利率

为 $i = r/m$。根据式（2-7）可得该年末的本利和 F，即

$$F = P\left(1 + \frac{r}{m}\right)^m$$

根据利息的定义可得当年的利息 I 为

$$I = F - P = P\left(1 + \frac{r}{m}\right)^m - P = P\left[\left(1 + \frac{r}{m}\right)^m - 1\right]$$

因此，年有效利率 i_{eff} 为

$$i_{\text{eff}} = \frac{I}{P} = \left(1 + \frac{r}{m}\right)^m - 1 \quad (2\text{-}23)$$

n 年年末的本利和为

$$F = P\left[1 + \left(1 + \frac{r}{m}\right)^m - 1\right]^n = P\left(1 + \frac{r}{m}\right)^{mn} = P\left(F/P, \frac{r}{m}, mn\right) \quad (2\text{-}24)$$

【例 2-11】 现设年名义利率 $r = 8\%$，则年、半年、季、月、日的年有效利率如表 2-6 所示。

表 2-6 名义利率和有效利率的关系

年名义利率 r	计息期	年计息次数 m	计息期利率 $i(i = r/m)$	年有效利率 i_{eff}
8%	年	1	8%	8%
	半年	2	4%	8.16%
	季	4	2%	8.24%
	月	12	0.667%	8.3%
	日	365	0.0219%	8.33%

从式（2-23）和表 2-6 中可以看出，每年计息周期 m 越多，i_{eff} 与 r 相差越大；一般来说，$i_{\text{eff}} \geq r$。

【例 2-12】 某人把 10 万元进行投资，时间为 5 年，利息按年利率 8%，每季度计息一次计算，求 5 年末的将来值。

【解】 由题意可知，每年计息 4 次，5 年的计息期为 4 次 ×5 = 20 次，每一计息期的有效利率为 8% ÷ 4 = 2%，按式（2-24）可求得

$$F = 10 \text{ 万元} \times (F/P, 2\%, 20) = 10 \text{ 万元} \times 1.4859 = 14.859 \text{ 万元}$$

【例 2-13】 若某装修公司向银行短期贷款 100 万元，协议规定在 3 年内每月等额偿还贷款，每次偿还 3.32 万元。以复利计息，试求月有效利率、名义利率和年有效利率。

【解】 依题意 $3.32 \text{ 万元} = 100 \text{ 万元} \times (A/P, i, 36)$

$$(A/P, i, 36) = 0.0332$$

经查附录 A 可得 $i = 1\%$

则月有效利率为 1%，名义利率为

$$r = 1\% \times 12 = 12\%$$

年有效利率为 $i_{\text{eff}} = (1 + 1\%)^{12} - 1 = 12.68\%$

（2）连续式复利　当每期计息时间趋于无限小，则一年内计息次数趋于无限大，即 $m \to \infty$，这种按瞬时计息的方式称为连续复利。则年有效利率为

$$i_{\text{eff}} = \lim_{m \to \infty} \left(1 + \frac{r}{m}\right)^m - 1$$

$$= \lim_{m \to \infty} \left[\left(1 + \frac{r}{m}\right)^{\frac{m}{r}}\right]^r - 1 = e^r - 1 \qquad (2\text{-}25)$$

式中　e——自然对数的底，其数值约为 2.71828。

例如，连续式复利 8% 的年有效利率为

$$i_{\text{eff}} = e^r - 1 = (2.71828)^{0.08} - 1 = 8.3287\%$$

就整个社会而言，资金确实是在不停地运动，每时每刻都通过生产和流通在增值，从理论上讲应采用连续式复利，但在经济评价中实际应用多为离散式复利。尽管如此，这种连续复利的概念对投资决策、制订数学模型时都很重要。因为在高等数学分析中，连续是一个必要的前提，故以连续性为出发点对方案做更进一步的分析是可取的。

2.4.3　应用

在实际经济活动中，进行资金等值计算时，有可能遇到以下三种特殊情况：

1）计息期等于支付期——可直接进行换算求解。

2）计息期短于支付期——可运用不同的方法等值转换求解。

3）计息期长于支付期——财务原则规定存款必须存满整个一个计息期才计算利息，即在计息期间存入的款项在该期不计算利息，要到下一期才计算利息。因此，对于投资人来说，计息期的存款放在期末，计息期的提款放在期初，计息期分界点处的支付保持不变。

【例 2-14】　某人欲购一商品房，向银行贷款，借款合同约定，每半年借款人需支付本利和共 2000 元，还款期 10 年，求 10 年后的等值将来值。若利息分别按下列三种情况计息：

（1）年利率为 8%。

（2）年利率为 8%，每半年计息一次。

（3）年利率为 8%，每季度计息一次。

问此人按何种利率贷款较合算？它们的差额又是多少？

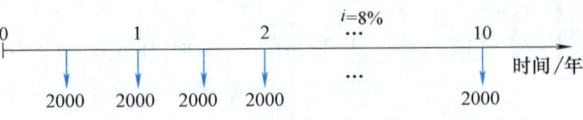

图 2-15　借款人每半年支付本利和

【解】 此题的计息期分别为：年、半年、季度，支付期均为半年。
依题意，作图 2-15。

（1）计息期长于支付期（年＞半年） 按财务原则进行整理，得到等值的现金流量图（见图 2-16）。

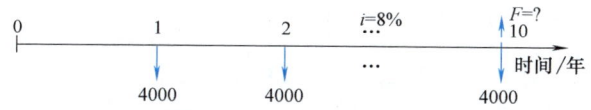

图 2-16　计息期为年的等值现金流量图

$$F = 2000\ 元 \times 2 \times (F/A, 8\%, 10) = 4000\ 元 \times 14.4866 = 57946.4\ 元$$

（2）计息期等于支付期（半年＝半年）
半年的有效利率为 $i = 8\% \div 2 = 4\%$，计息期数 $n = 2\ 次 \times 10 = 20\ 次$，则

$$F = 2000\ 元 \times (F/A, 4\%, 20) = 2000\ 元 \times 29.7781 = 59556.2\ 元$$

（3）计息期短于支付期（季度＜半年）
方法一：用年有效利率求等额年金的等值将来值，如图 2-17 所示。

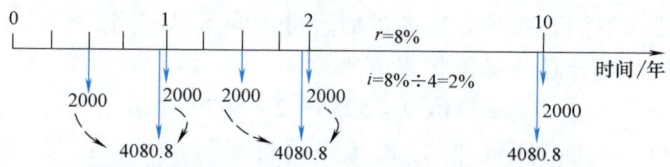

图 2-17　用年有效利率求等额年金的等值将来值

$$i_{\text{eff}} = \left(1 + \frac{r}{m}\right)^m - 1 = \left(1 + \frac{8\%}{4}\right)^4 - 1 = 8.24\%$$

半年的支付到年末需计息 2 次，各年年末的年金为

$$2000\ 元 + 2000\ 元 \times \left(1 + \frac{8\%}{4}\right)^2 = 4080.8\ 元$$

10 年年末的终值为

$$F = A \cdot \frac{(1+i)^n - 1}{i} = 4080.8\ 元 \times \frac{(1 + 8.24\%)^{10} - 1}{8.24\%}$$

$$= 59795\ 元$$

方法二：将半年支付一次转换为每季度支付一次，如图 2-18 所示。

$$A = 2000\ 元 \times (A/F, 2\%, 2)$$
$$= 2000\ 元 \times 0.4950 = 990\ 元$$

10 年内的计息次数为 10×4 次＝40 次，则

$$F = 990\ 元 \times (F/A, 2\%, 40)$$
$$= 990\ 元 \times 60.4020 = 59798\ 元$$

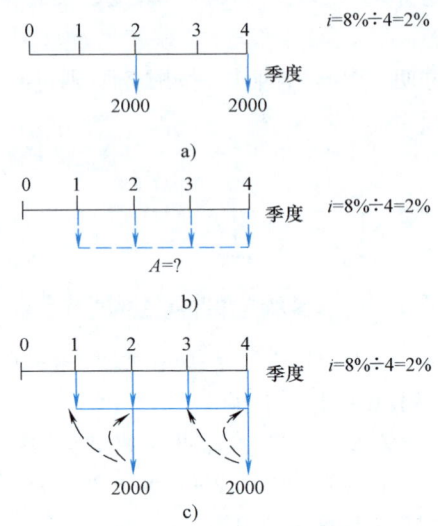

图 2-18 将半年支付一次转换为每季度支付一次

由于所用公式不同,两种方法的近似解可能会不尽相同。

通过对三种方式计息的等值将来值比较

$$57946.4 < 59556.2 < 59795$$

由以上可知,按年利率计息方式所得的将来值最少,比按季度所得的要少1848.6元。

2.5 通货膨胀下的资金时间价值

对经济发展研究指出,商品和服务的价格客观上是经常性波动的,并且多数时候价格水平运动方向向上,价格水平上升,货币实际购买力下降,即通货膨胀。当价格水平降低,则无形中提高了货币的实际购买力水平,即通货紧缩,为了准确地计算投资方案的支出、收入和经济效果,必须考虑通货变化因素。

2.5.1 通货膨胀与货币购买力

1. 通货膨胀

通货膨胀与通货紧缩,均是关于经济运行中价格水平变化的术语。商品和服务价格水平的上升和下降,是经济运行中多种因素共同作用的结果。例如:社会劳动生产力的提高和商品服务供应量的增大,通常推动价格水平下降。政府财政决算赤字促使价格水平上升。当多种因素共同作用下,最通常见到的经济现象是价格水平上升,即通货膨胀。

作为一般性通货膨胀问题的论述，为了使问题简化，一般是假定通货膨胀率等于物价上涨率（价格水平上涨率）。于是计算公式为

$$f = g\bar{p} = \frac{\bar{p}_t - \bar{p}_{t-1}}{\bar{p}_{t-1}} \tag{2-26}$$

式中　　f——通货膨胀率（%）；

　　　　$g\bar{p}$——平均价格水平的年上涨率（%）；

$\bar{p}_t$，$\bar{p}_{t-1}$——第 t 年和 $t-1$ 年的平均价格水平（%）以物价总指数表示。

【例 2-15】　如果全社会零售物价总指数以 2012 年为 100 元，则 2014 年和 2015 年分别为 115.5 元和 136.5 元，试求 2014 年到 2015 年的物价上涨率。

【解】

$$f = \frac{136.5 - 115.5}{115.5} = 18.18\%$$

2. 货币的购买力

价格水平向上或向下，对货币的购买力起有不同的作用。当价格水平向上运动，货币的购买力下降；价格水平向下运动，货币的购买力提高。

【例 2-16】　设某人目前投资 1000 元，期望今后 5 年年收益率为 15%。至第 5 年年末，总收入由下式给出

$$F = 1000 \text{ 元} \times (F/P, 15\%, 5) = 2011.4 \text{ 元}$$

如果目前 1000 元可购买 1 辆自行车，5 年后总收入可期望购买 2 辆。但是，现在进一步假设今后 5 年自行车价格年平均上涨 10%，第 5 年末的自行车价格将为

$$F = 1000 \text{ 元} \times (F/P, 10\%, 5) = 1611 \text{ 元}$$

那么，此人第 5 年年末总收入只能购买大约 1.25 辆（2011.4/1611）。从此例中可以看出，当物价上涨后，货币的购买能力下降了。因而在货币等值计算中，物价上涨，货币购买力下降，会进一步造成货币真实收益能力的下降。

值得进一步说明的是，价格上涨 10%，并不意味着货币购买力下降 10%。如果价格上升 10%，货币购买力下降为

$$1 - (1/1.10) = 1 - 0.909 = 9.1\%$$

2.5.2　投资中通货膨胀因素分析

为了讨论方便，以下介绍关于市场利率 u、通货膨胀率 f 和真实利率 i 的定义。

1. 市场利率 u

市场利率反映了在金融和经济活动中的名义投资收益能力，是按照当年值计算的利率。市场利率是在金融市场上和投资经济活动中实际操作的利率。精明的投资者会意识到，市场利率中包括了货币收益能力和货币购买能力双重因素。

2. 真实利率 i

真实利率中剔除了通货膨胀的效应，反映了货币真实的收益能力。真实利率是一抽象利率。由于在通常情况下真实利率不实际应用于金融市场的交易中，它必须通过换算才能得到。如果在经济生活中，通货膨胀或通货紧缩为零，市场利率 u 与真实利率 i 相等。

3. 通货膨胀率 f

通货膨胀率是某一点的价格水平相对于基年价格水平增长的百分比。若通货膨胀率为负值，即为通货紧缩。

（1）已知 i 和 f，求 u

n 年末的通货将来值为

$$F = P[(1+i)(1+f)]^n \tag{2-27}$$

若用 u 表示考虑了利率和通货膨胀率的综合利率，则

$$F = P(1+u)^n = P[(1+i)(1+f)]^n$$

$$u = (1+i)(1+f) - 1 = i + f + if \tag{2-28}$$

当 i，f 都很小时，综合利率为

$$u \approx i + f \tag{2-29}$$

在通货膨胀下，只要用综合利率 u，就能利用复利法公式正确地进行不同时点资金的价值换算。

【例 2-17】 某企业拟购买一设备，设备的市场价格为 20 万元，预计该设备有效使用寿命为 5 年，若该企业要求的最低投资收益率为 15%，通货膨胀率为 5%，问该设备在寿命期内每年至少需产生多少纯收益，企业才会购买？

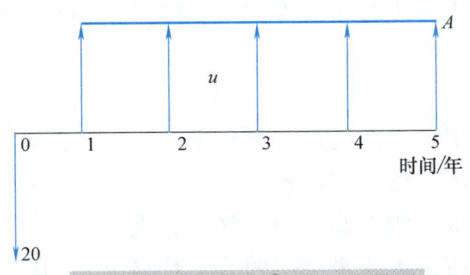

图 2-19 【例 2-17】现金流量图

【解】 根据式（2-28）得

$$u = 15\% + 5\% + 15\% \times 5\% = 20.75\%$$

画现金流量图，如图 2-19 所示。

$$A = P(A/P, u, n) = 20 \text{ 万元} \times (A/P, 20.75\%, 5)$$
$$= 20 \text{ 万元} \times \frac{20.75\% \times (1 + 20.75\%)^5}{(1 + 20.75\%)^5 - 1} = 6.8 \text{ 万元}$$

所以，只有当该设备每年产生至少 6.8 万元的纯收益时，企业可接受该设备。

（2）已知 u 和 f，求 i

由公式

$$u = (1+i)(1+f) - 1$$

导出

$$i = \frac{u - f}{1 + f} \tag{2-30}$$

【例 2-18】 某人打算投资收益率为 20% 的不动产，估计在投资期内平均通货膨胀率为 5%。问此人投资的真实收益率为多少？

【解】 本题的答案似乎是 20%，但是应当注意所有的投资收益都将以现时货币支付。与现时现金流相关的折现率为现时折现率 u，所以

$$u = 20\%, f = 5\%$$

代入式（2-30），得

$$i = \frac{20\% - 5\%}{1 + 5\%} = 14.29\%$$

此人投资的真实收益率为 14.29%。

在上面的例题中，我们看到，虽然在现金流量图中，每年的现金流量是相等的，但是其货币购买力是不等的。

【例 2-19】 一对青年夫妇为他们 9 岁的儿子准备大学学费，若他 18 岁进大学，在 4 年内，每年需要相当于现在物价水平 4000 元的学费。估计年通货膨胀率为 5%，夫妇从儿子 9 岁到 17 岁，每年以年利率 7% 等额存入一笔钱。试问，这笔钱为多少时才能支付 4 年的学费？

【解】 首先，计算通货膨胀率为 5% 时，当年的大学学费如表 2-7 所示。

表 2-7 通货膨胀下的大学学费

年末	年龄	考虑通货膨胀下的大学学费/元
1	18	$4000 \times (1+5\%)^9 = 6205$
2	19	$4000 \times (1+5\%)^{10} = 6516$
3	20	$4000 \times (1+5\%)^{11} = 6841$
4	21	$4000 \times (1+5\%)^{12} = 7183$

画现金流量图，如图 2-20 所示。

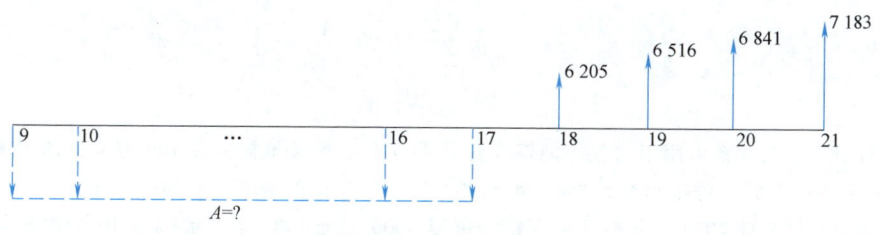

图 2-20 【例 2-19】现金流量图

其次，选择一个时点（17 岁），把所有现金流都折算到该时点，则

$$A(F/A, 7\%, 9) = 6205 \text{元} \times (P/F, 7\%, 1) + 6516 \text{元} \times (P/F, 7\%, 2) + 6841 \text{元} \times (P/F, 7\%, 3) + 7183 \text{元} \times (P/F, 7\%, 4)$$

$$A = 1883 \text{ 元}$$

所以，在他们的儿子 9 岁到 17 岁之间，每年需要存款 1883 元。

这里的 A 等于 1883 元，表示每年必须储蓄的金额，实际每年储蓄按货币购买力计算在递减。而计算的各年大学学费，虽然金额不等，但是其货币购买力却是相同的。

思考题与习题

1. 什么是资金的时间价值？影响资金时间价值的因素有哪些？
2. 利率在工程经济活动中有哪些作用？它是由哪些因素决定的？
3. 单利和复利的区别是什么？试举例说明。
4. 名义利率、有效利率、年有效利率的相互关系是怎样的？
5. 试写出现金流量图（见图 2-21）的复利终值系数、现值系数，若年利率以 i 计。

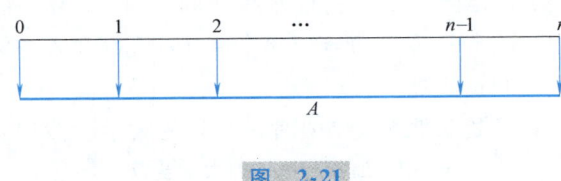

图 2-21

6. 计算图 2-22 的现金流量图的现值、年金，年利率为 10%。

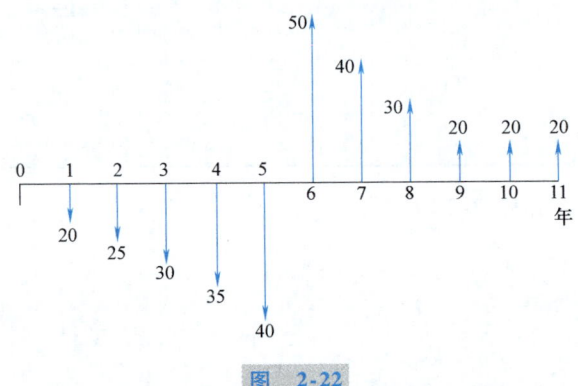

图 2-22

7. 有甲、乙两方案可用于付款，期限 3 年。甲方案：每年年初付款 100 万元，乙方案：每年年末付款 100 万元，若年利率为 8%，则两者在第三年年末的金额相差多少万元？

8. 某材料供应商 2014 年年初从一家银行借得 5000 万元，年利率为 8%，10 年内每年年末等额偿还。由于考虑到国家连续降息，在 2016 年年初，该供应商通过与银行谈判，重新确定了还款计划。新协议规定，从 2016 年度起，在原贷款期限内，按照年利率 6% 年末等额还本付息。问此供应商从 2016 年度起每年应偿还银行多少钱？

9. 某项目设备购置及安装费共 6000 元，估计可使用 10 年，残值忽略不计。使用该设备时，第 1 年维修操作费为 1500 元，以后每年递增 200 元，年利率为 12%，问该设备总费用现值为多少？相当于每年等额的费用为多少？

10. 某人将 10000 元存入银行，年利率为 6%。若一年计息一次，5 年后本利和为多少？若半年计息一次，5 年后的本利和又是多少？此时的年有效利率为多少？

11. 某企业购买了一台设备，购置费为 20000 元，估计能使用 20 年，20 年末的残值为 500 元，年运行费为 800 元，此外，每 4 年大修一次，其大修费为每次 2500 元，试求该设备的等值年费用（年金）。若

（1）年利率为 10%，每年计息一次。

（2）年利率为 10%，每半年计息一次。

12. 某企业有一台设备，已知此设备由于效率降低，每年耗油量按 10% 递增（原耗油量为 50L/h）。年工作时数为 2000h，每升的柴油价格为 5.20 元，公司的资金成本为 15%，平时加油记账，油款每年年底一次付清。问此公司在设备的一个大修期间（每 4 年大修一次），燃油的总费用相当于现值多少元？

13. 有一位 30 岁的女士，现在每年消费支出 20000 元，她打算为 65 岁退休做些准备。她估计通货膨胀率平均值为每年 8%，而她每年能以 12% 进行储蓄。试问：这位女士从现在起直至她退休每年需要存入多少元，使她在退休 5 年内保持现有生活水平不变？

第 3 章

建设项目的经济要素

本章提要

建设项目的经济要素主要有投资、收入、成本和税费，对这些经济要素估算的准确性直接影响着建设项目经济评价的精度。本章结合建设项目总投资的构成介绍了投资估算的方法。本章对比了项目总成本费用与经营成本的构成要素，特别介绍了固定资产折旧的概念和计算。本章还介绍了项目收入与税费的概念与估算。

3.1 建设项目的投资及其估算

3.1.1 建设项目投资估算概述

1. 建设项目投资估算的概念

投资估算是在对项目的建设规模、产品方案、工艺技术及设备方案、工程方案及项目实施进度等进行研究并基本确定的基础上，估算项目所需资金总额（包括建设投资和流动资金）并测算建设期分年资金使用计划。投资估算是拟建项目编制项目建议书、可行性研究报告的重要组成部分，是项目决策的重要依据之一。

2. 建设项目投资估算的作用

1）投资估算是项目主管部门审批项目建议书和可行性研究报告的依据之一，并对制订项目规划、控制项目规模起参考作用。

2）投资估算是项目筹资决策和投资决策的重要依据，对于确定融资方式、进行经济评价和进行方案选优起着重要的作用。

3）投资估算既是编制初步设计概算的依据，同时还对初步设计概算起控制作用，是项目投资控制目标之一。

3. 建设项目投资估算的内容

投资估算的内容，从费用构成来讲应包括项目从筹建、设计、施工直至竣工投产所需的全部费用，即建设项目总投资，可分为固定资产投资和流动资金投资两部分。

4. 建设项目投资估算的主要依据

1）项目建议书（或建设规划）、可行性研究报告（或设计任务书）、建设方案。

2）估算指标、概算指标、概预算定额、技术经济指标、造价指标、类似工程概预算。

3）专门机构发布的建设项目造价费用构成、工程建设其他费、间接费、税金的取费标准及计算方法、物价指数。

4）设计参数，包括各种建筑面积指标、能源消耗指标等。

5）现场情况，如地理位置、地质条件、交通、供水、供电条件等。

6）其他经验数据，如材料、设备运杂费率、设备安装费率等。

以上资料越具体、越完备，投资估算的结果就越准确。

3.1.2 建设项目总投资的构成

建设项目总投资是为完成工程项目建设并达到使用要求或生产条件，在建设期内预计或实际投入的全部费用总和。生产性建设项目总投资包括建设投资、建设期利息和流动资金三部分。非生产性建设项目总投资包括建设投资和建设期利息两部分。建设项目总投资的构成见图3-1。

建设投资和建设期利息之和也称固定资产投资、工程造价。建设投资包括工程费用、工程建设其他费用和预备费三部分。工程费用是指建设期内直接用于工程建造、设备购置及其安装的建设投资，可以分为建筑安装工程费和设备及工器具购置费两部分。工程建设其他费用是指建设期内发生的与土地使用权取得、整个工程项目建设以及未来生产经营有关的但不包括在工程费用中的建设投资。预备费是在建设期内为各种不可预见因素的变化而预留的可能增加的费用，包括基本预备费和涨

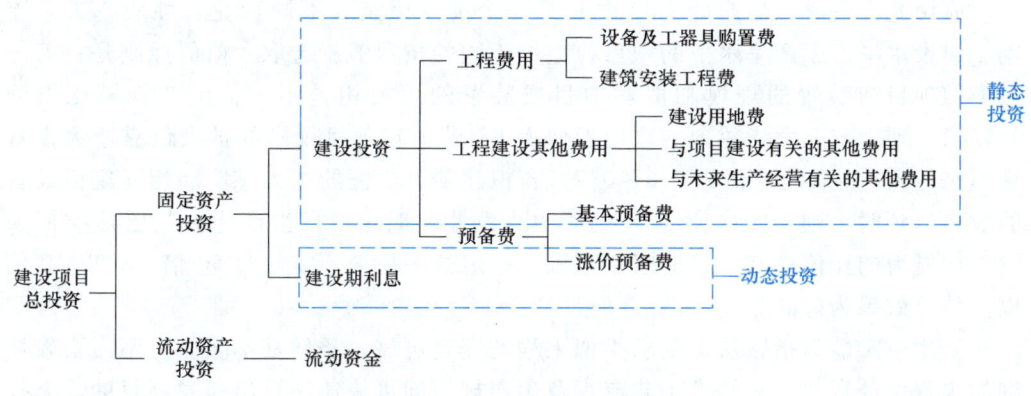

图3-1 建设项目总投资的构成

价预备费。建设期利息是指为建设项目筹措的债务资金在建设期内产生的利息。

固定资产投资可分为静态投资部分和动态投资部分。静态投资部分由设备及工器具购置费、建筑安装工程费、工程建设其他费用、基本预备费构成；动态投资部分由涨价预备费、建设期利息构成。

流动资金即流动资产投资，是指生产性建设项目运营期内长期占用并周转使用的营运资金，不包括运营中需要的临时性营运资金。

3.1.3 静态投资部分的估算

建设投资的估算采用何种方法取决于要求达到的精确度，而精确度又由项目前期研究阶段的不同以及资料数据的可靠性决定。因此，在投资项目的不同前期研究阶段，允许采用详简不同、深度不同的估算方法。常用的估算方法有：生产能力指数法、资金周转率法、系数估算法、比例估算法。

1. 生产能力指数法

生产能力指数法是根据已建成的类似建设项目或生产装置的投资额和生产能力，以及拟建项目或生产装置的生产能力来估算拟建项目的静态投资部分。其计算公式为

$$C_2 = C_1 \left(\frac{Q_2}{Q_1}\right)^n \cdot f \tag{3-1}$$

式中　C_1——已建类似项目或装置的静态投资额；

C_2——拟建项目或装置的静态投资额；

Q_1——已建类似项目或装置的生产能力；

Q_2——拟建项目或装置的生产能力；

f——不同时期、不同地点的定额、单价、费用变更等的综合调整系数；

n——生产能力指数，其取值范围为：$0 \leqslant n \leqslant 1$。

应用此方法时，生产能力指数 n 是一个关键因素。不同行业、性质、工艺流程、建设水平、生产率水平的项目，应取不同的指数值。选取 n 值的原则是：若已建类似项目或装置的规模和拟建项目或装置的规模相差不大，生产规模比值为 0.5~2，则生产能力指数 n 的取值近似为1；若拟建项目规模的扩大仅靠增大设备规模来达到时，n 的取值为 0.6~0.7；若拟建项目规模的扩大靠增加相同规格设备的数量达到时，则 n 的取值为 0.8~0.9。另外，拟建项目生产能力与已建类似项目生产能力的比值应有一定的限制范围，一般这一比值不能超过50倍，尤以10倍以内估算效果为好。

采用生产能力指数法，要求类似工程的资料可靠，条件基本相同，不需要较详细的工程设计资料，只知道工艺流程及生产规模即可快速估算出拟建项目的静态投资额。

2. 资金周转率法

资金周转率法是从资金周转率的定义推算出静态投资额的一种方法。当资金周转率为已知时，则

$$C = \frac{QP}{T} \tag{3-2}$$

式中　　C——拟建项目静态投资额；

　　　　Q——产品年产量；

　　　　P——产品单价；

　　　　T——资金周转率，可根据已建类似项目的有关数据进行估计，按下式计算

$$T = \frac{年销售总额}{总投资}$$

资金周转率法的优点是概念简单明了，方便易行；缺点是误差较大，因为不同性质的工厂或生产不同产品的车间，资金周转率各不相同。

3. 系数估算法

系数估算法也称为因子估算法，它是以拟建项目的主体工程费或主要设备费为基数，以其他工程费与主体工程费的百分比为系数估算项目静态投资额的方法。这种方法简单易行，但是精度较低，一般用于项目建议书阶段。系数估算法的种类很多，我国常用的方法有设备系数法和主体专业系数法。

（1）设备系数法　此方法以拟建项目的设备费为基数，根据已建成的类似项目的建筑安装费和其他工程费等与设备价值的百分比，求出拟建项目建筑安装工程费和其他工程费，进而求出建设项目静态投资部分。其计算公式为

$$C = E(1 + f_1 p_1 + f_2 p_2 + f_3 p_3 + \cdots) + F \tag{3-3}$$

式中　　C——拟建项目静态投资额；

　　　　E——根据拟建项目或装置的设备清单按当时当地价格计算的设备费（包括运杂费）；

p_1、p_2、p_3…——已建项目中建筑安装工程费及其他工程费等与设备费的百分比；

f_1、f_2、f_3…——由于时间因素引起的定额、价格、费用标准等变化的综合调整系数；

　　　　F——拟建项目的其他费用。

设备系数法适用于设备投资占比例较大的项目。

（2）主体专业系数法　此方法以拟建项目中投资比重较大，并与生产能力直接相关的工艺设备投资为基数，根据已建类似项目的有关统计资料，计算出拟建项目各专业工程（总图、土建、采暖、给水排水、管道、电气、自控等）与工艺设备投资的百分比，据以求出拟建项目各专业投资，然后加总即为项目静态投资。其计算公式为

$$C = E(1 + f_1 p_1' + f_2 p_2' + f_3 p_3' + \cdots) + F \tag{3-4}$$

式中 p_1'、p_2'、p_3'……——已建项目中各专业工程费用与设备费的百分比。

其他符号的含义同式（3-3）。

4. 比例估算法

比例估算法是根据已建类似建设项目主要生产工艺设备占整个建设项目静态投资额的比例，先逐项估算出拟建项目主要生产工艺设备所需投资，再按已建项目比例估算拟建项目的静态投资额。其计算公式为

$$C = \frac{1}{R} \cdot \sum_{i=1}^{m} Q_i P_i \tag{3-5}$$

式中 C——拟建项目的静态投资额；

R——已建项目主要设备购置费占整个项目静态投资额的比例；

m——拟建项目设备种类数；

Q_i——拟建项目第 i 种设备的数量；

P_i——拟建项目第 i 种设备的购置费。

比例估算法主要适用于设计深度不足，拟建项目与已建类似项目的重要生产工艺设备投资比重较大，行业内相关系数等基础资料完备的情况。

3.1.4 动态投资部分的估算

1. 涨价预备费的估算

涨价预备费是指建设项目在建设期内由于价格变化引起投资增加而需预留的费用。其计算公式为

$$PC = \sum_{t=0}^{n} C_t \cdot [(1+f)^t - 1] \tag{3-6}$$

式中 PC——涨价预备费；

C_t——建设项目第 t 年的静态投资部分；

n——建设项目的建设期；

f——建设期价格上涨指数。

2. 建设期利息的估算

为了简化估算，通常假定各年借款均在当年均衡发放，即借款当年利息按一半计算。建设期利息的计算公式为

$$QC = \sum_{j=1}^{n} \left(P_{j-1} + \frac{1}{2} A_j \right) \cdot i \tag{3-7}$$

式中 QC——建设期利息；

n——建设项目的建设期；

P_{j-1}——建设期第 ($j-1$) 年末累计贷款本金与利息之和；

A_j——建设期第 j 年贷款金额；
i ——贷款年利率。

3.1.5 流动资金的估算

流动资金是指生产经营性项目投产后，为进行正常生产运营，用于购买原材料、燃料，支付工资及其他经营费用等所需的周转资金。按行业或前期研究阶段的不同，流动资金估算可选用分项详细估算法或扩大指标估算法。

1. 分项详细估算法

分项详细估算法是利用流动资产与流动负债估算项目占用的流动资金。一般先对流动资产和流动负债主要构成要素进行分项估算，进而估算流动资金。其计算公式为

$$流动资金 = 流动资产 - 流动负债 \tag{3-8}$$

其中

$$流动资产 = 应收账款 + 预付账款 + 存货 + 库存现金 \tag{3-9}$$

$$流动负债 = 应付账款 + 预收账款 \tag{3-10}$$

流动资金一般在投产前开始筹措，运营期内随生产能力逐年提升，流动资金需逐年增加，即

$$流动资金本年增加额 = 本年流动资金 - 上年流动资金 \tag{3-11}$$

建设项目达到最大设计生产能力的当年流动资金也达到最大金额，之后保持稳定、不再增加，并在建设项目计算期末回收全部流动资金。

流动资金筹资来源为自有资金和负债。其中，负债部分按全年计算利息，计入各年的财务费用。

2. 扩大指标估算法

扩大指标估算法是参照同类企业流动资金占营业收入或经营成本的比例，或者单位产量占用营运资金的数额估算流动资金。在项目建议书阶段一般可采用扩大指标估算法，某些行业在可行性研究阶段也可采用此方法。

1) 按固定资产投资的一定比例估算。例如，国外化工企业的流动资金一般是按建设投资的 15%~20% 计算。

2) 按经营成本的一定比例估算。

3) 按年销售收入的一定比例估算。

4) 按单位产量占用流动资金的比例估算。

3.1.6 投资估算案例

现拟建年产量 3000 万 t 的铸钢厂，根据可行性研究报告提供的已建年产 2500 万 t 类似工程的主厂房工艺设备投资约 2400 万元。已建类似项目资料：与设备有

关的其他各专业工程投资比例见表3-1,与主厂房投资有关的辅助工程及附属设施投资比例见表3-2。

表 3-1　与设备有关的其他各专业工程投资比例

加热炉	汽化冷却	余热锅炉	自动化仪表	起重设备	供电与传动	建安工程
0.12	0.01	0.04	0.02	0.09	0.18	0.40

表 3-2　与主厂房投资有关的辅助工程及附属设施投资比例

动力系统	机修系统	总图运输系统	行政及生活福利设施工程	工程建设其他费
0.30	0.12	0.20	0.30	0.20

本项目的资金来源为自有资金和贷款,贷款总额为8000万元,贷款年利率为8%。建设期3年,第1年投入30%,第2年投入50%,第3年投入20%。预计建设期物价年平均上涨率3%,基本预备费率5%。

问题:

(1) 已知拟建项目建设期与类似项目建设期的综合调整系数为1.25,试用生产能力指数估算法估算拟建工程的主厂房工艺设备投资额。

(2) 用系数估算法估算该项目主厂房投资和项目建设的工程费,并估算建设投资和固定资产投资。

(3) 若流动资金占固定资产投资的比率为6%,试用扩大指标估算法估算该项目的流动资金。

(4) 确定该项目的总投资。

【解】

(1) 根据式(3-1)估算主厂房工艺设备投资

$$\text{主厂房工艺设备投资} = 2400 \text{ 万元} \times \left(\frac{3000}{2500}\right)^1 \times 1.25 = 3600 \text{ 万元}$$

(2)

1) 根据式(3-4)估算主厂房投资

主厂房投资 = 3600 万元 × (1 + 12% + 1% + 4% + 2% + 9% + 18% + 40%) = 6696 万元

其中建筑安装工程费 = 3600 万元 × 40% = 1440 万元

设备购置费 = 6696 万元 − 1440 万元 = 5256 万元

根据式(3-4)估算辅助工程及附属设施投资

辅助工程及附属设施投资 = 6696 万元 × (30% + 12% + 20% + 30%) = 6160.32 万元

由此得工程费用

工程费用 = 6696 万元 + 6160.32 万元 = 12856.32 万元

根据式(3-4)估算工程建设其他费用

工程建设其他费用 = 6696 万元 × 20% = 1339.2 万元
2）基本预备费估算
基本预备费 =（工程费用 + 工程建设其他费用）× 基本预备费费率
$\qquad$ =（12856.32 万元 + 1339.2 万元）× 5% = 709.78 万元
由此得静态投资部分
静态投资部分 = 12856.32 万元 + 1339.2 万元 + 709.78 万元 = 14905.3 万元
3）涨价预备费估算。建设期各年的静态投资额如下
第 1 年静态投资部分 = 14905.3 万元 × 30% = 4471.59 万元
第 2 年静态投资部分 = 14905.3 万元 × 50% = 7452.65 万元
第 3 年静态投资部分 = 14905.3 万元 × 20% = 2981.06 万元
根据式（3-6）估算涨价预备费
涨价预备费 = 4471.59 万元 × [$(1+3\%)^1 - 1$] + 7452.65 万元
$\qquad$ × [$(1+3\%)^2 - 1$] + 2981.06 万元 × [$(1+3\%)^3 - 1$]
$\qquad$ = 864.44 万元
4）根据式（3-7）估算建设期贷款利息

第 1 年贷款利息 = $\frac{1}{2}$ × 8000 万元 × 30% × 8% = 96 万元

第 2 年贷款利息 = $\left(2400 \text{ 万元} + 96 \text{ 万元} + \frac{1}{2} \times 8000 \text{ 万元} \times 50\%\right) \times 8\%$
$\qquad$ = 359.68 万元

第 3 年贷款利息 = (2400 万元 + 96 万元 + 4000 万元 + 359.68 万元 + $\frac{1}{2}$
$\qquad$ × 8000 万元 × 20%) × 8%
$\qquad$ = 612.45 万元
建设期利息 = 96 万元 + 359.68 万元 + 612.45 万元 = 1068.13 万元
5）由此得项目建设投资和固定资产投资
建设投资 = 静态投资部分 + 涨价预备费 = 14905.3 万元 + 864.44 万元
$\qquad$ = 15769.74 万元
固定资产投资 = 建设投资 + 建设期利息 = 15769.74 万元 + 1068.13 万元
$\qquad$ = 16837.87 万元
（3）用扩大指标估算法估算流动资金
流动资金 = 固定资产投资 × 6% = 16837.87 万元 × 6% = 1010.27 万元
（4）由此得拟建项目总投资
总投资 = 固定资产投资 + 流动资金 = 16837.87 万元 + 1010.27 万元 = 17848.14 万元

3.2 建设项目的成本费用

总成本费用是指项目在运营期内生产产品或提供服务所发生的全部费用。按成

本计算范围,分为单位产品成本和总成本费用;按成本与产量的关系,分为固定成本和可变成本;按财务评价的特定要求,分为总成本费用和经营成本。成本估算应与营业收入的计算口径对应一致,各项费用应划分清楚,防止重复计算或者低估费用支出。

3.2.1 总成本费用

总成本费用是指在一定时期(如一年)内因生产和销售产品发生的全部费用,其估算方法主要有生产成本加期间费用估算法和生产要素估算法两种。

1. 生产成本加期间费用估算法

生产成本加期间费用估算法的计算公式为

$$总成本费用 = 生产成本 + 期间费用 \tag{3-12}$$

其中

$$生产成本 = 直接材料费 + 直接燃料和动力费 + 直接工资 + 其他直接费 + 制造费用 \tag{3-13}$$

$$期间费用 = 管理费用 + 财务费用 + 销售费用 \tag{3-14}$$

2. 生产要素估算法

生产要素估算法的计算公式为

$$总成本费用 = 外购原材料、燃料和动力费 + 工资及福利费 + 折旧费 + 修理费 + 摊销费 + 财务费用 + 其他费用 \tag{3-15}$$

(1)外购原材料、燃料和动力费 耗用量大的主要外购原材料、燃料和动力费计算公式为

$$主要原材料、燃料及动力费 = \sum 年消耗量 \times 原材料、燃料及动力费单价 \tag{3-16}$$

其他耗用量不大、但是种类繁多的原材料、燃料和动力费,可参照类似项目统计资料计算的其占主要外购原材料、燃料和动力费的比例进行估算。

(2)工资及福利费 各运营年度的工资及福利费计算公式为

$$工资及福利费 = 企业职工定员数 \times 人均年工资及福利费 \tag{3-17}$$

(3)折旧费 固定资产折旧费是总成本费用的重要构成部分,将在第 3.2.3 节中详细介绍。

(4)修理费 修理费是指固定资产的大修理和中小修理费用,中小修理费直接列入各年生产成本,大修理费可以采用预提或摊销的方式计入各年生产成本。修理费的估算公式为

$$修理费 = 固定资产折旧额 \times 计提比率(\%) \tag{3-18}$$

(5)摊销费 摊销费是指无形资产及其他资产在其预计寿命期内分年摊销的购置费,一般采用平均年限法,且不计残值。

(6)财务费用 财务费用是指项目运营期内因筹集资金而发生的各种费用,

主要包括贷款利息支出、筹资手续费、汇兑损益等。

（7）其他费用　其他费用是指式（3-15）中前 6 个费用项目中未包括的、应计入成本费用的其他制造费用、其他管理费用和其他营业费用等费用。

3.2.2　经营成本

经营成本是项目评价特有的概念，用于项目财务评价的现金流量分析。在建设项目经济评价中，考察的是项目在计算期内各年发生的现金流入与现金流出，经营成本正是指项目建成后在一个运营年度内因生产产品或提供服务而发生的现金流出，因此不包括非现金支出的固定资产折旧费、无形资产及其他资产的摊销费。经营成本强调从建设项目本身考察，因此与融资方案无关，即经营成本不考虑利息支出。经营成本计算公式为

$$经营成本 = 总成本费用 - 折旧费 - 摊销费 - 财务费用 \quad (3-19)$$

或

$$经营成本 = 外购原材料、燃料和动力费 + 工资及福利费 + 修理费 + 其他费用 \quad (3-20)$$

3.2.3　折旧

1. 折旧的概念

设备的主要特征是可供长期使用，并在使用过程中保持其原有实物形态不变，然而，设备的价值却在使用中随着有形磨损和无形磨损而逐步损耗、逐渐转移到生产成本或企业期间费用中去，这一过程就是设备的折旧。分期逐步转移到生产成本或期间费用中去的设备价值称为设备的折旧额。

由于设备的折旧额计入企业的费用，因而通过折旧这一形式使得设备的价值从企业的收入中得到了补偿，并转化为货币资金。从本质上讲，折旧也是一种费用，只不过这种费用不是付现费用，即没有在折旧年限内付出货币资金。

除了已提足折旧仍继续使用的设备之外，企业应按月计提设备的折旧。当月增加的设备，当月不计提折旧，从下月起计提折旧；当月减少的设备，当月照提折旧，从下月起不提折旧。设备提足折旧后，不管是否继续使用，均不再提取折旧；提前报废的设备，也不再补提折旧。

2. 影响设备折旧额的因素

折旧是在设备使用寿命内，按照确定的方法对设备的应计提折旧总额进行的系统分摊。影响折旧额的因素主要有三个方面，即设备的原始价值、设备的预计净残值和预计使用年限。

设备的原始价值即为取得设备的原始成本，也即设备的账面原价。

预计净残值是指当设备报废时，预计可以实现的残值回收扣除预计清理费用后的数额。

设备的原始价值减去预计净残值即为设备的应计提折旧总额。

3. 折旧的计算方法

企业应当根据设备所含经济利益预期实现方式选择折旧方法。折旧方法一经选定，不得随意变更，如需变更，应当在会计报表附注中予以说明。

总结起来，折旧的计算方法可以归为平均折旧法和加速折旧法两大类。平均折旧法如年限平均法、工作量法等，加速折旧法如年数总和法、双倍余额递减法等。

加速折旧法的特点是在设备有效使用年限的前期多提折旧，后期则少提折旧，从而相对加快折旧的速度，以使设备的成本在有效使用年限内加快得到补偿。可见，加速折旧法才真正考虑了设备的无形磨损。

（1）年限平均法　年限平均法是按设备的预计使用年限平均计算折旧的方法。其计算公式为

$$\text{设备年折旧额} = \frac{\text{设备原始价值} - \text{预计净残值}}{\text{预计使用年限}} \quad (3-21)$$

按年限平均法计算的年折旧额均相等，这实际上是假定设备每年耗费的价值相同，所以各年分摊的成本也一样。每年使用时间、工作时负荷和损耗程度等基本相同的设备，宜采用此法均衡计提折旧。

【例 3-1】　某项设备的原值为 40000 元，预计可使用 15 年，预计残值 5000元，清理费用 1000 元。按年限平均法计算月折旧额。

【解】

$$\text{年折旧额} = \frac{40000 \text{元} - (5000 \text{元} - 1000 \text{元})}{15} = 2400 \text{元}$$

$$\text{月折旧额} = 2400 \text{元} \div 12 = 200 \text{元}$$

（2）工作量法　工作量法是按照设备预计可完工的工作量计提折旧额的方法。其计算公式为

$$\begin{cases} \text{单位工作量折旧额} = \dfrac{\text{设备原始价值} - \text{预计净残值}}{\text{预计总工作量}} \\ \text{设备某月折旧额} = \text{单位工作量折旧额} \times \text{设备当月实际工作量} \end{cases} \quad (3-22)$$

采用此法计提折旧，各月所提折旧额与设备实际工作量成正比，对于在不同时期工作量不同而工作时使用条件及损耗程度基本相同的设备较适宜。按工作量计量单位不同，工作量法可进一步分为行驶里程法、工作台班法、产量法等。

【例 3-2】　某项设备的原值为 112000 元，预计净残值为 12000 元，根据该设备的技术性能预计可使用 5000 台班。某年 9 月份该设备实际工作了 30 台班，10 月份实际工作了 21 台班。计算 9 月份、10 月份该设备的折旧额。

【解】

$$每台班折旧额 = \frac{112000\ 元 - 12000\ 元}{5000\ 台班} = 20\ 元/台班$$

$$9\ 月份该设备折旧额 = 20\ 元/台班 \times 30\ 台班 = 600\ 元$$

$$10\ 月份该设备折旧额 = 20\ 元/台班 \times 21\ 台班 = 420\ 元$$

（3）年数总和法　年数总和法是将设备的应计提折旧总额乘以一个逐年递减的真分数来计算年折旧额的方法。其计算公式为

$$\begin{cases} 设备年折旧率 = \dfrac{预计使用年限 - 已使用年限}{预计使用年限 \times (预计使用年限 + 1) \div 2} \\ 设备年折旧额 = (设备原始价值 - 预计净残值) \times 年折旧率 \end{cases} \quad (3\text{-}23)$$

【例 3-3】　某台设备原值 212300 元，预计净残值 2300 元，预计可使用 6 年。按年数总和法计算该设备各年折旧额。

【解】　设备各年折旧额的计算见表 3-3。

表 3-3　年数总和法折旧计算表　　　　　　　　（单位：元）

年数	年折旧率 ①	应计提折旧总额②	年折旧额 ③ = ① × ②	累计折旧 ④ = Σ③
1	6/21	212300 - 2300 = 210000	60000	60000
2	5/21		50000	110000
3	4/21		40000	150000
4	3/21		30000	180000
5	2/21		20000	200000
6	1/21		10000	210000

（4）双倍余额递减法　双倍余额递减法是以年限平均法下折旧率的两倍为设备的折旧率，按照设备账面折余价值计算折旧的方法。其计算公式为

$$\begin{cases} 设备年折旧率 = \dfrac{2}{预计使用年限} \\ 设备年折旧额 = 年初设备的账面净值 \times 年折旧率 \end{cases} \quad (3\text{-}24)$$

值得注意的是，采用此法计提折旧时，应当在设备折旧年限到期以前两年内，将设备的账面净值扣除预计净残值后的余额平均摊销，也即在设备使用年限的最后两年改用年限平均法。

【例 3-4】　某设备原值为 320000 元，预计净残值 10000 元，预计可使用 5 年。按双倍余额递减法计算各年折旧额。

【解】　设备年折旧率 $= \dfrac{2}{5} \times 100\% = 40\%$

设备各年折旧额的计算见表 3-4。

表 3-4　双倍余额递减法折旧计算表　　　　　　　　　（单位：元）

年数	年折旧额 ①	累计折旧 ② = Σ①	年末账面净值 ③ = 320000 - ②
1	320000 × 40% = 128000	128000	192000
2	192000 × 40% = 76800	204800	115200
3	115200 × 40% = 46080	250880	69120
4	(69120 - 10000) ÷ 2 = 29560	280440	39560
5	29560	310000	10000

3.3　建设项目的收入

估算工程项目建成后每个运营年度取得的收入主要是营业收入，某些公益性工程项目、基础设施项目还应估算政府给予的补贴收入。营业收入是建设项目经济评价的重要数据，其估算的准确性极大地影响着建设项目经济效果的评价。

营业收入是指项目建设后一个运营年度销售产品或提供服务取得的收入。生产多种产品和提供多项服务的，应分别估算各种产品及服务的销售收入。对不便于按详细的品种分类计算销售收入的，可采取折算为标准产品的方法计算销售收入。年度营业收入的计算公式为

$$营业收入 = \sum 产品销售量 \times 销售单价 \tag{3-25}$$

由式（3-25）可知，营业收入的估算既需要正确估计各年产品销售量（或服务量），也需要合理确定产品（或服务）的销售价格。

1. 年销售量的估算

为估算简便，假定年生产量即为年销售量，不考虑库存，即当年产品当年全部售出，但是应注意按投产期和达产期分别估算年产量。

建设项目建成后一般刚开始投产时年产量较低，以后逐年提高，产量提高的幅度应根据技术的成熟度、市场的开发程度、产品的寿命期、市场需求量的增减变化等因素，并结合行业和技术方案特点，通过制订运营计划合理确定。

2. 销售单价的估算

经济效果分析采用以市场价格体系为基础的预测价格，有要求时可考虑价格变动因素。市场价格取决于产品的销售去向和市场需求，故应考虑国内外产品价格变化趋势。产品销售单价一般采用出厂价格，即

$$产品出厂价格 = 目标市场价格 - 运杂费 \tag{3-26}$$

对国内市场销售的产品可在现行市场价格的基础上换算为产品的出厂价格，也可以根据预计成本、利润和税金来确定出厂价格。对于出口产品，应先按国际目标市场价格扣减海外运杂费并考虑汇率等影响因素，确定离岸价格，再将项目所在地

至出口口岸的运杂费计入成本，然后估算出厂价格。此外，经济评价中所用的出厂价格是含增值税的价格，还是不含增值税的价格，应予以说明。

3.4 建设项目的税费

税金是国家凭借政治权利参与国民收入分配和再分配的一种货币形式。在建设项目经济效果评价中合理计算各种税费，是正确计算建设项目效益与费用的重要基础。建设项目经济效果评价涉及的税费主要包括关税、增值税、营业税、消费税、企业所得税、资源税等，有些项目还应缴纳土地增值税。经济评价时应说明税种、税基、税率、计税额等，如有减免税费优惠，应说明政策依据以及减免方式和减免金额。

1. 关税

关税是以进出口的应税货物为纳税对象的税种。建设项目涉及引进设备、技术和进口原材料时，应根据关税法和相关税收优惠政策，正确估算进口关税。进口货物关税以从价计征、从量计征或者国家规定的其他方式征收。

从价计征时，关税计算公式为

$$应纳进口关税 = 到岸价 \times 关税税率$$
$$= (离岸价 + 国外运费 + 国外运输保险费) \times 关税税率 \tag{3-27}$$

从量计征时，关税计算公式为

$$应纳进口关税 = 进口货物数量 \times 单位税额 \tag{3-28}$$

我国仅对少数货物征收出口关税。若建设项目的出口产品属于征税范围，应按相关规定估算出口关税。

2. 消费税

消费税是以特定消费品为课税对象所征收的一种税。消费税实行价内税，只在应税消费品的生产、委托加工和进口环节缴纳，税款最终由消费者承担。消费税实行从价定率、从量定额以及从价从量复合计征三种方法征税。

建设项目进口设备、原材料等属于消费税征税对象的，以从价定率征税方式为例，其消费税计算公式为

$$应纳消费税 = \frac{到岸价 + 关税}{1 - 消费税率} \times 消费税率 \tag{3-29}$$

3. 增值税

增值税是对销售货物或者提供加工、修理修配劳务以及进口货物的单位和个人征收的税金。增值税是价外税，纳税人缴税，最终由消费者负担，原则上与纳税人的经营成本、经营利润无关。应纳增值税实行当期进项税额抵扣当期销项税额，即

$$当期应纳增值税 = 当期销项税额 - 当期进项税额 \tag{3-30}$$

式 (3-30) 中的当期销项税额为纳税人当期销售额与增值税税率的乘积，当期进项税额为纳税人购进货物或接受应税劳务时已支付的增值税额。

建设项目进口设备、原材料等应缴增值税计算公式为

$$应纳增值税 =（到岸价 + 关税 + 消费税）\times 增值税率 \tag{3-31}$$

4. 增值税金及附加

在建设项目经济效果评价中，增值税、城市维护建设税、教育费附加、地方教育附加，均可包含在增值税金及附加中。

（1）增值税　在中华人民共和国境内销售货物或者加工、修理修配劳务（以下简称劳务），销售服务、无形资产、不动产以及进口货物的单位和个人，为增值税的纳税人，应当依法缴纳增值税。根据国务院的部署，自 2016 年 5 月 1 日起，在全国范围内将金融业、房地产业、建筑业、生活服务业等全部原营业税纳税人改为增值税纳税人，营业税已彻底退出历史舞台。

增值税计税方法分一般计税方法和简易计税方法，一般纳税人发生应税行为适用一般计税方法计税，小规模纳税人发生应税行为适用简易计税方法。

当采用一般计税方法时，建筑业增值税应纳税额计算公式为

$$应纳税额 = 当期销项税额 - 当期进项税额 \tag{3-32a}$$

式（3-32a）中，销项税额 = 工程税前造价 × 10%，税前造价为人工费、材料费、施工机具使用费、企业管理费、利润和规费之和，各费用均以不包含增值税可抵扣进项税额的价格计算。从销售方取得的增值税专用发票上注明的增值税额，从海关取得的海关进口增值税专用缴款书上注明的增值税额，准予作为进项税额从销项税额中抵扣。当期销项税额小于当期进项税额不足抵扣时，其不足部分可以结转下期继续抵扣。

当采用一般计税方法时，建筑业增值税不得抵扣进项税额，计算公式为

$$增值税 = 工程税前造价 \times 3\% \tag{3-32b}$$

式（3-32b）中，工程税前造价为人工费、材料费、施工机具使用费、企业管理费、利润和规费之和，各费用均以包含增值税进项税额的含税价格计算。

（2）城市维护建设税　城市维护建设税简称城建税，是我国为了加强城市的维护建设，扩大和稳定城市维护建设资金的来源，对有经营收入的单位和个人征收的一个税种。城建税是对从事工商经营，缴纳消费税、增值税、营业税的单位和个人征收的一种税，其计算公式为

$$应纳城建税 =（营业税 + 增值税 + 消费税）\times 城建税率 \tag{3-33}$$

由式（3-33）可知，城建税随增值税、消费税、营业税"三税"同时附征，本质上属于一种附加税。城建税率按纳税人所在地不同而不同：纳税人所在地为市区的，税率为 7%；纳税人所在地为县城、镇的，税率为 5%；纳税人所在地不属于市区、县城或镇的，税率为 1%。

（3）教育费附加　教育费附加是国家为扶持教育事业发展，计征用于教育的

政府性基金。教育费附加是对缴纳增值税、消费税、营业税的单位和个人征收的一种附加费，其计算公式为

$$应纳教育费附加 = (营业税 + 增值税 + 消费税) \times 3\% \quad (3-34)$$

教育费附加有减免规定，如对海关进口的产品征收的增值税、消费税，不征收教育费附加。再如对由于减免增值税、消费税、营业税而发生退税的，可以同时退还已征收的教育费附加；但对出口产品退还增值税、消费税的，不退还已征的教育费附加。

（4）地方教育附加　地方教育附加是指根据国家有关规定，为实施"科教兴省"战略，增加地方教育的资金投入，促进各省、自治区、直辖市教育事业发展，开征的一项地方政府性基金。该收入主要用于各地方的教育经费的投入补充。凡缴纳增值税、消费税、营业税的单位和个人，都应按规定缴纳地方教育附加，其计算公式为

$$应纳地方教育附加 = (营业税 + 增值税 + 消费税) \times 2\% \quad (3-35)$$

海关进口产品征收的增值税、消费税，不征收教育费附加。

5. 土地增值税

土地增值税是指转让国有土地使用权、地上的建筑物及其附着物并取得收入的单位和个人，以转让所取得的收入包括货币收入、实物收入和其他收入减去法定扣除项目金额后的增值额为计税依据向国家缴纳的一种税赋，不包括以继承、赠与方式无偿转让房地产的行为。我国土地增值税实行四级超率累进税率，对土地增值率高的多征，增值率低的少征，无增值的不征，如增值额大于20%未超过50%的部分，税率为30%，增值额超过200%的部分，则要按60%的税率进行征税。

土地增值税实际上就是反房地产暴利税。纳税人建设普通住宅出售的，增值额未超过扣除金额20%的，免征土地增值税。土地增值税在房地产发生转让的环节，实行按次征收，每发生一次转让行为，就应根据每次取得的增值额征一次税。

6. 企业所得税

企业所得税是指对中华人民共和国境内的企业（居民企业及非居民企业）和其他取得收入的组织以其生产经营所得为课税对象所征收的一种所得税，但个人独资企业及合伙企业除外。企业所得税的征税对象是纳税人取得的所得，包括销售货物所得、提供劳务所得、转让财产所得、股息红利所得、利息所得、租金所得、特许权使用费所得、接受捐赠所得和其他所得。企业所得税的计算公式为

$$应纳所得税额 = 当期应纳税所得额 \times 适用税率 \quad (3-36)$$

其中

$$应纳税所得额 = 收入总额 - 准予扣除项目金额 \quad (3-37)$$

式（3-36）中的适用税率为：一般企业25%；国家需要重点扶持的高新技术企业15%；符合条件的小型微利企业20%；非居民企业20%。

企业所得税有减免政策。例如：新办的高新技术企业自投产年度起，免征所得税2年；企业利用该企业外的大宗煤矸石、炉渣、粉煤灰作主要原料生产建材产品

的所得，自生产经营之日起，免征所得税 5 年；国家重点扶持的公共基础设施项目，符合条件的环境保护、节能节水项目等，自取得第一笔生产经营收入所属纳税年度起企业所得税"3 年免 3 年减半"。

思考题与习题

1. 简述建设项目总投资的构成。
2. 简述建设项目静态投资额常用哪些估算方法？
3. 简述总成本费用与经营成本的区别与联系。
4. 什么是折旧？固定资产为何要折旧？什么是加速折旧？企业采用加速折旧法有何好处？
5. 某项设备原价为 120 万元，预计使用寿命为 5 年，预计净残值率为 4%。分别用平均年限法、双倍余额递减法、年数总和法计算各年折旧额。
6. 某地已建成的年产 30 万 t 合成氨工厂的投资额为 25000 万元，现拟在同一地区建设年产 45 万 t 合成氨的工厂，试估算需要投资多少万元？已知综合调整系数为 1.10，合成氨的生产能力指数为 0.9。
7. 某建设项目的工程费用与工程建设其他费用的估算额为 52180 万元，预备费为 5000 万元，建设期 3 年的投资比例是：第 1 年 20%，第 2 年 55%，第 3 年 25%，第 4 年投产。该项目固定资产投资来源为自有资金和贷款，贷款的总额为 40000 万元，其中外汇贷款为 2300 万美元，外汇牌价为 1 美元兑换 6.5 元人民币。贷款的人民币部分从中国建设银行获得，年利率为 12%，按季计息；贷款的美元部分从中国银行获得，年利率为 8%，按年计息。试计算该项目的建设期利息和固定资产投资。

第 4 章

建设项目的经济评价指标与方法

本章提要

考察建设项目在经济上是否合理,一般要从盈利能力、偿债能力和财务生存能力三个方面进行定量评价,需要依据相应的评价指标来衡量。本章介绍了工程经济评价的指标体系,讨论了若干常用的静态评价指标和动态评价指标的判别准则和适用范围。基准收益率是动态经济评价的重要参数,本章介绍了其影响因素及确定方法。

4.1 概述

建设项目可从不同的角度进行分类。按项目的目标,分为经营性项目和非经营性项目;按项目的产出属性(产品或服务),分为公共项目和非公共项目;按项目的投资管理形式,分为政府投资项目和非政府投资项目;按项目的融资主体,分为新设法人项目和既有法人项目;按项目与项目法人原有资产的关系,分为新建项目和改扩建项目。

建设项目经济评价是项目前期研究工作的重要内容,对于加强固定资产投资宏观调控,提高投资决策的科学化水平,引导和促进各类资源合理配置,优化投资结构,减少和规避投资风险,充分发挥投资效益,具有重要作用。建设项目经济评价应根据国民经济与社会发展以及行业、地区发展规划的要求,在项目初步方案的基础上,采用科学、规范的分析方法,对拟建项目的财务可行性和经济合理性进行分析论证,为项目的科学决策提供经济方面的依据。

建设项目经济评价的深度,应根据项目决策工作不同阶段的要求确定。建设项目可行性研究阶段的经济评价,应系统分析、计算项目的效益和费用,通过多方案经济比选推荐最佳方案,对项目建设的必要性、财务可行性、经济合理性、投资风险等进行全面的评价。项目规划、机会研究、项目建议书阶段的经济评价可适当简化。

4.1.1 建设项目经济评价的内容

建设项目经济评价包括财务评价和国民经济评价（详见第 7 章），评价内容及侧重点，应根据项目性质、项目目标、项目投资者、项目财务主体以及项目对经济和社会的影响程度等具体情况选择确定，一般包括建设项目的盈利能力、偿债能力、财务生存能力等评价内容。

1. 建设项目的盈利能力

建设项目的盈利能力是指分析和测算拟建项目计算期的盈利能力和盈利水平，其评价指标主要有投资收益率、投资回收期、净现值、内部收益率等，可根据拟建项目的特点及经济评价的目的和要求等选用。

2. 建设项目的偿债能力

建设项目的偿债能力是指分析和判断财务主体的偿债能力，其评价指标主要有借款偿还期、利息备付率、偿债备付率、资产负债率等。

3. 建设项目的财务生存能力

建设项目的财务生存能力分析是通过考察拟建项目计算期内的投资、融资和经营活动所产生的各项现金流入和流出，计算净现金流量和累计盈余资金，分析拟建项目是否有足够的净现金流量维持正常运营，以实现财务可持续性。

财务可持续性应首先体现在有足够的经营活动净现金流量，这是财务可持续性的基本条件；其次，在计算期内允许个别年份的净现金流量出现负值，但各年累计盈余资金不应出现负值，这是财务可持续性的必要条件。若出现负值，应进行短期借款，则应分析该短期借款的年份长短和数额大小，进一步判断拟建项目的财务生存能力。为维持项目正常运营，还应分析短期借款的可靠性。

对于经营性项目，应分析项目的盈利能力、偿债能力和财务生存能力，判断项目的财务可接受性，明确项目对项目法人及投资者的价值贡献，为项目决策提供依据。对于非经营性项目，不进行盈利能力分析，主要考察项目财务生存能力；对于有债务资金的非经营性项目，还应结合借款偿还的要求进行财务生存能力分析。

4.1.2 建设项目经济评价的方法

建设项目经济评价必须保持评价的客观性、科学性、公正性，通过"有无对比"坚持定量分析与定性分析相结合、以定量分析为主和动态分析与静态分析相结合、以动态分析为主的原则。

1. 经济评价的基本方法

经济评价的基本方法包括确定性评价方法和不确定性评价方法两类。对于一个拟建项目，必须同时进行确定性评价和不确定性评价。

2. 按经济评价的性质分类

按评价方法的性质不同，经济评价分为定性分析和定量分析。定性分析是指对无法精确度量的重要因素实行的估量分析方法；定量分析是指对可度量因素的分析方法，可度量因素包括建设项目的投资、收入、成本等可以用货币计量的费用和收益。

3. 按经济评价是否考虑时间因素分类

定量经济评价，按是否考虑时间因素分为静态分析和动态分析。静态分析是不考虑资金的时间价值，对拟建项目计算期内不同时间的现金流量进行直接汇总来计算评价指标的方法；动态分析是考虑资金的时间价值，对拟建项目计算期内不同时间的现金流量进行折现后来计算评价指标的方法。

4. 按经济评价是否考虑融资分类

按是否考虑融资，经济评价分为融资前分析和融资后分析。一般宜先进行融资前分析，在融资前分析结论满足要求的情况下，初步设定融资方案，再进行融资后分析。

在项目建议书阶段，可只进行融资前分析。融资前分析排除了融资方案变化的影响，从拟建项目投资总获利能力的角度，考察项目方案设计的合理性。

融资后分析应以融资前分析和初步融资方案为基础，考察拟建项目在设定融资方案下的盈利能力、偿债能力和财务生存能力，判断项目方案在融资条件下的可行性。融资后分析用于比选融资方案，帮助投资者做出融资决策。

4.1.3 建设项目经济评价指标体系

对拟建项目进行经济评价，首先应选取合理的评价指标体系，再根据可靠估算的相关基础数据进行计算和分析所选取的经济指标。只有选取正确的评价指标体系，经济评价的结果才能与客观实际情况相吻合，才具有实际意义。一般来说，建设项目的经济评价指标不是唯一的，常用的经济评价指标体系如图4-1所示。

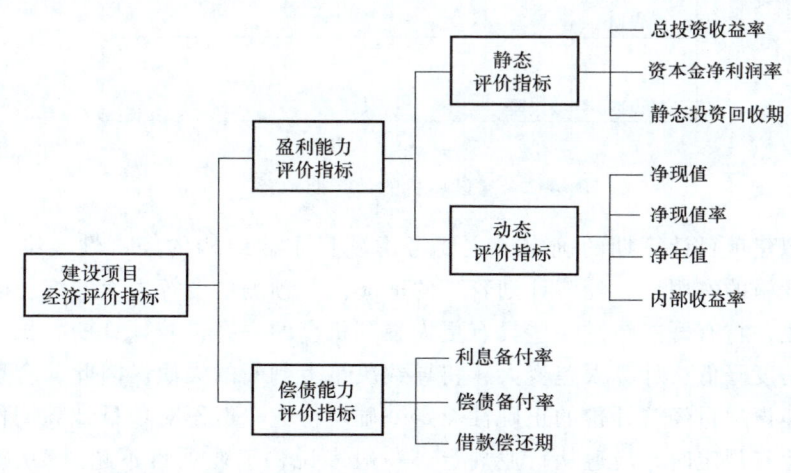

图 4-1 建设项目经济评价指标体系

静态评价指标由于不考虑资金的时间价值，故计算较简便，主要用于技术经济数据不完备或不精确的建设项目初选阶段，或对短期建设项目的经济评价；动态评价指标考虑了资金的时间价值，能较全面地反映建设项目在整个计算期的经济效果，常用于建设项目最后决策的可行性研究阶段。

总之，对建设项目进行经济评价时，应根据评价深度要求，可获得基础数据的情况以及拟建项目本身所处的条件，选用多个不同的评价指标，有主有次地从不同侧面反映拟建项目的经济效果。

4.1.4 建设项目的计算期

建设项目的计算期是指对拟建项目进行经济评价所设定的项目服务年限，包括建设期和运营期两个阶段。

1. 建设期

建设期是指建设项目从资金正式投入开始到建成投产为止所需要的时间。建设期应参照项目建设的合理工期或项目的建设进度计划合理确定。

2. 运营期

运营期是指建设项目从建成投产到全部固定资产报废为止所经历的时间，分为投产期和达产期。

投产期是指建设项目投入生产，但生产能力尚未达到设计生产能力的过渡期。

达产期是指生产能力达到设计生产能力后的时期。

运营期应根据建设项目特点，参照项目的合理经济寿命确定。

建设项目的计算期示意如图 4-2 所示。

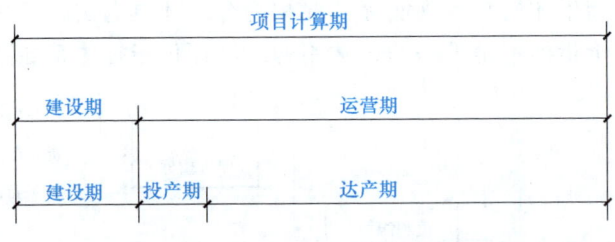

图 4-2 建设项目的计算期示意图

对于拟建项目计算期的确定，主要考虑项目主体结构的经济性、维护的可行性、关联设施的实用性、经济计划管理的适应性及预测精度等方面的综合因素。若计算期太短，将有可能错过一些具有更大赢利机会的方案；若计算期太长，由于对未来预测精度降低，计算误差变大，将导致决策者判断的失误。因此，合理确定计算期将为建设项目经济评价的正确性奠定基础。行业一般不对项目计算期作统一规定，若行业有规定时，应遵从行业规定。一般来说，工业项目不超过 20 年，水利交通项目在 25 年以上。

计算期较长的建设项目，计算现金流量的时间单位一般采用"年"。对于计算期较短的行业项目，如石油钻井开发项目、高科技产业项目等，在较短的时间间隔内其现金流量会发生较大变化，不宜以年为时间单位，可根据具体情况选择合适的时间单位。

4.2 静态评价指标

4.2.1 总投资收益率（ROI）

1. 概念

总投资收益率（Return on Investment，ROI）表示总投资的盈利水平，是指项目达到设计生产能力后正常年份的年息税前利润或运营期内年平均息税前利润（EBIT）与项目总投资（TI）的比率。

2. 计算

$$\text{ROI} = \frac{\text{EBIT}}{\text{TI}} \times 100\% \tag{4-1}$$

式中　ROI——总投资收益率；

　　　EBIT——项目正常年份的年息税前利润（EBIT = 年利润总额 + 年利息支出）或运营期内年平均息税前利润；

　　　TI——项目总投资（TI = 固定资产投资 + 流动资金）。

3. 判别准则

若项目的总投资收益率（ROI）高于同行业参考值，表明用总投资收益率表示的盈利能力满足要求。

4. 适用范围

总投资收益率（ROI）的经济意义明确、直观，计算简便，但没有考虑投资收益的时间因素。因此，该指标主要用于计算期较短，不具备综合分析所需详细资料的项目盈利能力分析，尤其适用于建设项目方案制订的早期阶段，或工艺简单而生产变化不大的建设项目的投资经济效果评价。

4.2.2 资本金净利润率（ROE）

1. 概念

资本金净利润率（Return on Equity，ROE）表示项目资本金的盈利水平，是指项目达到设计生产能力后正常年份的年净利润或运营期内年平均净利润（NP）与项目资本金（EC）的比率。

2. 计算

$$\text{ROE} = \frac{\text{NP}}{\text{EC}} \times 100\% \tag{4-2}$$

式中　ROE——资本金净利润率；
　　　NP——项目正常年份的年净利润或运营期内年平均净利润；
　　　EC——项目资本金。

3. 判别准则

若项目的资本金净利润率（ROE）高于同行业参考值，表明用项目资本金净利润率表示的盈利能力满足要求。

4. 适用范围

项目资本金净利润率（ROE）反映了投资者投入项目资本金的获利能力，是投资者最为关心的评价指标。

若项目的资本金净利润率（ROE）高于同期银行贷款利率，则项目适度举债是有利的；反之，过高的负债比率将损害项目法人和投资者的利益。可见，资本金净利润率（ROE）不仅可以用来衡量拟建项目的获利能力，还可以作为建设项目筹资决策参考的依据。

【例 4-1】　某建设项目拟投入资金和利润见表 4-1。试计算该项目的总投资收益率和资本金净利润率。

表 4-1　项目拟投入资金和利润　　　　　　　　　　（单位：万元）

序号	项目	年份					
		1	2	3	4	5	6	7~10
1	建设投资							
1.1	自有资金部分	1200	340					
1.2	贷款本金		2000					
1.3	贷款利息（年利率6%，投产后前4年年末等额还本(2000+60)/4，利息照付）		60	123.6	92.7	61.8	30.9	
2	流动资金							
2.1	自有资金部分			300				
2.2	贷款			100	400			
2.3	贷款利息（年利率4%）			4	20	20	20	20
3	所得税前利润			−50	550	590	620	650
4	所得税后利润（所得税为25%）			−50	425	442.5	465	487.5

【解】　（1）总投资收益率（ROI）

1）计算项目总投资（TI）

　TI = 固定资产投资 + 全部流动资金
　　 = 1200 万元 + 340 万元 + 2000 万元 + 60 万元 + 300 万元 + 100 万元 + 400 万元
　　 = 4400 万元

2）计算项目年平均息税前利润（EBIT）

EBIT = [(123.6 万元 + 92.7 万元 + 61.8 万元 + 30.9 万元 + 4 万元 + 20 万元×7)
      + (-50 万元 + 550 万元 + 590 万元 + 620 万元 + 650 万元×4)] ÷ 8
    = 595.4 万元

3）根据式（4-1）计算总投资收益率（ROI）

$$ROI = \frac{EBIT}{TI} \times 100\% = \frac{595.4 \text{ 万元}}{4400 \text{ 万元}} \times 100\% = 13.53\%$$

（2）计算资本金净利润率（ROE）

1）计算项目资本金（EC）

$$EC = 1200 \text{ 万元} + 340 \text{ 万元} + 300 \text{ 万元} = 1840 \text{ 万元}$$

2）计算项目年平均净利润（NP）

NP = (-50 万元 + 425 万元 + 442.5 万元 + 465 万元 + 487.5 万元×4) ÷ 8
   = 404.06 万元

3）根据式（4-2）计算资本金净利润率（ROE）

$$ROE = \frac{NP}{EC} \times 100\% = \frac{404.06 \text{ 万元}}{1840 \text{ 万元}} \times 100\% = 21.96\%$$

4.2.3 静态投资回收期（P_t）

1. 概念

静态投资回收期（Payback Time of Investment，P_t）是在不考虑资金时间价值的条件下，以建设项目的净收益回收其总投资所需要的时间，一般以年为单位。静态投资回收期宜从项目建设开始年算起，若从项目投产开始年算起，应予以特别注明。

2. 计算

$$\sum_{t=0}^{P_t} (CI - CO)_t = 0 \qquad (4-3)$$

式中　　P_t——静态投资回收期；

（CI - CO）$_t$——第 t 年净现金流量。

根据建设项目净现金流量来计算静态投资回收期（P_t），具体有两种情况：

1）当项目建成投产后运营期各年的净收益均相同时，可简化为

$$P_t = \frac{TI}{EBIT} \qquad (4-4)$$

式中　　TI——同前；

EBIT——同前。

显然，此时静态投资回收期（P_t）就是总投资收益率（ROI）的倒数。

2）当项目建成投产后运营期各年的净现金流量不相同时，静态投资回收期（P_t）即是项目累计净现金流量由负值转为零的时点，如图 4-3 所示，其计算公

式为

$$P_t = (T-1) + \frac{第(T-1)年的累计净现金流量的绝对值}{第T年的净现金流量} \tag{4-5}$$

式中　T——项目各年累计净现金流量首次为正值或零的年份数。

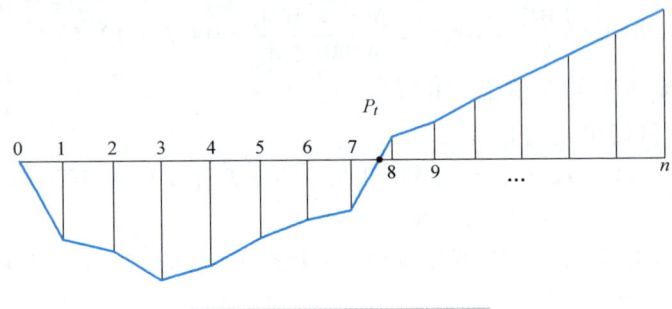

图 4-3　投资回收期示意图

3. 判别准则

静态投资回收期（P_t）越短，表明项目投资回收越快，抗风险能力越强。通常将项目的静态投资回收期（P_t）与所确定的基准投资回收期 P_c 进行比较，若 $P_t \leq P_c$，表明建设项目能在规定时间内收回总投资，项目可行；若 $P_t > P_c$，则项目不可行。

【例 4-2】　拟建某机械厂，预计每年获得的净收益及投资回收情况见表 4-2，试计算其静态投资回收期。

表 4-2　项目基础数据表　　　　　　　　　　　　　　（单位：万元）

年　　份	1	2	3	4	5	6	7
投　　资	1500	2000					
年净收益			600	800	1000	1000	1000
净现金流量	-1500	-2000	600	800	1000	1000	1000
累计净现金流量	-1500	-3500	-2900	-2100	-1100	-100	900

【解】　根据式（4-5）计算静态投资回收期（P_t）

$$P_t = (7-1)年 + \frac{|-100|}{1000}年 = 6.1 年$$

4. 适用范围

静态投资回收期（P_t）的经济意义明确、直观，计算简便，在一定程度上反映了投入资金的周转速度。因此，在建设项目经济评价中一般都要求计算静态投资回收期（P_t），以反映拟建项目总投资的补偿速度和风险性。尤其是技术更新迅速或资金相对短缺的建设项目，或未来的情况很难预测而投资者又特别关心资金补偿的建设项目，采用静态投资回收期（P_t）来评价特别有实用意义。但是，一般认为静态投资回收期只能作为一种辅助指标，不能单独使用，其原因是：第一，没有考虑资金的时间价值；第二，仅以投资的回收快慢作为决策的依据，没有考虑投资回收以后项目的收益情况，无法全面地反映项目在整个计算期内的盈利水平。

4.2.4 利息备付率（ICR）

1. 概念

利息备付率（Interest Coverage Ratio，ICR）也称已获利息倍数、利息保障倍数，是指建设项目在借款偿还期内各年可用于支付利息的息税前利润（EBIT）与当期应付利息（PI）的比值。该指标从付息资金来源的充裕性角度反映项目偿付债务利息的保障程度。

2. 计算

利息备付率（ICR）应分年计算，其计算式为

$$ICR = \frac{EBIT}{PI} \tag{4-6}$$

式中　ICR——利息备付率；
　　　EBIT——同前；
　　　PI——计入总成本费用的应付利息。

利息备付率应分年计算。利息备付率越高，表明利息偿付的保障程度越高。

3. 判别准则

建设项目的利息备付率（ICR）指标越高，表明用项目息税前利润偿付借款利息的保障程度越高。利息备付率（ICR）应当大于1，并结合债权人的要求确定。参考国际经验和国内行业的具体情况，一般情况下，利息备付率（ICR）不宜低于2。

4.2.5 偿债备付率（DSCR）

1. 概念

偿债备付率（Debt Service Coverage Ratio，DSCR）是指建设项目在借款偿还期内，各年可用于还本付息的资金（$EBITDA - T_{AX}$）与当期应还本付息金额（PD）的比值。该指标从还本付息资金来源的充裕性角度反映项目偿付借款本息的保障程度。

2. 计算

偿债备付率（DSCR）应分年计算，其计算式为

$$DSCR = \frac{EBITDA - T_{AX}}{PD} \tag{4-7}$$

式中　DSCR——偿债备付率；
　　　EBITDA——息税前利润加折旧和摊销；

T_{AX}——企业所得税；

PD——应还本付息金额，包括还本金额和计入总成本费用的全部利息，融资租赁费用可视同借款偿还，运营期内的短期借款本息也应纳入计算。

如果项目在运营期内有维持运营的投资，则可用于还本付息的资金应扣除维持运营的投资。

3. 判别准则

建设项目的偿债备付率（DSCR）指标越高，表明项目可用于还本付息的资金保障程度越高。偿债备付率（DSCR）应当大于1，并结合债权人的要求确定。参考国际经验和国内行业的具体情况，一般情况下，偿债备付率（DSCR）不宜低于1.3。

4.2.6 借款偿还期（P_d）

1. 概念

借款偿还期（Loan Repayment Period，P_d）是指以建设项目投产后获得的可用于还本付息的资金，还清项目投资的借款本金和利息所需要的时间，一般以年为单位表示。该指标是反映建设项目借款偿还能力的重要指标，也是贷款银行和其他债权人特别关注的指标，具有衡量借款风险的作用。

2. 计算

借款偿还期（P_d）的计算表达式为

$$I_d = \sum_{t=0}^{P_d}(R_p + D + R_o - R_r)_t \tag{4-8}$$

式中 I_d——固定资产投资借款本金和建设期利息之和；

P_d——借款偿还期（从借款开始年计算，若从投产年算起时应予注明）；

R_p——第 t 年可用于还款的税后利润；

D——第 t 年可用于还款的固定资产折旧费和无形资产及其他资产摊销费；

R_o——第 t 年可用于还款的其他收益；

R_r——第 t 年企业留利。

实际工作中，借款偿还期（P_d）可由利润与利润分配表、借款还本付息计划表中的相关数据计算，具体计算公式为

$$P_d = (借款偿还开始出现盈余年份 - 1) + \frac{盈余当年应偿还借款额}{盈余当年可用于还款的余额} \tag{4-9}$$

3. 判别准则

借款偿还期（P_d）满足贷款机构或债权人要求的还款期限，即认为建设项目是有偿债能力的。

4. 适用范围

借款偿还期（P_d）适用于不预先给定借款偿还期限，且按最大偿还能力计算

还本付息的建设项目。对于预先给定借款偿还期的建设项目,应采用利息备付率和偿债备付率指标分析项目的偿债能力。

【**例 4-3**】 某项目从建设期初就向国内某家银行贷款,从其借款还本付息计划表、利润与利润分配表中分别查知,在计算期的第 12 年开始有盈余资金,当年(第 12 年,后同)的可用于还本的未分配利润为 7603 万元,当年可用于还本的折旧费和摊销费共为 2365 万元,还款期间的企业留利为 102 万元,当年偿还本金为 2857 万元,当年支付利息为 186 万元。试求借款偿还期。

【**解**】 当年借款额是指当年应偿还的本金额,因为当年的利息在计算未分配利润时已扣除,所以这里的借款不应包括利息部分,即

$$P_d = \left[(12-1) + \frac{2857}{7603 - 102 + 2365} \right] 年 = 11.29 \text{ 年}$$

5. 还本付息的两种常见方式

在债权人明确规定了还款期的情况下,建设项目各年应偿还的借款本金和应支付的利息在还款期间可按等额还本付息和等额还本、利息照付两种方式考虑。

(1)等额还本付息 在此方式下,每年还本付息额的计算式为

$$A = I_c \cdot (A/P, i, n) \tag{4-10}$$

式中 A——每年等额还本付息额;
　　I_c——还款起始年年初的借款额(含建设期利息);
　　i——贷款年利率;
　　n——预定的还款期。

这种还款方式的特点是:还本付息额中各年偿还的本金和利息是不等的,但两者之和相等,偿还本金部分将逐年增多,支付利息部分将逐年减少。

(2)等额还本、利息照付 在此方式下,每年偿还本金和支付利息的计算式为

$$每年偿还本金 = \frac{I_c}{n}$$

$$每年支付利息 = 年初借款余额 \times 贷款年利率 \tag{4-11}$$

这种还款方式的特点是:偿还期内每年偿还的本金额相等,支付的利息将随本金逐年偿还而减少,故各年还本付息之和是不等的。

【**例 4-4**】 向银行贷款建设某项目,在还款期初本息之和为 3000 万元,银行要求还款期为 5 年,贷款年利率为 10%。试分别用等额还本付息方式和等额还本、利息照付方式计算各年偿还的本金和利息各是多少。

【**解**】 (1)等额还本付息方式 根据式(4-10)计算每年还本付息额

$$A = 3000 \text{ 万元} \times \frac{10\%(1+10\%)^5}{(1+10\%)^5 - 1} = 791.39 \text{ 万元}$$

各年还本付息额见表 4-3。

表 4-3　等额还本付息计算表　　　　　　　　　（单位：万元）

年份	年初借款余额	当年应计利息	当年偿还本金	当年支付利息	年末借款余额
1	3000.00	300.00	491.39	300.00	2508.61
2	2508.61	250.86	540.53	250.86	1968.08
3	1968.08	196.81	594.58	196.81	1373.50
4	1373.50	137.35	654.04	137.35	719.44
5	719.44	71.94	719.44	71.94	0

（2）等额还本、利息照付方式　根据式（4-11）计算每年偿还本金额

$$每年偿还本金 = \frac{3000}{5}万元 = 600 万元$$

各年支付利息额见表 4-4。

表 4-4　等额还本、利息照付计算表　　　　　　（单位：万元）

年份	年初借款余额	当年应计利息	当年偿还本金	当年支付利息	年末借款余额
1	3000.00	300.00	600.00	300.00	2400.00
2	2400.00	240.00	600.00	240.00	1800.00
3	1800.00	180.00	600.00	180.00	1200.00
4	1200.00	120.00	600.00	120.00	600.00
5	600.00	60.00	600.00	60.00	0

比较表 4-3 和表 4-4 可知，前期还本付息金额，第一种方式比第二种方式要少些，适用于项目运营前期无足够资金来还本付息的情况，若项目运营前期有足够资金偿还债务时，则选择第二种方式能较少支付利息。

4.3　动态评价指标

4.3.1　净现值（NPV）

1. 概念

净现值（Net Present Value，NPV）是按设定的折现率（一般采用基准收益率 i_c）计算的项目计算期内净现金流量的现值代数和。该指标是反映建设项目在计算期内整体盈利能力的绝对指标。

2. 计算

净现值（NPV）的计算公式为

$$NPV = \sum_{t=0}^{n} (CI - CO)_t (1 + i_c)^{-t} \qquad (4-12)$$

式中 NPV——净现值；

$(CI - CO)_t$——第 t 年的净现金流量；

n——项目的计算期；

i_c——设定贴现率，一般取基准收益率。

【例 4-5】 某建设项目预计工期 2 年，第一年年末投资 1500 万元，第二年年末投资 2000 万元，第三年开始投产，预计每年净现金流入 1180 万元。计算期内设定贴现率为 10%，问投产 5 年后该项目投资能否收回？

【解】 项目现金流量如图 4-4 所示（单位：万元）。

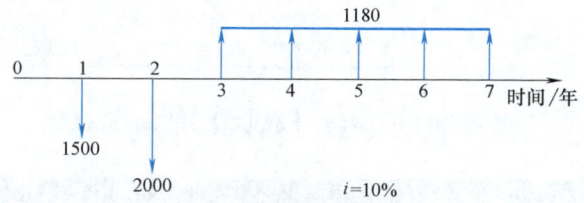

图 4-4　项目现金流量图

1）人工计算净现值（NPV），根据式（4-12）、查附录 A 复利系数表，得

$NPV = -1500$ 万元 $\times (P/F, 10\%, 1) - 2000$ 万元 $\times (P/F, 10\%, 2)$
$\quad\quad\quad + 1180$ 万元 $\times (P/A, 10\%, 5)(P/F, 10\%, 2)$
$\quad\quad = 680.16$ 万元

2）用 Excel 程序求解净现值（NPV）。应特别注意的是，在 Excel 中所计算的 NPV 仅是项目第 1 年年末至第 n 年年末净现金流量的现值代数和，当项目第 1 年年初（即 0 时刻）有净现金流量时，应将该净现金流量与计算得到的 NPV 相加。

Excel 求解【例 4-5】的净现值（NPV）如图 4-5 所示。

【例 4-6】 若【例 4-5】中的拟建项目第 1 年年初有投资 1000 万元，则 Excel 求解净现值（NPV）如图 4-6 所示。

3. 判别准则

取定基准收益率 i_c，若项目的净现值 NPV > 0，说明项目除了满足基准收益率要求的盈利之外，还有超额收益，故项目可行；若项目的净现值 NPV = 0，说明项目的投资收益率水平恰好达到了要求的基准收益率水平，故项目可行；若项目的净现值 NPV < 0，说明项目没有达到基准收益率要求的盈利水平，故项目不可行。

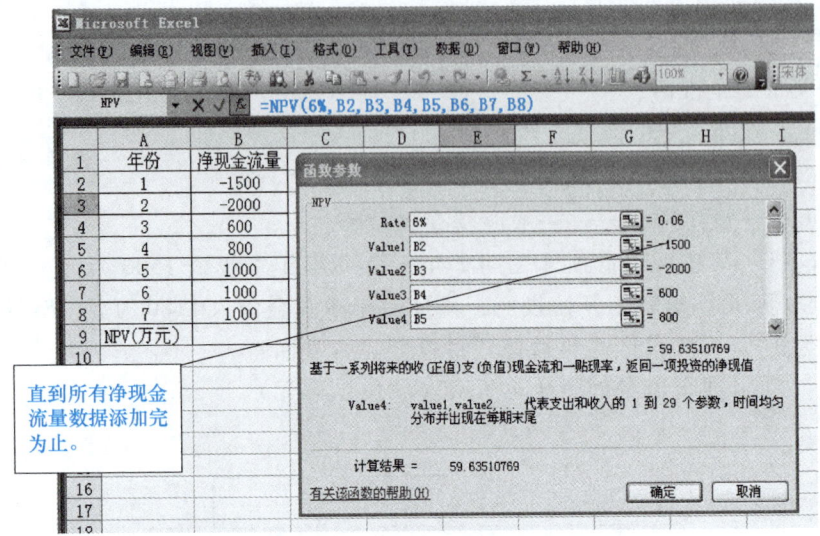

图 4-5　Excel 求解【例 4-5】净现值示意图

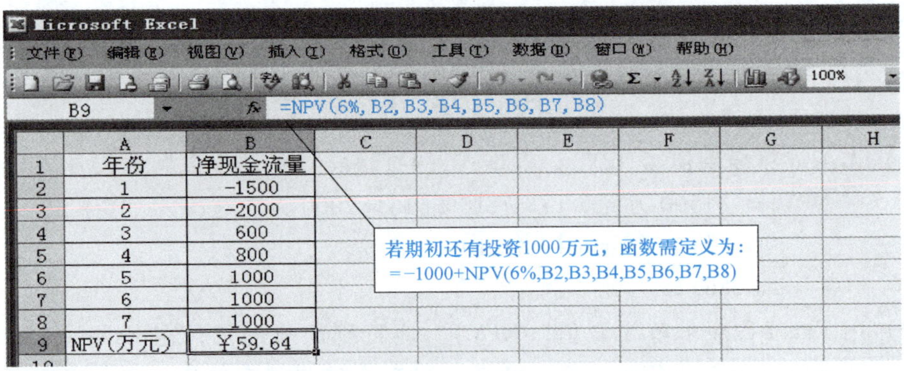

图 4-6　Excel 求解【例 4-6】净现值示意图

4. 适用范围

净现值（NPV）是建设项目经济评价中广泛应用的指标，优点：不仅考虑了资金时间价值，还全面考虑了项目在整个计算期内的费用和收益情况；经济含义明确直观，以绝对金额表示项目的盈利能力；判别直观简便。

净现值（NPV）的不足之处：需要先设定一个符合经济现实的基准收益率，而基准收益率的确定往往比较困难；不能直接反映拟建项目单位投资的使用效率；不能反映项目投资的回收速度。

5. 净现值函数曲线

当拟建项目的各年净现金流量和计算期 n 是定值时，则净现值（NPV）是关于折现率 i 的函数，称为净现值函数。对于一个常规建设项目，其净现值函线是一条

以 I_0（项目总投资）为渐近线的单调递减曲线，曲线与贴现率横轴有一个交点 B 点，如图 4-7 所示。图上 A 点是 $i=0$（不考虑资金时间价值时）的项目净现值，即该项目计算期内各年净现金流量的累计值；B 点时项目的 NPV = 0，此时的折现率 i^* 为项目的内部收益率（IRR）。

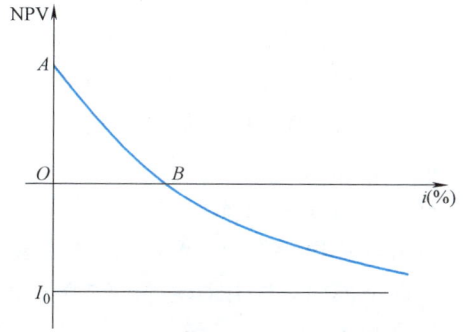

图 4-7　净现值函数曲线图

4.3.2　净现值率（NPVR）

1. 概念

净现值率（Net Present Value Ratio，NPVR）是指建设项目单位投资现值所能带来的净现值，该指标反映项目单位投资的盈利水平。对于净现值（NPV）相同而投资额不等的多个建设项目，常用净现值率（NPVR）作为评价指标进行排序优选。

2. 计算

净现值率（NPVR）计算公式为

$$\text{NPVR} = \frac{\text{NPV}}{I_p} \tag{4-13}$$

式中　NPVR——净现值率；
　　　NPV——项目的净现值；
　　　I_p——项目总投资（包括固定资产投资和流动资金）的现值。

3. 判别准则

对于单个拟建项目，净现值率（NPVR）的判别准则与净现值（NPV）一致，即 NPVR≥0，则项目可行；NPVR<0，则项目不可行。进行多方案的选择时，就必须将 NPVR 进行排序，以单位净现值最大为准则，倾向于选择投资规模偏小、资金利用率较高的项目，与获取净现值最大、达到最佳经济规模的目标有时是不一致的。

4.3.3　净年值（AW）

1. 概念

净年值（Annual Worth，AW）也称年度等值，是指建设项目计算期内各年净现金流量的年度等值（年金）。

2. 计算

一般先计算项目的净现值（NPV），再计算净年值（AW），其计算公式为

$$\text{AW} = \text{NPV} \cdot (A/P, i_c, n) \tag{4-14}$$

3. 判别准则

对于单个拟建项目，净年值（AW）的判别准则与净现值（NPV）的一致，即 AW≥0，说明项目在计算期内每年的平均等额收益较基准收益率还有盈余或相等，项目可行；若 AW<0，项目不可行。

4. 适用范围

对一个建设项目做经济评价时，净现值（NPV）足以反映该项目可行与否，一般不需计算净年值（AW）。但对于多个建设项目做经济评价时，尤其是多个项目计算期不同时，采用净年值（AW）进行多方案的比选则更为简便和准确（具体见第五章）。

4.3.4 内部收益率（IRR）

1. 概念

由图 4-8 可知，内部收益率（Internal Rate of Return，IRR）是当建设项目净现值（NPV）为零时的折现率。该指标反映了项目以每年净收益归还总投资后所能获得的投资收益率，是项目整个计算期的内在的、真正的收益率水平。

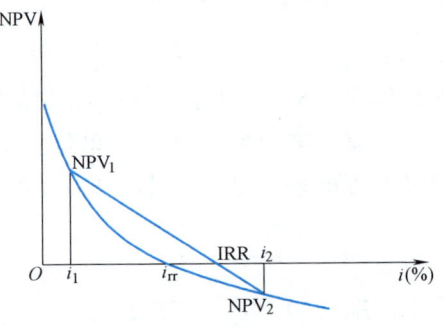

图 4-8 直线内插法原理

2. 计算

内部收益率（IRR）的计算可表达为

$$NPV = \sum_{t=0}^{n} (CI - CO)_t \cdot (1 + IRR)^{-t} = 0 \tag{4-15}$$

一般来说，求解内部收益率（IRR）有人工试算法和使用 Excel 程序求解法两种方法。

（1）人工试算法 用直线内插法来近似求解内部收益率（IRR），其原理如图 4-8 所示。

首先试算该项目净现值（NPV）分别为正值和负值时的两个贴现率 i_1 和 i_2，为保证内部收益率（IRR）的近似解有足够的精度，一般要求 $|i_2 - i_1|$ 不超过 5%，内部收益率（IRR）的近似解计算公式为

$$IRR = i_1 + \frac{NPV_1}{NPV_1 + |NPV_2|} \cdot (i_2 - i_1) \tag{4-16}$$

由图 4-8 可知，内部收益率（IRR）的近似解略微大于精确解 i_{rr}。

【例 4-7】 某建设项目计算期内各年净现金流量见表 4-5，试用直线内插法计算其内部收益率。

表 4-5　项目净现金流量表　　　　　　　　　（单位：万元）

年　序	0	1	2	3	4	5
$(CI-CO)_t$	-800	200	225	250	275	300

【解】　试算，找到 i_1 和 i_2

$$\overline{(CI-CO)_t} = \frac{200\,万元+225\,万元+250\,万元+275\,万元+300\,万元}{5} = 250\,万元$$

对

$$(P/A,i,5) = \frac{800\,万元}{250\,万元} = 3.2$$

查附录 A 复利系数表，得 $i_1 = 15\%$。

计算 i_1 所对应的 NPV_1，得

$$NPV = \sum_{t=0}^{5}(CI-CO)_t \cdot (1+15\%)^{-t} = 14.8225\,万元 > 0$$

令 $i_2 = i_1 + 2\% = 17\%$，计算 i_2 对应的 NPV_2，得

$$NPV = \sum_{t=0}^{5}(CI-CO)_t \cdot (1+17\%)^{-t} = -25.007\,万元 < 0$$

根据式（4-16）计算得

$$IRR = 15\% + \frac{14.8225\,万元}{14.8225\,万元+|-25.007|万元} \times (17\%-15\%) = 15.74\%$$

即该项目内部收益率的近似解为 15.74%。

（2）Excel 程序求解法

【例 4-8】　试对【例 4-7】用 Excel 程序求解项目的内部收益率（IRR）。

【解】　Excel 程序求解内部收益率（IRR）的过程和结果如图 4-9 和图 4-10 所示。

3. 判别准则

内部收益率（IRR）指标用于一个建设项目经济评价时，若项目的 IRR $\geq i_c$，则项目可行；若项目的 IRR $< i_c$，则项目不可行。项目的内部收益率（IRR）指标越高，则该项目的投资效率越高。

4. 适用范围

内部收益率（IRR）被普遍认为是项目投资的盈利率，反映了投资的使用效率，它由项目现金流量决定，即项目内生决定的。但是，内部收益率反映的是项目寿命期内没有回收的投资的盈利率，而不是初始投资在整个寿命期内的盈利率。因为在项目的整个寿命期内始终存在未被回收的投资，而在项目寿命期结束时，投资恰好被全部收回。在工程经济分析中内部收益率是考察项目盈利能力的主要动态评价指标。

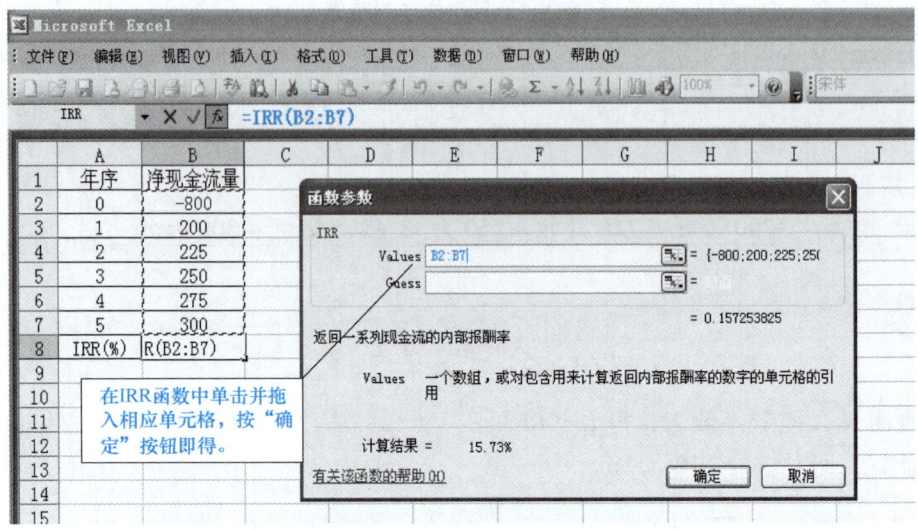

图 4-9　Excel 求解内部收益率过程示意图

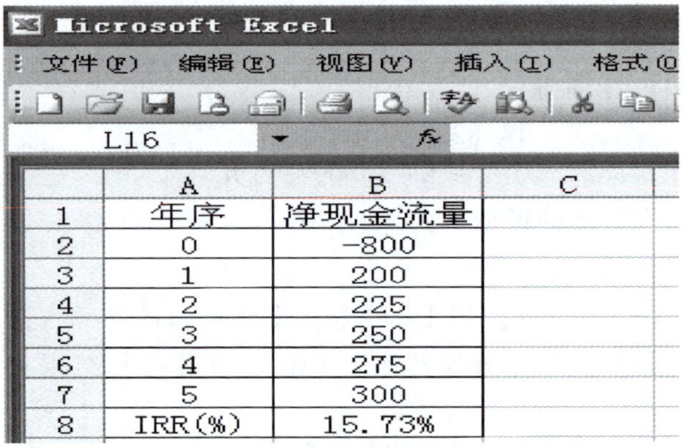

图 4-10　Excel 求解内部收益率结果示意图

内部收益率（IRR）是建设项目经济评价中广泛应用的指标，优点：不仅考虑了资金时间价值，还全面考虑了项目在整个计算期内的费用和收益情况；是盈利能力评价的相对指标，即能反映项目投资效率；不受外部参数基准收益率 i_c 取值的影响。

内部收益率（IRR）的不足之处：求解方程式（4-14）中的 IRR 需解高次方程，求解烦琐。对于常规建设项目，建设期内投资是净现金流出，运营期内各年均是净现金流入，即项目整个计算期内净现金流量的符号变化只有一次，故项目有唯一的 IRR 解。但对于非常规建设项目，其内部收益率（IRR）可能无解或存在多个解。如下三种情况不能使用 IRR 指标。

1) 只有现金流入或现金流出的建设项目，此时不存在明确经济意义的 IRR，如图 4-11 所示。

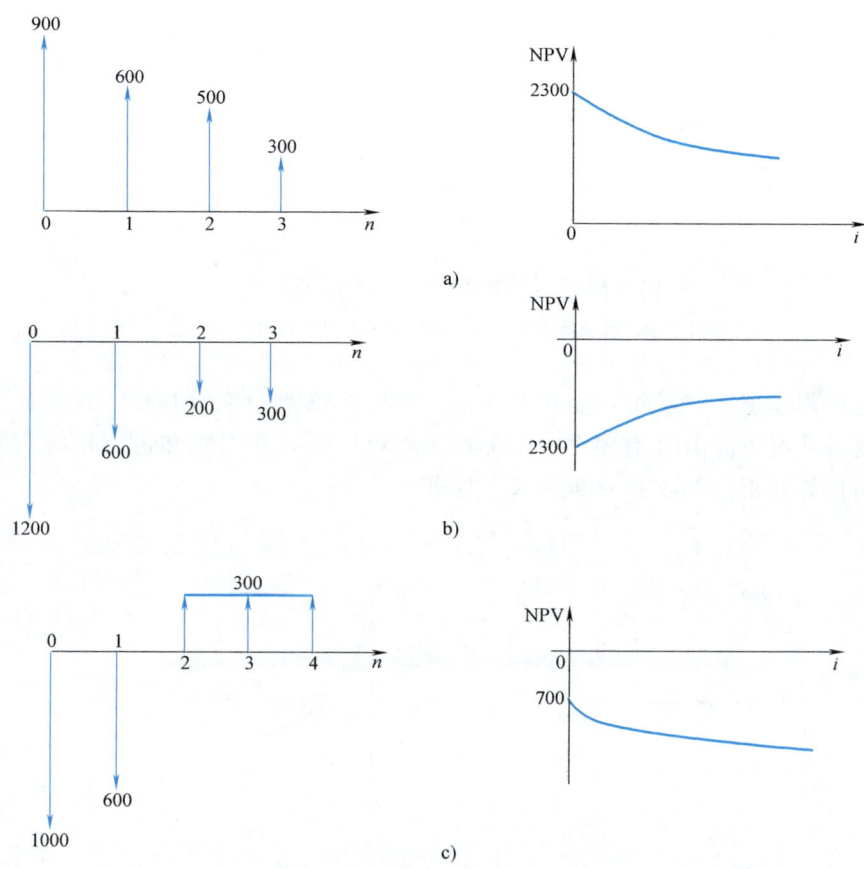

图 4-11 不存在内部收益率的情况

2) 非投资情况，如图 4-12 所示，即项目先取得收益，然后用收益支付有关运营成本、设备租赁费等。在这种情况下只有 IRR $< i_c$ 的项目才可接受。

3) 当方案的净现金流量的正负号改变不止一次时，就会出现多个内部收益率。

若将 $(1+i)^{-1}$ 用 X 表示，则

$$NPV = F_0 + F_1 X^1 + F_2 X^2 + \cdots + F_n X^n$$

根据狄斯卡尔符号规则，系数为实数的 n 次多项式，其正实数根的数目不会超过其系数中 $(F_0, F_1, F_2, \cdots, F_n)$ 符号变更的数目（此时，0 可看作无符号）。此时，X 的正实数根的数目就是内部收益率（IRR）的求解数目。如图 4-13 所示，

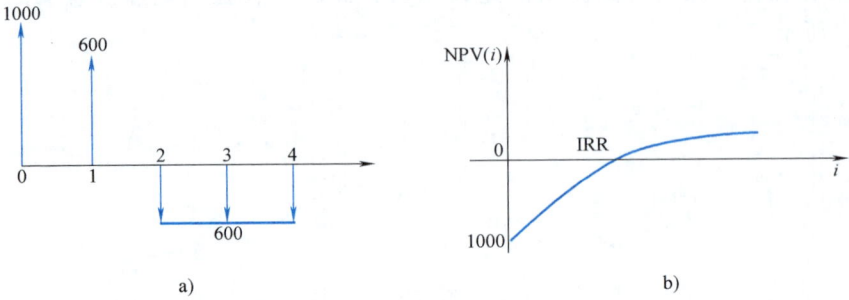

图 4-12 非投资项目的内部收益率情况

a) 非投资情况现金流量图　b) 非投资情况 NPV 与 IRR 的示意图

项目计算期内净现金流量符号变化共 3 次，此时内部收益率（IRR）最多有 3 个。因此，这种情况下的 IRR 有多个，不能按照常规计算 IRR 指标和进行相应的判别，必要时需计算修正内部收益率和外部收益率。

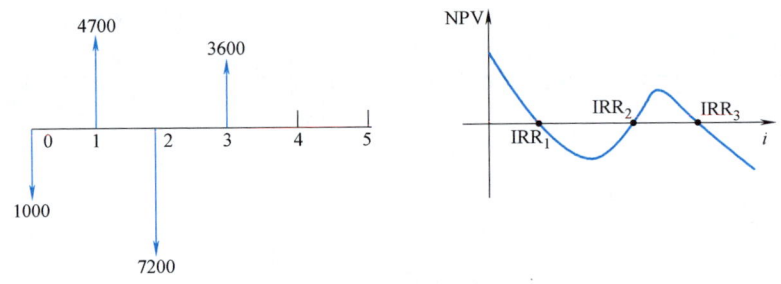

图 4-13 项目有多个内部收益率的情况

4.4 基准收益率

基准收益率（Hurdle Cut-off Rate，i_c）也称基准贴现率，也即最低可接受收益率（Minimum Acceptable Rate of Return），是行业或项目法人或投资者以动态的观点所确定的、可接受的建设项目最低标准的收益水平。

1. 影响基准收益率的因素

投资者自行测定基准收益率 i_c 的计算式可以表达为

$$i_c = (1+i_1) \cdot (1+i_2) \cdot (1+i_3) - 1 \approx i_1 + i_2 + i_3 \tag{4-17}$$

式中　i_c——基准收益率；

i_1——单位投资的资金成本和机会成本的较大者；

i_2——风险补贴率；

i_3——通货膨胀率。

（1）资金成本和机会成本

1）资金成本（Capital Cost）是为取得资金使用权所支付的费用，主要包括筹资费和资金的使用费。筹资费是指在筹资过程中发生的各种费用，如委托金融机构代理发行股票、债券而支付的注册费和代理费，向银行贷款而支付的手续费等。资金的使用费是指因使用资金而向资金提供者支付的报酬，如向股东支付红利，向债权人支付利息等。

2）机会成本（Opportunity Cost）是指投资者将有限的资金用于拟建项目而放弃的其他投资机会所能获得的最大收益。凡是技术经济活动都含有机会成本，如建厂占用耕地的代价是减少农业收入。机会成本是在建设项目外部形成的，不是项目的实际支出，不能反映在项目的财务上，必须通过工程经济分析比较才能确定项目的机会成本。

显然，基准收益率 i_c 应不低于单位投资的资金成本和机会成本，这样才能使资金得到最有效的利用。当建设项目完全由项目法人自有资金投资时，基准收益率 i_c 可参考行业平均收益水平，即视之为投资的机会成本；当建设项目的投资来源于自有资金和贷款时，基准收益率 i_c 不应低于行业平均收益水平和贷款利息的加权平均值。

（2）投资风险（Investment Risk） 投资者在作出是否投资这一决策时，必然会承担相应的各种风险，因此应以一个适当的风险贴补率 i_2 来提高基准收益率 i_c 值。建设项目的投资风险越大，风险贴补率越高。

（3）通货膨胀（Inflation） 通货膨胀是指由于货币（这里指纸币）的发行量超过商品流通所需要的货币量而引起的货币贬值和物价上涨的现象。在通货膨胀影响下，各种建筑材料、生产设备、房屋、土地的价格以及人工费都会上升。为反映和评价拟建项目在未来的真实经济效果，在确定基准收益率 i_c 时，应结合投入产出价格的选用决定对通货膨胀因素的处理。

通货膨胀以通货膨胀率来表示，通货膨胀率主要表现为物价指数的变化，即通货膨胀率约等于物价指数变化率。工程经济分析时，若建设项目的现金流量是按当年价格预测估算的，则应以年通货膨胀率 i_3 修正基准收益率 i_c；若建设项目的现金流量是按基准年不变价格预测估算的，即预测数据已排除通货膨胀因素的影响，确定基准收益率 i_c 时则不必考虑通货膨胀率。

总之，合理确定基准收益率 i_c，对于建设项目投资决策甚为重要。确定基准收益率 i_c 的基础是资金成本和机会成本，投资风险和通货膨胀则是必须考虑的影响因素。

2. 确定基准收益率的方法

根据 2004 年发布的《国务院关于投资体制改革的决定》中的政策，推行"谁投资、谁决策、谁收益、谁承担风险"，企业应根据自身情况自主进行投资决策。因此，对于产出物或服务由政府定价的项目（指《政府核准的投资项目目录》中界定的项目），其基准收益率 i_c 应根据政府政策导向确定；对于《政府核准的投资项目目录》中界定以外的、由市场定价的项目，可根据资金成本和风险收益由投资者自行确定，确定时应与财务评价采用的价格一致，若财务评价采用变动价格，则还应考虑通货膨胀因素。根据投资者意图和拟建项目的具体情况，基准收益率 i_c 的取值可高于、等于或低于行业基准收益率，但若考虑到项目的盈利水平，一般不宜低于行业基准收益率。

在政府投资项目以及按政府要求进行经济评价的建设项目中采用的行业基准收益率，应根据政府的政策导向确定；在企业投资等其他各类建设项目的经济评价中参考选用的行业基准收益率，应在分析一定时期内国家和行业发展战略、发展规划、产业政策、资源供给、市场需求、资金时间价值、项目目标等情况的基础上，结合行业特点、行业资本构成情况等因素综合测定。

行业基准收益率的测定方法主要有资本资产定价模型法（CAPM）、加权平均资金成本法、典型项目模拟法、德尔菲（Delphi）专家调查法等，也可同时采用多种方法进行测算，将不同方法测算的结果相互验证，经协调后确定。

（1）资本资产定价模型法（the Capital Asset Pricing Model，CAPM） 此法的基本思路是：权益资金（Equity）的收益由无风险投资收益和风险投资收益（又称风险溢价）两部分构成，资金投入不同的行业具有不同的风险，因而风险溢价也不同。例如，2004 年的参考数据是：无风险投资收益率（一般取短期国债利率）为 2.5%，市场平均风险投资收益率（根据国家统计数据测定）为 8%。在假设资本完全处于市场自由化的前提下，应在确定行业分类的基础上，在行业内抽取若干具有代表性的企业样本，通过测算行业投资收益变动与市场总的投资收益变动的关系，可分析判断行业投资风险的相对大小。在测定行业风险系数 β 值的基础上可计算权益资金成本，得出权益投资应得到的最低收益率，其公式为

$$k = k_f + \beta \cdot (k_m - k_f) \tag{4-18}$$

式中 k——权益资金成本；

k_f——市场无风险收益率；

β——风险系数，又称 β 系数，是反映行业特点与风险的重要数值，也是测算工作的重点和基础；

k_m——市场平均风险投资收益率。

运用此法计算出的收益率作为权益资金行业基准收益率的下限，再综合考虑采用其他方法测算的行业基准收益率并进行协调，可最终确定权益资金行业基准收益

率的取值。

（2）加权平均资金成本法（Weighted Average Cost of Capital，WACC） 此法普遍应用于投资决策中。项目法人的资金由权益资金（Equity）和债务资金（Debt）构成，权益资金成本取决于行业特点与风险，债务资金成本取决于资本市场利率水平、企业违约风险、所得税率等因素，这两者按合理的比例加权计算的取值作为全部投资行业基准收益率的下限，再结合其他方法所计算的取值加以协调后可最终确定全部投资行业基准收益率，其公式为

$$\text{WACC} = k_e \cdot \frac{E}{E+D} + k_d \cdot \frac{D}{E+D} \tag{4-19}$$

式中　WACC——加权平均资金成本；
　　　k_e——权益资金成本；
　　　k_d——所得税后的债务资金成本；
　　　E——权益资金；
　　　D——负债。

权益资金与负债的比例可采用行业统计平均值，或由投资者自行合理设定。权益资金成本可根据式（4-18）采用资本资产定价模型（CAPM）确定。

（3）典型项目模拟法　采用此法测算行业基准收益率时，应在合理时间区段内，选取一定数量的具有行业代表性的已进入正常生产运营状态的典型建设项目，按照项目实施情况采集实际数据，统一评估的时间区段，调整价格水平和有关参数，计算项目的内部收益率，并对结果进行必要的分析，结合行业特点、行业资本构成情况等因素，确定行业基准收益率。

（4）德尔菲（Delphi）专家调查法　采用此法测算行业基准收益率时，应统一设计调查问卷，征求一定数量的、熟悉本行业情况专家，依据系统的程序，采用匿名发表意见的方式，通过多轮次调查专家对本行业建设项目基准收益率取值的意见，逐步形成专家的集中意见，并对结果进行必要的分析，结合行业特点、行业资本构成情况等因素，确定行业基准收益率。

上述方法应注意在测算分析的基础上要进行必要的调整，最终取值应是综合权衡的结果，而不仅仅是简单的计算。

部分行业建设项目融资前税前和资本金税后财务基准收益率分别见附录 B 和附录 C。

4.5　建设项目经济评价指标汇总

本章介绍的建设项目经济评价常用的主要指标和辅助指标见表 4-6。表中所列评价指标均适用于财务评价范畴，当然财务评价指标还有很多，详见附录 4。国民经济评价参数及指标见本书第 7 章。

表 4-6 建设项目经济评价指标一览表

类型	评价指标	计算方法	判别准则
静态指标	总投资收益率	$ROI = \dfrac{EBIT}{TI} \times 100\%$	ROI > 行业收益率参考值
	资本金净利润率	$ROE = \dfrac{NP}{EC} \times 100\%$	ROE > 行业收益率参考值
	投资回收期	1. $P_t = \dfrac{TI}{EBIT}$ 2. 列表计算 $P_t = (T-1) + \dfrac{\text{第}(T-1)\text{年的累计净现金流量的绝对值}}{\text{第}T\text{年的净现金流量}}$	$P_t \leq P_c$
	利息备付率	$ICR = \dfrac{EBIT}{PI}$	ICR > 1
	偿债备付率	$DSCR = \dfrac{EBITDA - T_{AX}}{PD}$	DSCR > 1
	借款偿还期	$I_d = \sum\limits_{t=0}^{P_d}(R_p + D + R_o - R_r)_t$	$I_d \leq$ 贷款机构要求期限
动态指标	净现值	$NPV = \sum\limits_{t=0}^{n}(CI - CO)_t(1 + i_c)^{-t}$	$NPV \geq 0$
	净现值率	$NPVR = \dfrac{NPV}{I_P}$	$NPVR \geq 0$
	净年值	$AW = NPV \cdot (A/P, i_c, n)$	$AW \geq 0$
	内部收益率	$NPV = \sum\limits_{t=0}^{n}(CI - CO)_t \cdot (1 + IRR)^{-t} = 0$	$IRR \geq i_c$

思考题与习题

1. 项目经济评价的静态指标和动态指标各有哪些？它们在怎样的情况下选用？
2. 影响基准收益率的因素主要有哪些？
3. 试分析净现值、内部收益率和投资回收期这三个主要财务盈利指标的关系。
4. 评价内部收益率的优缺点。
5. 常用的偿债能力指标有哪些？它们各是什么经济含义？
6. 新建某化学纤维厂，固定资产投资为 42542 万元，流动资金为 7084 万元，其中，自有资金占总投资 40%。预计到设计生产正常年份的年销售收入为 35420 万元，年销售税金及附加为销售收入的 8%，年经营成本和折旧摊销费共计 18185 万元，当年利息支出为 521 万元，所得税为利润总额的 25%。试计算总投资收益率及资本金净利润率。
7. 某设计方案的净现金流量见表 4-7，基准收益率为 12%，试计算：净现值及内部收益率。

表 4-7　某设计方案净现金流量表　　　　　　　　（单位：万元）

年　份	0	1	2	3	4	5
净现金流量	-2000	450	550	650	750	850

8. 某工程建设项目，拟投资 6000 万元，投资分 3 年支付，每年年末 2000 万元，第四年开始获利，每年年末可盈利 1000 万元，项目投产后寿命期为 12 年，问此项目内部收益率是否达到 10%？

9. 某工业项目计算期 20 年，建设期 2 年，第 3 年投产，之后为达产年。在建设期初向银行贷款，第 1 年 400 万元，第 2 年 800 万元，贷款在年中均匀发放，设年利率为 6%，从第 3 年起开始偿还本金和利息，需 5 年内还清所有本息。

（1）用等额还本付息方式计算还款期各年的本金和利息。

（2）用等额还本、利息照付方式计算还款期各年的本金和利息。

第 5 章

建设项目多方案的比选

本章提要

建设工程投资决策时，备选方案往往有多个，这时决策人首先应明确多方案之间的关系类型，再采用相应的比选方法和指标进行多方案的技术经济论证。互斥型多方案比选一般以绝对经济评价指标最大为最优方案，本章着重介绍了计算期相同和计算期不同的互斥型多方案动态比选方法的异同。有资源限制的独立型多方案的比选方法主要有组合互斥化法和排序组合法两种。混合型多方案和相关型多方案比选的基本思路都可以是先穷举所有可行组合方案再做互斥化比选。

5.1 多方案之间的关系类型

在第 4 章中我们仅针对一个建设项目讨论其经济合理性，且对项目法人的资金利用也没有什么约束。而在实际工作中，项目法人可能面对多个技术可行的建设项目，这些备选项目之间也可能有多种相互关系，其资金利用也可能并不是无限的，项目法人会考虑这些方案组的整体最优化。因此，进行多方案的比选是建设项目经济评价的重要内容，是寻求合理的经济和技术方案的必要手段。

首先，我们应了解多方案之间的经济关系类型，一组多方案可划分为互斥型多方案、独立型多方案、混合型多方案和相关型多方案。

1. 互斥型多方案

在一组方案中，选择其中的一个方案则排斥了其他任何一个方案的可能性，则这一组方案称为互斥型多方案，简称互斥方案。这类多方案，在实际工作中是最常见的。如一个建设项目的工厂规模、生产工艺流程、主要设备、厂址的选择，一座建筑物或建筑物的结构类型选择，一个工程主体结构的施工工艺的确定等，这些问题往往就是互斥方案的选择问题。

2. 独立型多方案

在没有资源约束（资金、劳力、材料、设备或其他资源）的条件下，在一组方案中，选择其中的一个方案并不排斥接受其他的方案，即一个方案是否采用与其他方案是否采用无关，则称这一组方案为独立型多方案，简称独立方案。例如，某施工企业拟投资购置一批固定资产，列出的一组方案包括：一台挖土机、一台打桩机、两辆混凝土搅拌车，在没有资金约束的条件下这三个方案之间不存在任何的制约和排斥关系，它们就是一组独立方案。

3. 混合型多方案

当方案群内包括的各个方案之间既有互斥关系，又有独立关系，则称这一组方案为混合型多方案，简称混合方案。混合方案在结构上又可分为以下两种形式：

1) 在一组独立多方案中，每个独立方案下又有若干个互斥方案的形式。例如，某投资人意欲投资在 A、B 两地建两座大型购物中心，显然 A 和 B 是独立的。目前在 A 地的选址有三个可行区 A_1、A_2、A_3 供选择，在 B 地的选址有两个可行区 B_1、B_2 供选择，则 A_1、A_2、A_3 是互斥关系，B_1、B_2 也是互斥关系。

2) 在一组互斥多方案中，每个互斥方案下又有若干个独立方案的形式。例如，某单位基于地皮有限的考虑，只能在此地皮上建住宅小区（方案 C）或建工厂（方案 D），但对于它们的具体类型没有严格的规定，如建住宅可选择大户型（C_1）、经济适用小户型（C_2）和普通套型（C_3）三种房型，如建工厂可建双层厂房（D_1）、5 层办公楼（D_2）、配电房（D_3）。显然，C、D 是互斥方案，C_1、C_2、C_3 是一组独立方案，D_1、D_2、D_3 也是一组独立方案。

4. 相关型多方案

相关型多方案是指在各个方案之间，某一方案的采用与否会对其他方案的现金流量带来一定的影响，进而影响其他方案的采用或拒绝。常见的相关型多方案有以下三种情况：

1) 条件型多方案。条件型多方案是指在一组方案中，接受某一方案的同时，就必须接受另一个或多个方案，接受后者的一个或多个方案，则首先必须接受前者的一个方案。例如，建香港新机场时，就必须考虑建跨海大桥、海底隧道、多条通往机场的高速公路等方案，若无这些方案，新机场的运营将受阻而无法达到交通便利的目的。可见，新机场项目与相关交通设施项目构成了条件型多方案。

2) 互补型多方案。互补型多方案是指在一组方案中，某一方案的接受有助于其他方案的接受，方案之间存在着互补关系。例如，某设计竞赛中的一份设计，在设计某大型标志性建筑物时，采用了世界领先技术的节能系统，该系统不仅环保，而且美观。可见，节能方案与建筑物方案构成了互补型多方案。

3) 现金流量相关型多方案。现金流量相关型多方案是指在一组方案中，方案之间不完全是互斥关系，也不完全是独立关系，但一个方案的取舍会导致其他方案现金流量的变化。如跨江收费项目的建桥方案 A 或轮渡方案 B，若两个方案同时启动，则方案 A 的收入将因方案 B 的存在而受到影响。

当然，一组多方案之间的结构类型并不是一成不变的。当外部环境条件发生变化时，互斥关系可能转变为独立关系，或者独立关系转变为互斥关系。例如，某个投资人投资完全不相干的两个行业的项目，如果有足够的资金，这两个投资方案是独立关系；如果资金至多只能满足一个投资项目的需要，则这两个投资方案是互斥关系，因为此时只能选择其中一个项目进行投资。

综上所述，多方案间的关系类型如图 5-1 所示。

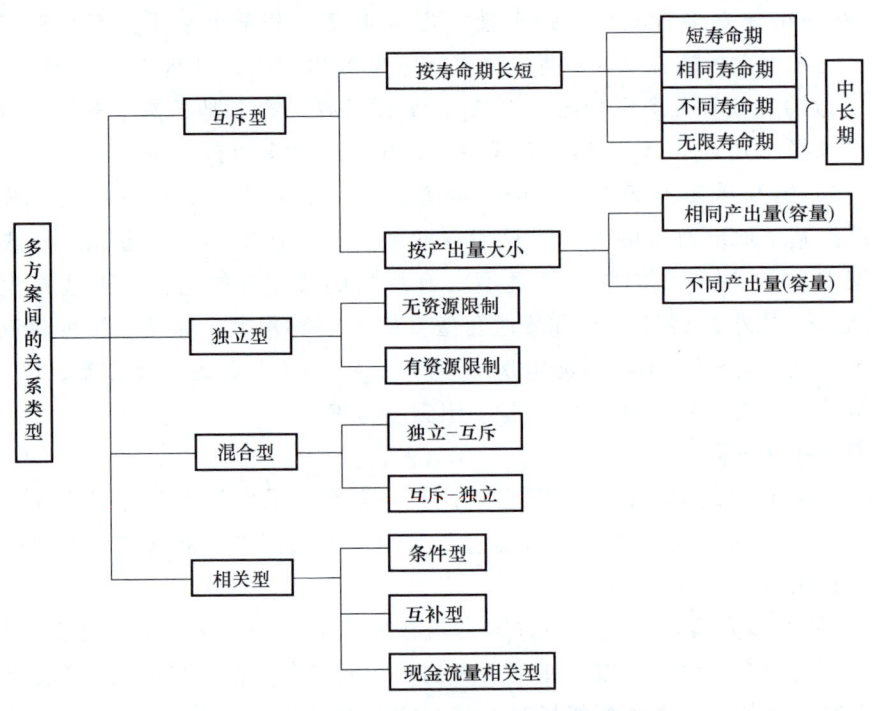

图 5-1　多方案间的关系类型图

5.2　互斥方案的比选

互斥方案经济效果评价包含以下两个方面的内容：

1）绝对效果的检验，即考察各个方案自身的经济效果是否可行。

2）相对效果的比选，即考察哪个方案相对经济效果最优。

两种评价的目的和作用不同，通常缺一不可。如果仅进行相对经济效果的比选，只能说明某一方案相对于其他互斥方案在经济上最优，并不能排除"矮中拔高"的情况（即从若干都不可行的方案中选较优者）。因此两方面都要评价，以确保所选方案不但可行而且最优。但值得注意的是，在进行互斥方案比选时应满足方案的所有可比条件，如效益和费用的计算口径，以及实现的功能、方案范围和时间的一致性。

以下按静态和动态比选指标对互斥方案的比选方法做出说明。

5.2.1 互斥方案的静态比选

静态比选方法常用于短期（一年或一年以内）方案的比选，以及中长期方案的初选阶段。

1. 差额投资收益率（ΔR）和差额投资回收期（ΔP_t）

当有两个互斥方案的产量（容量）相同或基本相同时，可通过分析两个方案的投资和年经营成本得出比选结论。一般有以下两种情况：

（1）方案2的投资和年经营成本均比方案1的少的情况 在这种情况下极易判断出方案2的经济效果较优。

（2）方案2的投资比方案1的多（$K_2 > K_1$）的情况 方案2的投资比方案1的多，但方案在正常运营情况下年经营成本$C_2 < C_1$。例如，设备本身的加工要求的提高必然使设备的自动化程度要提高，投资就要增加，但由于劳动生产率的提高以及单位产品的材料和动力消耗的降低，使得年经营成本降低。这说明了存在着增加投资（差额投资）和节约经营成本（差额成本）的比较问题。

1）差额投资收益率（ΔR）。差额投资收益率是评价相对投资效果的方法，是指增加投资所带来的经营成本上的节约与增加投资之比，即

$$\Delta R = \frac{C_1 - C_2}{K_2 - K_1} \times 100\% \tag{5-1}$$

式中 ΔR——差额投资收益率；

K_1、K_2——方案1和方案2的投资额（$K_2 > K_1$）；

C_1、C_2——方案1和方案2的年经营成本（$C_1 > C_2$）。

若差额投资收益率不低于基准投资收益率，即$\Delta R \geq R_c$，表明投资较大的方案2的经济效果较好，应选择投资较大的方案2；反之，则应选择投资较小的方案1。

2）差额投资回收期（ΔP_t）。差额投资回收期也是评价相对经济效果的方法，表示用投资大的方案比投资小的方案所节约的经营成本来回收其差额投资所需的年限，即

$$\Delta P_t = \frac{K_2 - K_1}{C_1 - C_2} = \frac{1}{\Delta R} \tag{5-2}$$

若差额投资回收期不长于基准投资回收期，即$\Delta P_t \leq P_c$，表明投资较大的方案2的经济效果较好，应选择投资较大的方案2；反之，则应选择投资较小的方案1。

【例5-1】 工程施工原技术方案投资为120万元，年经营成本为32万元。现

有一新技术方案，与原方案应用环境、施工效果相同，需投资 160 万元，年经营成本为 26 万元。设基准投资收益率为 12%，基准投资回收期为 8 年，是否采用新技术方案？

【解】 解法一：根据式（5-1）计算差额投资收益率，得

$$\Delta R = \frac{C_1 - C_2}{K_2 - K_1} \times 100\% = \frac{32 \text{ 万元} - 26 \text{ 万元}}{160 \text{ 万元} - 120 \text{ 万元}} \times 100\% = 15\%$$

$\Delta R > R_c$，表明投资较大的新方案经济效果较好，应采用新技术方案。

解法二：根据式（5-2）计算差额投资回收期，得

$$\Delta P_t = \frac{K_2 - K_1}{C_1 - C_2} = \frac{160 - 120}{32 - 26} \approx 6.7 \text{（年）}$$

$\Delta P_t < P_c$，表明投资较大的新方案经济效果较好，应采用新技术方案。

显然，差额投资收益率（ΔR）和差额投资回收期（ΔP_t）的比选结论是一致的。

2. 年折算费用（Z）和综合总费用（S）

当互斥方案个数较多时，用前两个指标进行方案经济比较，要两两比较、逐个淘汰，比选工作较麻烦，而运用年折算费用或综合总费用指标就相对简便一些。

（1）年折算费用（Z） 年折算费用是考虑基准投资回收期的前提下，将方案的投资额分摊到各年，再与各年的年经营成本相加，即

$$Z_j = \frac{K_j}{P_c} + C_j \tag{5-3}$$

式中 Z_j——第 j 个方案的年折算费用；

K_j——第 j 个方案的投资；

C_j——第 j 个方案的年经营成本；

P_c——基准投资回收期。

在多个互斥方案比选时，选择 min $\{Z_j\}$ 的方案为最优方案。

（2）综合总费用（S） 综合总费用是指方案的投资与基准投资回收期内年经营成本的总和，即

$$S_j = K_j + C_j \cdot P_c \tag{5-4}$$

式中 S_j——第 j 个方案的综合总费用；

K_j——第 j 个方案的投资额；

C_j——第 j 个方案的年经营成本；

P_c——基准投资回收期。

在多个互斥方案比选时，选择 min $\{S_j\}$ 的方案为最优方案。

【例 5-2】 设基准投资回收期为 5 年，现有可供选择的五个施工技术方案的基础数据以及年折算费用计算，见表 5-1。

表 5-1　各方案基础数据及年折算费用　　　　（单位：万元）

技术方案	投资额	年经营成本	年折算费用 Z
1	1800	450	$Z_1 = 450 + 1800/5 = 810$
2	2000	500	$Z_2 = 500 + 2000/5 = 900$
3	1650	480	$Z_3 = 480 + 1650/5 = 810$
4	2100	550	$Z_4 = 550 + 2100/5 = 970$
5	1900	410	$Z_5 = 410 + 1900/5 = 790$

从表 5-1 中的计算结果可以看到方案 5 的年折算费用最小，说明其投资效果最好，是最优方案。根据式（5-4）计算方案 1 至方案 5 的综合总费用分别为 4350 万元、4500 万元、4050 万元、4850 万元、3950 万元，显然，年折算费用（Z）和综合总费用（S）的比选结论是一致的。

5.2.2　计算期相同的中长期互斥方案比选

由于互斥多方案的计算期较长（1 年以上），一般用动态比选指标进行比选较合理。在计算期相同的情况下，一般可用表示绝对收益效果的净现值和净年值进行比选，也可用相对效果评价方法（差额净现值和差额内部收益率法）进行比选。若产出（或收益）大致相同，可采用费用最小的费用现值和费用年值进行动态比选；若产出（或收益）不同，可采用最低价格（最低收费标准）法进行动态比选。

1. 净现值和净年值

（1）净现值（NPV）　净现值法就是对互斥多方案的净现值进行比较，以净现值最大的方案作为经济上最优的方案。用净现值法比较方案，要求 $NPV_j \geq 0$，即净现值小于零的方案在经济上是不可行的，让它们参与经济比较是没有意义的。所以用净现值比较互斥方案，首先可将 $NPV_j < 0$ 的方案排除后再比较其余的方案。下面举例说明。

【例 5-3】　有两个建设投资方案，计算期均为 5 年，设基准收益率为 15%，两个方案的基础数据见表 5-2。试用净现值法对两个方案做出比选。

表 5-2　两个建设方案的基础数据　　　　（单位：万元）

方案	年末	投资额	年经营成本	年收入	年净现金流量
甲	0	5000			−5000
	1		500	1800	1300
	2		500	2000	1500
	3	500	600	3000	1900
	4		600	3000	2400
	5		600	2800	2200

(续)

方案	年末	投资额	年经营成本	年收入	年净现金流量
乙	0	3500			−3500
	1		800	1600	800
	2		800	1800	1000
	3		800	2400	1600
	4		850	2200	1350
	5		850	2200	1350

【解】 根据式（4-12）得

$NPV_甲$ = −5000 万元 + 1300 万元 × $(P/F,15\%,1)$ + 1500 万元 × $(P/F,15\%,2)$
　　　　+ 1900 万元 × $(P/F,15\%,3)$ + 2400 万元 × $(P/F,15\%,4)$
　　　　+ 2200 万元 × $(P/F,15\%,5)$
　　　= 980.04 万元

$NPV_乙$ = −3500 万元 + 800 万元 × $(P/F,15\%,1)$ + 1000 万元 × $(P/F,15\%,2)$
　　　　+ 1600 万元 × $(P/F,15\%,3)$ + 1350 万元 × $(P/F,15\%,4)$
　　　　+ 1350 万元 × $(P/F,15\%,5)$
　　　= 447.95 万元

$NPV_甲 > NPV_乙$，表明方案甲经济效果较好，应优选方案甲。

（2）净年值（AW） 净年值法是通过计算各个互斥方案的净年值进行比较，以净年值最大的方案为最优方案。用净年值法比选方案，同样要求 $AW_j \geq 0$，或者说最后的最优方案的净年值必须是大于或至少是等于零的。

【例 5-4】 某企业拟扩建一条新产品生产线，有三个不同的设计方案，其计算期均为 6 年，$i_c = 10\%$，有关数据见表 5-3，试采用净年值法比较哪个方案为优。

表 5-3　各方案基础数据　　　　　　　　　　　（单位：万元）

方案	投资	年经营成本	年收入	年净现金流量
A	180	96	150	54
B	220	100	220	120
C	300	88	210	122

【解】

AW_A = −180 万元 × $(A/P,10\%,6)$ + 54 万元 = 12.67 万元

AW_B = −220 万元 × $(A/P,10\%,6)$ + 120 万元 = 69.49 万元

AW_C = −300 万元 × $(A/P,10\%,6)$ + 122 万元 = 53.12 万元

$AW_B > AW_C > AW_A > 0$

显然，方案 B 最优。

由于方案的净年值与净现值之间的关系为 AW = NPV · $(A/P, i_c, n)$，对于计算期相同的互斥方案，$(A/P, i_c, n)$ 是个常数，则 NPV 最大的方案必然 AW 最大，即用净现值法和用净年值法比选互斥方案结论应是一致的，因此一般采用净现值法。净年值法的优势主要是体现在计算期不等的互斥方案比选中。

2. 差额净现值和差额内部收益率

（1）差额净现值（ΔNPV） 在实际工作中，经常会遇到难以确定每个具体方案的现金流量的情况，但方案之间的差异却是易于了解的，这就形成了差额方案。两方案之间现金流量的增量称为差额现金流量。例如在【例 5-4】中，方案 A 和方案 B 之间的差额现金流量如图 5-2 所示。我们可以将方案 A 与方案 B 的差额现金流量作为一个新的方案，称之为差额方案（B − A），这一新方案的含义是方案 B 比方案 A 多投资 40 万元，而方案 B 每年净收益比方案 A 多 66 万元。

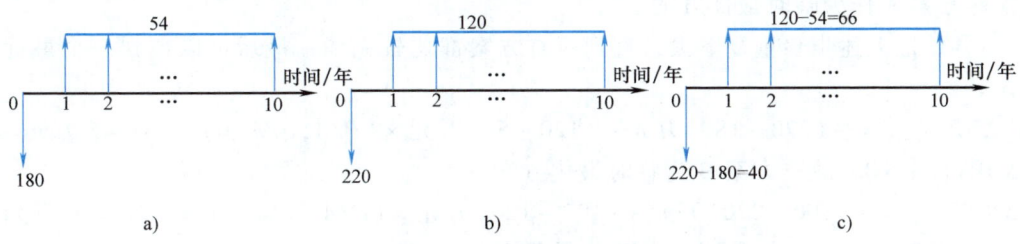

图 5-2 差额现金流量与差额方案（单位：万元）
a) 方案 A   b) 方案 B   c) 方案（B − A）

差额净现值就是指两个互斥方案构成的差额方案的净现值，用符号 ΔNPV 表示，其表达式为

$$\Delta NPV = \sum_{t=0}^{n} \frac{(CI - CO)_{tB} - (CI - CO)_{tA}}{(1 + i_c)^t} \qquad (5-5)$$

式中　ΔNPV——差额净现值，即差额方案（B − A）的净现值；
　　　$(CI - CO)_{tB}$——投资额较大的方案 B 第 t 年净现金流量；
　　　$(CI - CO)_{tA}$——投资额较小的方案 A 第 t 年净现金流量；
　　　i_c——基准收益率。

当 ΔNPV ≥ 0 时，表明方案 B 比方案 A 多投资的资金部分其收益率不低于基准收益率，故应优选投资额较大的方案 B；反之，应优选投资额较小的方案 A。

以【例 5-4】为例，用差额净现值（ΔNPV）选择最优方案的步骤如下：

1) 先把各方案按照初始投资额从小到大排列，注意添加方案 0（即全不投资方案），见表 5-4。

表 5-4　排序后的各方案基础数据　　　　　　　（单位：万元）

年末	方案			
	0	A	B	C
初始投资	0	180	220	300
1~6年净现金流量	0	54	120	122

2) 选择初始投资最少的方案作为临时的最优方案。这里选方案 0 作为临时最优方案。

3) 选择初始投资较高的方案 A 作为竞赛方案。计算方案 A 和方案 0 这两个方案的现金流量之差，构成差额方案（A - 0），并按基准收益率 $i_c = 10\%$ 计算差额净现值，则有

$\Delta NPV_{A-0} = -(180-0)$ 万元 $+(54-0)$ 万元 $\times (P/A, 10\%, 6) = 55.186$ 万元

若差额净现值大于或等于零，说明竞赛方案优于临时最优方案；若差额净现值小于零，则临时最优方案不变，竞赛方案可以删掉。现在 55.186 万元 > 0，故选择竞赛方案 A 作为临时最优方案。

4) 把上述步骤重复下去，直到所有方案都比较完毕，最后可以得到一个最优方案。

$\Delta NPV_{B-A} = -(220-180)$ 万元 $+(120-54)$ 万元 $\times (P/A, 10\%, 6) = 247.45$ 万元

$\Delta NPV_{B-A} > 0$，故选方案 B 为临时最优方案。

$\Delta NPV_{C-B} = -(300-220)$ 万元 $+(122-120)$ 万元 $\times (P/A, 10\%, 6) = -71.289$ 万元

$\Delta NPV_{C-B} < 0$，故保留方案 B 为最优方案。

显然，用净现值法选择最优方案也可得到相同结论。

(2) 差额内部收益率（ΔIRR）　差额内部收益率是指使得两个互斥方案形成的差额方案净现值为零时的折现率，又称为差额投资内部收益率，用符号 ΔIRR 表示，其表达式为

$$\Delta NPV = \sum_{t=0}^{n} \frac{(CI-CO)_{tB} - (CI-CO)_{tA}}{(1+\Delta IRR)^t} = 0 \qquad (5\text{-}6)$$

式中　ΔNPV——差额净现值，即差额方案（B - A）的净现值；

$(CI-CO)_{tB}$——投资额较大的方案 B 第 t 年净现金流量；

$(CI-CO)_{tA}$——投资额较小的方案 A 第 t 年净现金流量；

ΔIRR——差额内部收益率，即差额方案（B - A）的内部收益率。

式（5-6）经变换后，可得

$$NPV_A - NPV_B = 0$$

即

$$NPV_A = NPV_B$$

由此可见，差额内部收益率 ΔIRR_{B-A} 即是 A、B 两方案净现值相等时的内部收益率，如图 5-3a 所示就是两条净现值函数线相交时所对应的收益率。用 ΔIRR 对

多方案进行评价和优选，就能解决单纯采用 NVP 法或 IRR 指标进行评判时可能出现的矛盾，即 $NPV_A < NPV_B$ 而 $IRR_A > IRR_B$，如图 5-3b 所示。

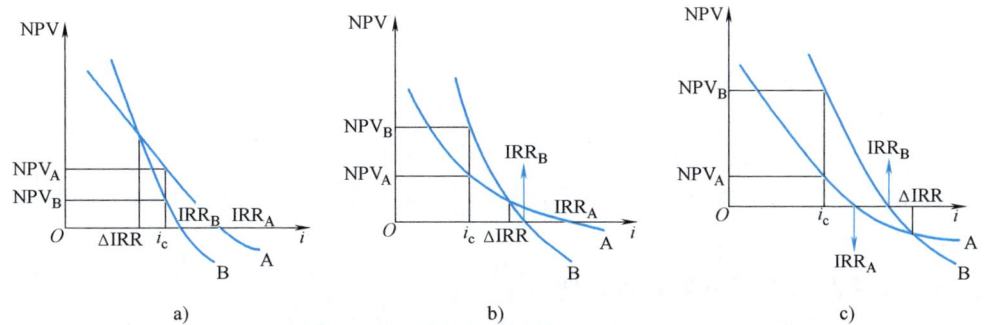

图 5-3 互斥方案净现值函数的三种关系

将差额内部收益率 ΔIRR 与基准收益率 i_c 作比较，来判断方案的优劣。

1）当 $\Delta IRR < i_c$，表明投资额较小的方案 A 优于投资额较大的方案 B，如图 5-3a 所示，应优选方案 A。

2）当 $\Delta IRR \geq i_c$，表明投资额较大的方案 B 优于投资额较小的方案 A，如图 5-3b、c 所示，应优选方案 B。

值得注意的是：ΔIRR 只能说明差额投资部分是有效的，并不能说明全部投资的效果。运用差额收益率 ΔIRR 比选互斥多方案，其基本步骤与差额净现值的比选步骤大致相同，也要注意添加方案 0。

【例 5-5】 某厂房设计有三个备选方案，各方案的期初投资和 10 年间的年净收益见表 5-5，若基准收益率 $i_c = 16\%$，选择最佳方案。

表 5-5 各方案的基础数据 （单位：万元）

年末	方案 A	方案 B	方案 C
0	-4000	-3000	-5000
1~10	1200	1000	1500

【解】 1）添加方案 0，按照初始投资额从小到大排列各方案，见表 5-6。

表 5-6 排序后的各方案基础数据 （单位：万元）

年末	方案 0	方案 B	方案 A	方案 C
0	0	-3000	-4000	-5000
1~10	0	1000	1200	1500

2）方案 B 与方案 0 的比选，得

$$-(3000-0)万元 + (1000-0)万元 \times (P/A, i, 10) = 0$$

即
$$(P/A, i, 10) = \frac{3000 \text{ 万元}}{1000 \text{ 万元}} = 3$$

查附录 1，得 $i = 30\%$，即 $\Delta \text{IRR}_{B-0} = 30\% > 16\%$，故方案 B 为临时最优方案。

3）方案 A 与方案 B 的比选，即

$$-(4000 - 3000) \text{万元} + (1200 - 1000) \text{万元} \times (P/A, i, 10) = 0$$

即
$$(P/A, i, 10) = \frac{1000 \text{ 万元}}{200 \text{ 万元}} = 5$$

查附录 1，得 $i = 15\%$，即 $\Delta \text{IRR}_{B-A} = 15\% < 16\%$，故保留方案 B 为临时最优方案。

4）方案 C 与方案 B 的比选，即

$$-(5000 - 3000) \text{万元} + (1500 - 1000) \text{万元} \times (P/A, i, 10) = 0$$

即
$$(P/A, i, 10) = \frac{2000 \text{ 万元}}{500 \text{ 万元}} = 4$$

查附录 1，有 $(P/A, 20\%, 10) = 4.1925$，$(P/A, 25\%, 10) = 3.5705$
采用直线内插法近似求解，得

$$i = 20\% + \frac{4.1925 - 4}{4.1925 - 3.5705} \times 5\% = 21.55\%$$

即 $\Delta \text{IRR}_{C-B} = 21.55\% > 16\%$，故方案 C 为最佳方案。

3. 费用现值和费用年值

当各技术方案或建设项目（如环保、教育、国防项目等）均能满足某一需要，但其逐年收益无法或没有必要具体估算时，往往根据各技术方案或建设项目满足同样需要并假定不同方案（项目）的收益相同，只需计算各方案（项目）所耗费用，并以费用最小作为方案（项目）优选的标准。

（1）费用现值（PC）　费用现值（Present Cost, PC）是将各方案计算期内的投资及费用换算成与其等值的现值之和，以费用最小为准则来决定方案的取舍的经济分析方法。费用现值（PC）的计算方法与净现值（NPV）相似，只是现金流出作为"+"、现金流入作为"-"。

【例 5-6】　某建设项目有两个可供选择的节能设备方案 I 和 II，均能满足相同的工作要求，两种方案的计算期均为 6 年，其不同点见表 5-7。设基准收益率为 15%，试用费用现值比选两个方案。

表 5-7　两方案的基础数据　　　　　　　　　　（单位：元）

项目	方案 I	方案 II
购置费	3000	4000
残值	500	0
年运行费	2000	1600

【解】 两个方案的现金流量图如图 5-4 所示。

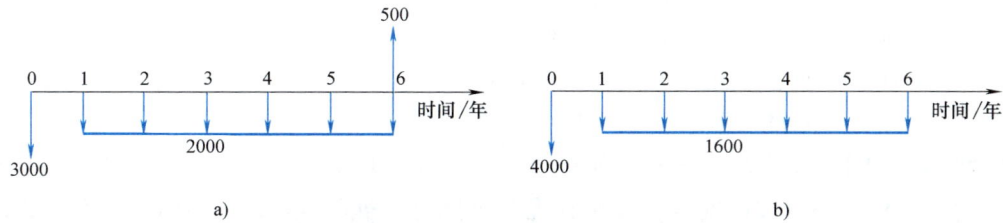

图 5-4 两个方案的现金流量图（单位：元）
a）方案 I b）方案 II

类似净现值（NPV），求解费用现值（PC）

$PC_I = 3000 元 + 2000 元 \times (P/A, 15\%, 6) - 500 元 \times (P/F, 15\%, 6) = 10352.85 元$

$PC_{II} = 4000 元 + 1600 元 \times (P/A, 15\%, 6) = 10055.2 元$

因为 $PC_{II} < PC_I$，所以方案 II 较经济。

（2）费用年值（AC） 费用年值（Annual Cost，AC）是将各方案计算期内的投资和费用换算成费用的等额年值，并以费用年值最小的方案为最优方案。费用年值（AC）的计算方法与净年值（AW）相似，只是现金流出作为"＋"、现金流入作为"－"。

【例 5-7】 对【例 5-6】试用费用年值比选方案。

【解】 类似净年值（AW），求解费用年值（AC）

$AC_I = 3000 元 \times (A/P, 15\%, 6) + 2000 元 - 500 元 \times (A/F, 15\%, 6) = 2735.5 元$

$AC_{II} = 4000 元 \times (A/P, 15\%, 6) + 1600 元 = 2656.8 元$

因为 $AC_{II} < AC_I$，所以方案 II 较经济。

从【例 5-6】和【例 5-7】看出，用费用现值（PC）和费用年值（AC）两种评价指标比选互斥方案的结论是一致的，实际工作中可视方便具体选用其一。

4. 最低价格（P_{min}）

当项目各方案的产品为单一产品（或可视作单一产品）时，对于产品相同但产量（或服务量）不同，而价格（或服务收费标准）又难以确定的方案比选，通常可采用最低价格，分别计算各方案净现值（NPV）为零时的产品价格（或最低收费标准）P_{min} 并进行比较，以 P_{min} 较低的方案为优。最低价格（P_{min}）的计算公式为

$$P_{min} = \frac{\sum_{t=0}^{n}(C_t + K_t) \cdot (1+i_c)^{-t} - (S+W) \cdot (1+i_c)^{-n}}{\sum_{t=0}^{n} Q_t \cdot (1+i_c)^{-t}} \tag{5-7}$$

式中 P_{min}——最低价格（或最低收费标准）；

C_t——第 t 年的经营成本；

K_t——第 t 年的投资；

S——计算期末回收的固定资产残值；

W——计算期末回收的流动资金；

Q_t——第 t 年的产品量（或服务量）；

i_c——基准收益率。

【例 5-8】 某公司要开发一种新产品，有 A、B 两个投资方案可供选择，但产品的销售价格一时难以确定。若所有现金流量均在期末结算，已知两个方案的建设期均为一年，投资分别为 2500 万元和 3200 万元；第二年投产，每年产量分别为 35 万箱和 50 万箱，年经营成本分别为 1200 万元和 1600 万元，到第 10 年项目终了时可回收固定资产残值和流动资金分别为 400 万元和 580 万元。设基准收益率为 12%。试用最低价格对两个方案进行比选。

【解】 根据式（5-7）计算两个方案的最低价格

$$P_{\min}^A = \frac{[2500 \text{万元} + 1200 \text{万元} \times (P/A, 12\%, 9) - 400 \text{万元} \times (P/F, 12\%, 9)] \cdot (P/F, 12\%, 1)}{35 \text{万箱} \times (P/A, 12\%, 9) \cdot (P/F, 12\%, 1)}$$

$= 46.91$ 元/箱

$$P_{\min}^B = \frac{[3200 \text{万元} + 1600 \text{万元} \times (P/A, 12\%, 9) - 580 \text{万元} \times (P/F, 12\%, 9)] \cdot (P/F, 12\%, 1)}{50 \text{万箱} \times (P/A, 12\%, 9) \cdot (P/F, 12\%, 1)}$$

$= 43.23$ 元/箱

由于 $P_{\min}^B < P_{\min}^A$，所以应采用方案 B。

5.2.3 计算期不同的中长期互斥方案比选

计算期不同的中长期互斥方案不能直接采用净现值（NPV）或费用现值（PC）指标进行比选，而应采用最小公倍数法或相同研究期法才能使用净现值（NPV）或费用现值（PC）指标。故而，对计算期不同的中长期互斥方案做动态比选最为便捷的方法是直接采用净年值（AW）或费用年值（AC）指标进行比选。

1. 最小公倍数法

最小公倍数法是取各方案计算期的最小公倍数作为多方案共同的计算期，并假定每一方案在这一期间内反复实施。

【例 5-9】 现有两种采暖设备可供某建设项目任选一种采用，若 $i_c = 10\%$，其余相关资料见表 5-8，试用最小公倍数法选择最佳设备。

表 5-8 两种采暖设备的基础数据

项目	设备 A	设备 B
初始投资/元	3400	6500
残值回收/元	100	500

（续）

项目	设备 A	设备 B
年现金流出/元	2000	1800
年现金流入/元	4500	4200
计算期/年	4	6

【解】 先求出两种设备的年净现金流量

A 设备年净现金流入 = 4500 元 – 2000 元 = 2500 元

B 设备年净现金流入 = 4200 元 – 1800 元 = 2400 元

两种设备计算期的最小公倍数为 12 年，设备 A 应重复实施 3 次，设备 B 重复实施 2 次。图 5-5 所示为两种设备最小公倍数的现金流量图。

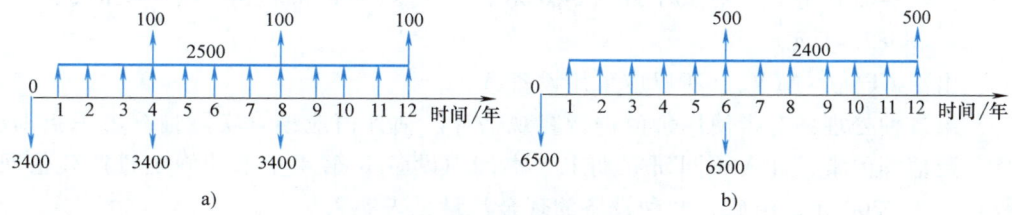

图 5-5 两种设备的现金流量图

a) 设备 A 的现金流量图　b) 设备 B 的现金流量图

$NPV_A = -3400\ 元 + 2500\ 元 \times (P/A, 10\%, 12) + (100 - 3400)\ 元 \times (P/F, 10\%, 4)$

$\qquad + (100 - 3400)\ 元 \times (P/F, 10\%, 8) + 100\ 元 \times (P/F, 10\%, 12)$

$\qquad = 9872.76\ 元$

$NPV_B = -6500\ 元 + 2400\ 元 \times (P/A, 10\%, 12) + (500 - 6500)\ 元 \times (P/F, 10\%, 6)$

$\qquad + 500\ 元 \times (P/F, 10\%, 12)$

$\qquad = 6625.18\ 元$

由于 $NPV_A > NPV_B$，所以应采用设备 A。

2. 相同研究期法

最小公倍数法是假设方案能够重复进行直至达到可比要求为前提。这种假设在原理上是可行的，但在某些情况下并不符合实际，尤其是重复周期多、重复期限长的情况更是如此。由于建设项目的技术更新迅速或某种资源不可再生，如石油开采项目，其同一方案不可能反复实施很多次，因此，最小公倍数法带有夸大方案之间区别的倾向。

因此，在上述情况下更适合采用相同研究期法来比选互斥方案。相同研究期法是选取一个适当的分析期作为各个方案共同的计算期，可视具体情况选择各方案中期限最长或最短的计算期作为相同研究期，还可取所期望的计算期作为相同研究期。一般以净现值（NPV）作为评价指标，选择净现值最大的方案为最优方案。

【例5-10】 对【例5-9】试用相同研究期法比选方案。

【解】

解法一：以设备 A 的计算期 4 年为相同研究期。

选择各方案中期限最短的计算期作为相同研究期时，对于计算期比相同研究期长的方案（如本例中的设备 B），应注意对其在相同研究期以后的现金流量余值进行估算，并考虑固定资产残值回收。具体处理方式有两种：

第一种处理：完全承认未使用的价值。将设备 B 计算期内的现金流量等值转化为年金计入计算期各年，再计算相同研究期的净现值，并与设备 A 的净现值作比较。

$NPV_A = -3400$ 元 $+ 2500$ 元 $\times (P/A, 10\%, 4) + 100$ 元 $\times (P/F, 10\%, 4) = 4593.05$ 元

$NPV_B = [-6500$ 元 $\times (A/P, 10\%, 6) + 2400$ 元 $+ 500$ 元 $\times (A/F, 10\%, 6)] \cdot (P/A, 10\%, 4)$
$= 3082.41$ 元

由于 $NPV_A > NPV_B$，所以应采用设备 A。

第二种处理：对未使用价值进行客观估计。估计值应结合实际情况考虑折旧、货币贬值等因素，计入相同研究期末。本例中设备 B 第 4 年末的固定资产残值回收估计为 2200 元，由此，两种设备的现金流量见表 5-9。

表 5-9　两种设备 4 年相同研究期的现金流量表　　　　（单位：元）

年末	0	1	2	3	4
设备 A	-3400	2500	2500	2500	2500 + 100
设备 B	-6500	2400	2400	2400	2400 + 2200（残值）

根据表 5-9 的数据计算两种设备的净现值

$NPV_A = -3400$ 元 $+ 2500$ 元 $\times (P/A, 10\%, 4) + 100$ 元 $\times (P/F, 10\%, 4) = 4593.05$ 元

$NPV_B = -6500$ 元 $+ 2400$ 元 $\times (P/A, 10\%, 4) + 2200$ 元 $\times (P/F, 10\%, 4) = 2610.36$ 元

由于 $NPV_A > NPV_B$，所以应采用设备 A。

解法二：以设备 B 的计算期 6 年为相同研究期。

选择各方案中期限最长的计算期作为相同研究期时，对于计算期比相同研究期短的方案（如本例中的设备 A），应注意对其考虑重复实施，并估计相同研究期末的固定资产残值回收。本例中，在第 4 年末重复实施设备 A 一次，并估计第 6 年末第二台设备 A 的残值回收为 1000 元，由此，两种设备的现金流量见表 5-10。

表 5-10　两种设备 6 年相同研究期的现金流量表　　　　（单位：元）

年末	0	1	2	3	4	5	6
设备 A	-3400	2500	2500	2500	2500 + 100 - 3400	2500	2500 + 1000（残值）
设备 B	-6500	2400	2400	2400	2400	2400	2400 + 500

根据表 5-10 的数据计算两种设备的净现值

$\text{NPV}_A = -3400 \text{元} + 2500 \text{元} \times (P/A, 10\%, 6) + (100 - 3400) \text{元} \times (P/F, 10\%, 4) +$
$\qquad 1000 \text{元} \times (P/F, 10\%, 6) = 5798.85 \text{元}$

$\text{NPV}_B = -6500 \text{元} + 2400 \text{元} \times (P/A, 10\%, 6) + 500 \text{元} \times (P/F, 10\%, 6) = 4234.97 \text{元}$

由于 $\text{NPV}_A > \text{NPV}_B$，所以应采用设备 A。

需要说明的是，用最小公倍数法或相同研究期法对计算期不同的互斥方案做比选时，除了用净现值（NPV）作为评价指标，还可以用差额内部收益率（ΔIRR）作为评价指标。

3. 净年值（AW）或费用年值（AC）

运用净年值（AW）或费用年值（AC）来比选计算期不同的互斥方案，只需对各方案计算一个计算期的年度等值，最后选择净年值（AW）最大或费用年值（AC）最小的方案即为最优方案。

【**例 5-11**】 对【例 5-9】试用净年值比选方案。

【**解**】 根据表 5-8 的数据计算两种设备的净年值

$\text{AW}_A = -3400 \text{元} \times (A/P, 10\%, 4) + 2500 \text{元} + 100 \text{元} \times (A/F, 10\%, 4) = 1448.85 \text{元}$

$\text{AW}_B = -6500 \text{元} \times (A/P, 10\%, 6) + 2400 \text{元} + 500 \text{元} \times (A/F, 10\%, 6) = 972.4 \text{元}$

由于 $\text{AW}_A > \text{AW}_B$，所以应采用设备 A。

由例题解答可知，对计算期不同的互斥方案做动态比选时，用上述三种方法得到的结论都是一致的，但是，显然采用净年值（AW）或费用年值（AC）进行比选最为简便。

5.2.4　计算期无限的互斥方案比较

铁路、桥梁、河流大坝等基础设施项目的计算期甚至可达百年以上，运营期内年现金流量也大致重复发生，经济评价时可将这些建设项目视为计算期无限，即 $n \to +\infty$。

当 $n \to +\infty$ 时，可得

$$(P/A, i, n \to +\infty) = \lim_{n \to +\infty} \frac{(1+i)^n - 1}{i(1+i)^n} = \frac{1}{i} \cdot \lim_{n \to +\infty} \left[1 - \frac{1}{(1+i)^n}\right] = \frac{1}{i} \qquad (5-8)$$

即当 $n \to +\infty$ 时，等额支付系列有

$$P = \frac{A}{i} \qquad (5-9)$$

应用式（5-9）可以方便地进行计算期无限的互斥方案的比选。

【**例 5-12**】 某城镇拟修建一座跨河桥，在效用相同的前提下，现有两个方案

可供选择：索桥方案 A 初始投资 3300 万元，年维修费 1.5 万元，混凝土桥面每 10 年翻修一次，需 4 万元；桁架桥方案 B 初始投资 2500 万元，年维修费 0.8 万元，每 3 年油漆一次需 1.8 万元，每 10 年大修一次需 8 万元。设基准收益率为 6%，试对两个方案做出经济比选。

【解】 将两个方案视为 $n \to +\infty$，采用费用现值（PC）或费用年值（AC）做比选。

解法一：比较费用现值（PC）

$$PC_A = 3300 \text{ 万元} + \frac{1.5 \text{ 万元}}{6\%} + \frac{4 \text{ 万元} \times (A/F, 6\%, 10)}{6\%} = 3330.06 \text{ 万元}$$

$$PC_B = 2500 \text{ 万元} + \frac{0.8 \text{ 万元}}{6\%} + \frac{1.8 \text{ 万元} \times (A/F, 6\%, 3)}{6\%} + \frac{8 \text{ 万元} \times (A/F, 6\%, 10)}{6\%}$$
$$= 2532.87 \text{ 万元}$$

由于 $PC_B < PC_A$，所以应采用方案 B。

解法二：比较费用年值（AC）

$$AC_A = 3300 \text{ 万元} \times 6\% + 1.5 \text{ 万元} + 4 \text{ 万元} \times (A/F, 6\%, 10) = 199.80 \text{ 万元}$$

$$AC_B = 2500 \text{ 万元} \times 6\% + 0.8 \text{ 万元} + 1.8 \text{ 万元} \times (A/F, 6\%, 3) + 8 \text{ 万元} \times (A/F, 6\%, 10)$$
$$= 151.97 \text{ 万元}$$

由于 $AC_B < AC_A$，所以应采用方案 B。

5.2.5 互斥方案比选方法汇总

互斥型多方案的比选有静态评价方法和动态评价方法两种，采用的评价指标见表 5-11。静态评价方案虽然概念清晰、计算简便，但由于没有考虑资金的时间价值，没有考虑方案的计算期、收回投资后的收益情况、计算期末的残值回收等因素，故而仅适合于短期互斥方案的比选，或作为辅助性评价方法。

表 5-11 互斥方案评价指标

类型	评价指标	计算公式	评判标准
静态评价方法	差额投资收益率 ΔR	$\Delta R = \dfrac{C_1 - C_2}{K_2 - K_1} \times 100\%$	$\Delta R \geq R_c$，优选投资较大的方案 2；$\Delta R < R_c$，优选投资较小的方案 1
	差额投资回收期 ΔP_t	$\Delta P_t = \dfrac{K_2 - K_1}{C_1 - C_2} = \dfrac{1}{\Delta R}$	$\Delta P_t \leq P_c$，优选投资较大的方案 2；$\Delta P_t > P_c$，优选投资较小的方案 1
	年折算费用 Z	$Z_j = \dfrac{K_j}{P_c} + C_j$	$\min\{Z_j\}$ 为最优方案
	综合总费用 S	$S_j = K_j + C_j \cdot P_c$	$\min\{S_j\}$ 为最优方案

（续）

类型		评价指标	计算公式	评判标准
动态比选方法	计算期相同的互斥方案	净现值 NPV	$NPV = \sum_{t=0}^{n} (CI - CO)_t (1 + i_c)^{-t}$	$NPV_j \geq 0$ 且 $\max\{NPV_j\}$ 为最优方案
		净年值 AW	$AW = NPV \cdot (A/P, i_c, n)$	$AW_j \geq 0$ 且 $\max\{AW_j\}$ 为最优方案
		差额净现值 ΔNPV	$\Delta NPV = \sum_{t=0}^{n} \frac{(CI-CO)_{tB} - (CI-CO)_{tA}}{(1+i_c)^t}$	$\Delta NPV \geq 0$，优选投资较大的方案 B；$\Delta NPV < 0$，优选投资较小的方案 A
		差额内部收益率 ΔIRR	$\Delta NPV = \sum_{t=0}^{n} \frac{(CI-CO)_{tB} - (CI-CO)_{tA}}{(1+\Delta IRR)^t} = 0$	$\Delta IRR \geq i_c$，优选投资较大的方案 B；$\Delta IRR < i_c$，优选投资较小的方案 A
		费用现值 PC	$PC = \sum_{t=0}^{n} (CO - CI)_t (1+i_c)^{-t}$	$\min\{PC_j\}$ 为最优方案
		费用年值 AC	$AC = PC \cdot (A/P, i_c, n)$	$\min\{AC_j\}$ 为最优方案
		最低价格 $P_{\min}$	$P_{\min} = \dfrac{\sum_{t=0}^{n}(C_t + K_t)(1+i_c)^{-t} - (S+W)(1+i_c)^{-n}}{\sum_{t=0}^{n} Q_t (1+i_c)^{-t}}$	$\min\{P_{\min}^j\}$ 为最优方案
	计算期不同的互斥方案	净年值 AW	$AW = NPV \cdot (A/P, i_c, n)$	$AW_j \geq 0$ 且 $\max\{AW_j\}$ 为最优方案
		费用年值 AC	$AC = PC \cdot (A/P, i_c, n)$	$\min\{AC_j\}$ 为最优方案
		净现值 NPV	n 取最小公倍数或相同研究期 $NPV = \sum_{t=0}^{n} (CI - CO)_t (1+i_c)^{-t}$	$NPV_j \geq 0$ 且 $\max\{NPV_j\}$ 为最优方案
	计算期无限的互斥方案	净现值 NPV	$NPV = \sum_{t=0}^{n \to +\infty} (CI - CO)_t (1+i_c)^{-t}$ 注意应用：$n \to +\infty$ 时，$P = \dfrac{A}{i}$	$NPV_j \geq 0$ 且 $\max\{NPV_j\}$ 为最优方案
		净年值 AW	$AW = NPV \cdot i_c$	$AW_j \geq 0$ 且 $\max\{AW_j\}$ 为最优方案
		费用现值 PC	$PC = -NPV$	$\min\{PC_j\}$ 为最优方案
		费用年值 AC	$AC = PC \cdot i_c$	$\min\{AC_j\}$ 为最优方案

5.3 独立方案的比选

在一组独立方案比较选择的过程中，可决定选择其中任意一个或多个方案，甚至全部方案，也可能一个方案也不选。独立方案这一特点决定了独立方案的现金流量及其效果具有可加性。一般独立型多方案可进一步分为以下两种情况：

1）无资源限制的情况。如果独立方案之间共享的资源（通常为资金）足够多（没有限制），则任何一个方案只要是可行的（经济上可接受的），就可采纳并实施。

2）有资源限制的情况。如果独立方案之间共享的资源是有限制的，不能满足所有方案的需要，则在不超出资源限额的条件下，为了使有限资源得到合理利用，就必须进行独立方案的优化组合。优化组合的方法有两种：一种是组合互斥化法；另一种是排序组合法。

5.3.1 组合互斥化法

组合互斥化法是先穷举独立方案所有可能的组合，每个组合形成一个组合方案（其现金流量为被组合方案现金流量的叠加），由于是所有可能的组合，则最终的选择只可能是其中一种组合方案，因此所有可能的组合方案形成互斥关系，可按互斥方案的比选方法确定最优的组合方案，最优的组合方案即为独立方案的最佳选择。具体步骤如下：

1）列出独立方案的所有可能组合（各个独立方案均应是可行方案），形成若干个新的组合方案（其中包括方案 0，即什么都不采纳的方案），则所有可能组合方案（包括方案 0）形成互斥组合方案（n 个独立方案则有 2^n 个组合方案）。

2）每个组合方案的现金流量为被组合的各独立方案的现金流量的叠加。

3）将所有的组合方案按初始投资额从小到大的顺序排列，方案 0 排在首位。

4）排除总投资额超过投资资金限额的组合方案。

5）对所剩的所有组合方案按互斥方案的比选方法确定最优的组合方案，为简化计算，一般以净现值（NPV）作为评价指标，NPV 最大的方案最优。

6）最优组合方案所包含的独立方案即为该组独立方案的最佳选择。

【例 5-13】 某项目有 A、B、C 三个独立设计方案，计算期均为 6 年，现金流量见表 5-12，投资限额为 6500 万元。设基准收益率为 10%，试选择方案。

表 5-12　三个设计方案的现金流量表　　　　　　　　（单位：万元）

方　案	初　始　投　资	年　净　收　益
A	2000	550
B	2500	700
C	3500	1800

【解】 列出所有可能的组合方案，并以 1 代表方案被接受、以 0 代表方案被拒绝，则所有可能的组合方案（包括方案 0）组成过程见表 5-13。

表 5-13　所有可能组合方案

序号	方案组合			组合方案	初始投资/万元	年净收益/万元	净现值 NPV/万元
	A	B	C				
1	0	0	0	0	0	0	0
2	1	0	0	A	2000	550	395.41
3	0	1	0	B	2500	700	548.71
4	0	0	1	C	3500	1800	4339.54
5	1	1	0	A + B	4500	1250	944.13
6	1	0	1	A + C	5500	2350	4734.96
7	0	1	1	B + C	6000	2500	4888.25
8	1	1	1	A + B + C	8000	—	—

由表 5-13 可知，所有可能组合方案中方案 B + C 的净现值（NPV）指标最大，故 B + C 为最优组合方案。

运用组合互斥化法进行独立方案的选优，其优点是不会漏掉任何一个可能组合方案，再应用互斥方案比选方法确保找到最优组合方案。但当独立方案数目较多（4 个以上）时，先组合方案再互斥化法比选计算烦琐。

5.3.2　排序组合法

排序组合法能快速、简便地完成有资源限制情况下的独立方案比选。一般应按效率指标进行排序，为直观表达先排序、再组合的比选过程，往往使用排序组合图。

1. 内部收益率排序法

内部收益率排序法由日本学者千住重雄教授和伏见多美教授提出，具体步骤如下：

1）计算各方案的内部收益率（IRR），淘汰 IRR $< i_c$ 的方案。

2）按 IRR 从大到小的顺序排列各方案，并以直方图的形式绘制排序组合图，该图以投资额为横轴、内部收益率为纵轴，在图上应标明基准收益率 i_c 水平线和投资限额竖线。

3）排除在 i_c 水平线以下的以及在投资限额竖线右侧的方案，留下来的直方图即是最优组合。

【例 5-14】 施工企业做施工机械投资预算，计划投资限额 470 万元，有六个方案 A、B、C、D、E、F 可供选择，设基准收益率为 12%，各方案现金流量见表 5-14。每个方案必须足额投资，施工企业应投资哪些施工机械？

表 5-14　各方案的现金流量表

方案	投资额/万元	1~8年每年净收益/万元	IRR(%)	方案	投资额/万元	1~8年每年净收益/万元	IRR(%)
A	100	34	29.7	D	150	34	15.5
B	140	45	27.6	E	180	47	20.1
C	80	30	33.9	F	170	32	10.1

【解】　1）求各方案的内部收益率（IRR）。

以方案 A 为例，令 -100 万元 $+34$ 万元 $\times (P/A,\mathrm{IRR},8) = 0$，解方程得 $\mathrm{IRR} = 29.7\%$。解得其他各方案的内部收益率（IRR）见表 5-14。

2）绘制独立方案排序组合图，如图 5-6 所示。

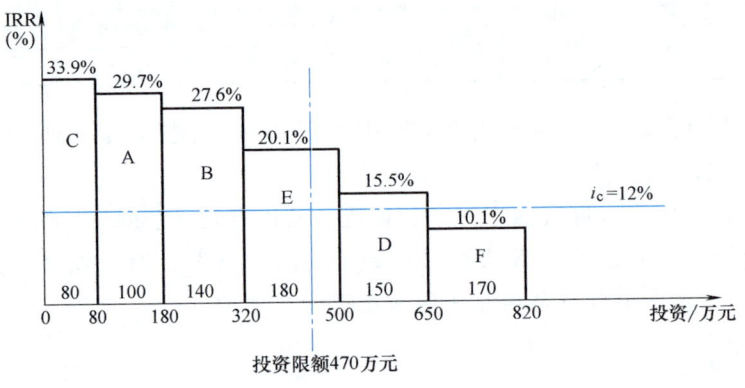

图 5-6　独立方案排序组合图

3）排除在 i_c 水平线以下的以及在投资限额竖线右侧的方案，组合方案直至投资资金限额。注意分析：组合 C + A + B 所需投资远不足投资限额，组合 C + A + B + E 所需投资超过投资限额，而组合 C + A + B + D 的投资刚好为投资限额 470 万元，故最优组合为 C + A + B + D。

内部收益率排序法的原理是优先选择单位投资效率高的方案，以确保有限的投资资金能得到合理利用。应用此方法时要注意由于投资方案的不可分割性，即一个方案只能作为一个整体被接受或被放弃，经常会出现资金没有被充分利用的情况，因而最佳组合方案应该是尽可能接近或达到投资限额的组合方案。

2. 净现值率排序法

计算每个独立方案的内部收益率（IRR）往往比较烦琐，可以考虑简便地按净现值率（NPVR）排序。此方法的基本思想是：单位投资的净现值越大，在一定投资限额内所能获得的净现值总额也就越大，从而最终实现有限资源的合理利用。此方法的具体做法是：先计算各方案的净现值（NPV），排除 NPV＜0 的方案，然后计算各方案的净现值率（NPVR），按 NPVR 从大到小的顺序依次选取方案，直至所组合方案的投资额之和最大限度地接近或达到投资限额为止。

【例 5-15】 现有 A、B、C、D 四个独立投资方案,各方案的投资额及评价指标见表 5-15。若资金预算限额在 9000 万元以内,试确定其投资方案的最优组合。

表 5-15 各方案的投资额及评价指标

方案	投资额/万元	NPV/万元	NPVR	方案	投资额/万元	NPV/万元	NPVR
A	2100	110.50	5.26	C	3500	364.25	10.41
B	2000	232.12	11.61	D	2900	370.38	12.77

【解】 按净现值率(NPVR)由大到小排序方案为:D、B、C、A。

按此顺序将方案投资额相加,直到最大限度地接近 9000 万元,即最优组合方案为 D+B+C,该组合方案的投资额为 8400 万元,净现值(NPV)为 1043.75 万元。

值得注意的是,按净现值率(NPVR)对独立方案进行排序,倾向于选择投资规模偏小、资金利用率较高的项目,与净现值(NPV)最大为准比选的结论可能出现不一致,这时应以 NPV 最大者为优选组合方案。

3. 其他效率指标排序法

将净现值率(NPVR)的概念扩展,实际上就是一般意义上的效率指标,换言之,独立方案比选应根据实际情况先按相应的效率指标排序,再组合到充分利用限制资源为止。实际工作中的限制资源,可能是资金,也可能是时间、空间等。例如,租用仓库按体积或面积计价,此时的限制资源就是空间。实际生产中的限制资源还可能是原材料的供应量、劳动力数量,或者生产时间等。总之,要视具体情况确定效率指标。

【例 5-16】 某厂使用大型模具成型机可以制作 A、B、C、D 四种相关产品,这些产品的生产是相互独立的,各种产品的相关资料见表 5-16。设备的折旧费、维修费及其他固定费用为 6 万元/月。该设备每月有效的加工时间最多为 450h。管理人员应如何制订最佳生产计划使其月利润达到最大?

表 5-16 各产品基础数据

产品	A	B	C	D
销售单价/(元/件)	10.2	12.5	12.8	13.4
原材料及其他可变费用/(元/件)	5.5	6.8	6	7.2
单位生产所需的时间/(h/件)	0.02	0.06	0.04	0.05
月生产数量的上限/件	8000	3000	4000	5000

【解】 对于短期生产计划,产品的选择可以从"贡献利润"的角度来考虑

问题。我们知道,销售收入扣除生产成本就是产品所获得的利润;而贡献利润是指销售单价扣除产品的可变费用(原材料、设备使用费及人工费等)之后的数值,也就是说,贡献利润是与产品产量直接有关的边际利润。如 A 产品的贡献利润为

$$10.2 \text{ 元/件} - 5.5 \text{ 元/件} = 4.7 \text{ 元/件}$$

此例中的"效率指标"根据实际情况取为单位生产时间的贡献利润。如 A 产品的效率为

$$4.7 \text{ 元/件} \div 0.02 \text{h/件} = 235 \text{ 元/h}$$

各产品相关计算数据见表 5-17。

表 5-17　各产品相关计算数据

产品	贡献利润/(元/件) ①	单位生产所需的时间/(h/件) ②	单位生产时间的贡献利润/(元/h) ③=①÷②	月生产数量的上限/件 ④	月生产数量上限所需总工时/h ⑤=②×④	根据③排序
A	4.7	0.02	235	8000	160	1
B	5.7	0.06	95	3000	180	4
C	6.8	0.04	170	4000	160	2
D	6.2	0.05	124	5000	250	3

绘制独立方案排序组合图,如图 5-7 所示。

由图 5-7 可知,管理人员应选择生产 A 产品 160h,C 产品 160h,D 产品 130h,才能在有限的 450 工时内达到效率最高、利润最大,此时的月利润为

235 元/h×160h + 170 元/h× 160h + 124 元/h×130h − 60000 元 = 20920 元

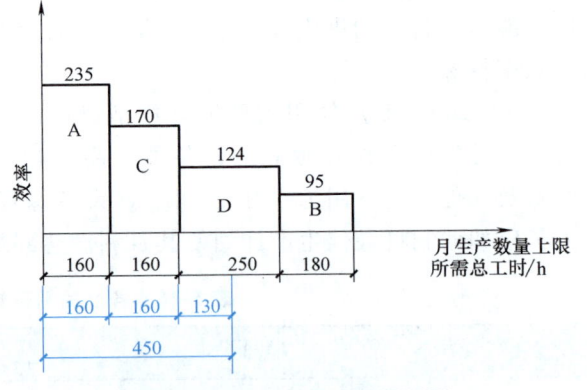

图 5-7　独立方案排序组合图

上例中的限制资源是设备月生产总工时 450h,方案组合时是可以充分达到的,即生产 D 产品的工时是可以分割组合的,可以只生产总工时余下的 130h。

通过以上几个例题可以看出,独立方案排序所采用的效率指标可以是静态的,也可以是动态的,应根据实际情况恰当选用。

5.4 混合方案和相关型多方案的比选

1. 混合方案的比选

混合方案的结构类型不同,其比选方法也不一样,以下分两种情形来讨论。

(1) 独立-互斥型混合方案　独立-互斥型混合方案是指在一组独立多方案中,每个独立方案下又有若干个互斥方案的情况。

此类型的混合方案一般采用方案组合法进行比较选择,具体方法和步骤类似于独立方案的组合互斥化法,不同的是在方案组合构成上,其组合方案数目较独立方案的组合方案数目少。如果 s 代表相互独立的方案数目,m_j 代表第 j 个独立方案下互斥方案的数目,则这一组混合方案可以组合成互斥的组合方案数目 N 为

$$N = \prod_{j=1}^{s}(m_j + 1) = (m_1 + 1)(m_2 + 1)(m_3 + 1)\cdots(m_s + 1) \quad (5\text{-}10)$$

【例 5-17】 A、B 两方案是相互独立的,A 方案下有三个互斥方案 A_1、A_2、A_3,B 方案下有两个互斥方案 B_1、B_2。如何选择最佳方案?

【解】 该组混合方案形成的所有可能组合方案见表 5-18。表中各组合方案的现金流量为被组合方案的现金流量的叠加,所有组合方案形成互斥关系,按互斥方案的比选方法确定最优组合方案,最优组合方案中被组合的方案即为该混合方案的最佳选择。具体方法和过程与独立方案相同。

表 5-18　独立-互斥混合方案的所有可能组合方案

序号	方案组合					组合方案
	A			B		
	A_1	A_2	A_3	B_1	B_2	
1	0	0	0	0	0	0
2	1	0	0	0	0	A_1
3	0	1	0	0	0	A_2
4	0	0	1	0	0	A_3
5	0	0	0	1	0	B_1
6	0	0	0	0	1	B_2
7	1	0	0	1	0	$A_1 + B_1$
8	1	0	0	0	1	$A_1 + B_2$
9	0	1	0	1	0	$A_2 + B_1$
10	0	1	0	0	1	$A_2 + B_2$
11	0	0	1	1	0	$A_3 + B_1$
12	0	0	1	0	1	$A_3 + B_2$

(2) 互斥-独立型混合方案　互斥-独立型混合方案是指在一组互斥多方案中,每个互斥方案下又有若干个独立方案的情况。

【例 5-18】 C、D 两方案是互斥方案，C 方案下有三个独立方案 C_1、C_2、C_3，D 方案下有四个独立方案 D_1、D_2、D_3、D_4。如何确定最优方案？

【解】 由于方案 C 和方案 D 是互斥的，最终的选择只会是其中之一，所以，C_1、C_2、C_3 的选择与 D_1、D_2、D_3、D_4 的选择互相没有制约，可分别对这两组独立方案按独立方案选择方法确定最优组合方案，然后再按互斥方案的方法确定选择哪一个组合方案。具体过程是：

1）对独立方案 C_1、C_2、C_3，穷举所有可能的组合方案，见表 5-19。假设根据净现值（NPV）最大比选得到最优方案是第 5 个组合方案，即 C_1+C_2，以此作为选定的方案 C。

表 5-19 C 方案的所有可能组合方案

序号	方案组合			组合方案
	C_1	C_2	C_3	
1	0	0	0	0
2	1	0	0	C_1
3	0	1	0	C_2
4	0	0	1	C_3
5	1	1	0	C_1+C_2
6	1	0	1	C_1+C_3
7	0	1	1	C_2+C_3
8	1	1	1	$C_1+C_2+C_3$

2）对独立方案 D_1、D_2、D_3、D_4，也穷举所有可能的组合方案，见表 5-20。假设根据净现值（NPV）最大比选得到最优方案是第 13 个组合方案，即 $D_1+D_2+D_4$，以此作为选定的 D 方案。

表 5-20 D 方案的所有可能组合方案

序号	方案组合				组合方案
	D_1	D_2	D_3	D_4	
1	0	0	0	0	0
2	1	0	0	0	D_1
3	0	1	0	0	D_2
4	0	0	1	0	D_3
5	0	0	0	1	D_4
6	1	1	0	0	D_1+D_2
7	1	0	1	0	D_1+D_3
8	1	0	0	1	D_1+D_4
9	0	1	1	0	D_2+D_3
10	0	1	0	1	D_2+D_4
11	0	0	1	1	D_3+D_4
12	1	1	1	0	$D_1+D_2+D_3$
13	1	1	0	1	$D_1+D_2+D_4$
14	0	1	1	1	$D_2+D_3+D_4$
15	1	0	1	1	$D_1+D_3+D_4$
16	1	1	1	1	$D_1+D_2+D_3+D_4$

3）将由最优组合方案构成的方案 C 和方案 D，按互斥方案的比选方法确定最优方案。假设最优方案为 D 方案，则该组混合方案的最佳选择应是 D_1、D_2 和 D_4。

显然，混合型方案的比选是在互斥型方案和独立型方案的比选基础之上进行的，比选步骤比较烦琐。

2. 相关型多方案的比选

本章 5.1 节介绍了常见的相关型多方案有条件型多方案、互补型多方案以及现金流量相关型多方案。实际工作中，首先应从对原方案的影响角度考虑，将相关型多方案确定为正相关或负相关关系。所谓正相关，即相关型多方案与原方案之间形成了互补型或条件型关系；所谓负相关，即相关型多方案与原方案之间形成了互斥型关系。

对于正相关型多方案，因其互为补充、彼此有利，所以可将其视为是一个大的整体方案予以考虑；对于负相关型多方案，因其相互排斥、不能共存，所以可将其视为是互斥型多方案。

例如，为解决城市交通拥堵问题，可行方案有铺设轻轨、架设立交桥、修建地铁。这三个相关方案初步形成了七个互斥方案：方案 1 只铺设轻轨，方案 2 只架设立交桥，方案 3 只修建地铁，方案 4 同时铺设轻轨、架设立交桥，方案 5 同时铺设轻轨、修建地铁，方案 6 同时架设立交桥、修建地铁，方案 7 同时铺设轻轨、架设立交桥、修建地铁。如果考虑三个相关型多方案还可能按不同的时间顺序建设，则可形成更多的组合方案，不过这些组合方案之间的关系仍旧是相互排斥的，最终按互斥方案择优的方法可以完成比选。

总而言之，相关型多方案的比选，应该先分析清楚多方案之间的关系，再穷举所有可能组合方案，最后按互斥方案择优方法进行比选。

思考题与习题

1. 多方案之间的关系类型有哪些？各自有何特点？
2. 互斥型多方案比选有哪些方法？
3. 独立型多方案比选有哪些方法？
4. 混合型多方案比选有哪些方法？
5. 某厂计划改建总装车间，现有甲、乙两方案。方案甲采用流水线，总投资为 40 万元，年经营成本为 20 万元；方案乙采用自动线，总投资为 60 万元，年经营成本为 12 万元。两方案年产量相同，设基准投资回收期为 5 年，哪个方案的经济效益更好？
6. 有 A、B 两种可供选择的设备。设备 A 需投资 10000 元，使用寿命为 5 年，残值为 2000 元，使用后年收入为 5000 元，年支出为 2200 元；设备 B 需投资 15000 元，使用寿命为 10 年，期末无残值，使用后年收入为 7000 元，年支出为 4300 元。若基准收益率为 8%，试分别用净现值和净年值两个指标对方案进行选优。
7. 某工程有两个方案可供选择，有关数据见表 5-21。

表 5-21　两个方案的基础数据

方案	年末净现金流量/万元					内部收益率（%）
	0	1	2	3	4	
A	−1000	100	350	600	850	23.4
B	−1000	1000	200	200	200	34.5

（1）计算两方案的差额内部收益率。

（2）作图分析基准收益率在什么范围内时方案 A 为优？基准收益率在什么范围内时方案 B 为优？

8. 企业拟购置一台施工设备，有 A、B 两种型号可供选择。A 型设备的购置费为 1.8 万元，年运营成本为 0.4 万元，残值回收 0.1 万元，年产量为 1.4 万件。B 型设备的购置费为 1.2 万元，年运营成本为 0.6 万元，残值回收 0.2 万元，年产量为 1.3 万件。两种型号的设备使用寿命均为 10 年，设基准收益率为 8%，试用最低价格法选择设备型号。

9. 某大型投资项目有 6 个可供选择的方案，假设每个方案均无残值，计算期均为 10 年，各方案的基础数据见表 5-22。

表 5-22　各方案的基础数据

方案	A	B	C	D	E	F
初始投资/元	50000	75000	10000	48000	63000	88000
年净现金流量/元	10000	14000	2000	8400	9800	18000

（1）若项目有足够的资金，且 6 个方案相互独立，设基准收益率为 12%，应选择哪些方案？

（2）若项目仅有 100000 元的资金，设基准收益率为 12%，应选择哪些方案？

（3）若项目仅有 100000 元的资金，拟在这些独立方案中选择投资收益率最高的方案，并将剩余的资金用于其他机会且获得 15% 的收益率，则这样的组合方案与（2）中确定的组合方案相比，孰优孰劣？

（4）若 6 个方案是互斥关系，设基准收益率为 12%，项目应如何选择方案？

10. 某项目计划扩大储备电量，有 A、B 两方案可供选择：

方案 A 为水电发电方案，需建一小型水坝，工程造价 2000 万元，年维护运行费 15 万元，每 10 年加固一次需费用 150 万元。

方案 B 为火力发电方案，需购火力发电机组一套，工程造价 1000 万元，年维护运行费 30 万元，每 8 年大修理一次需费用 100 万元。另外还需购一部附属设备，购置费 10 万元，寿命期 20 年，年维护运行费 1 万元，残值回收 0.5 万元。

（1）扩大用电计划使用 40 年，两方案在计算期末均无残值，设基准收益率为 8%，哪个方案为优？

（2）扩大用电计划若为永久性计划，设基准收益率为 8%，哪个方案为优？

第 6 章

不确定性分析与风险分析

本章提要

不确定性是所有投资项目固有的内在特性,因而不确定性分析与风险分析是项目经济评价中的一个重要内容。在常用的不确定性分析与风险分析方法中,盈亏平衡分析只适用于项目的财务评价,敏感性分析和概率分析则可同时用于财务评价和国民经济评价。

6.1 概述

6.1.1 不确定性产生的原因

在现实社会里,一个拟建项目的所有未来结果都是未知的,因为影响方案经济效果的各种因素(如市场需求和各种价格)的未来变化都带有不确定性,而且由于测算方案现金流量时各种数据(如投资额、产量)缺乏足够的信息或测算方法上的误差,使得方案经济效果评价指标值带有不确定性。因此可以说,不确定性是所有项目固有的内在特性,只是对不同的项目,这种不确定性的程度有大有小。一般情况下,产生不确定性或风险的主要原因如下:

1)项目数据的统计偏差。这是指由于原始统计上的误差,统计样本点的不足,公式或模型的套用不合理等所造成的误差。例如,项目固定资产投资和流动资金是项目经济评价中重要的基础数据,但在实际中,往往由于各种原因而高估或低估其数额,从而影响项目评价的结果。

2)通货膨胀。由于通货膨胀的存在,会产生物价的浮动,从而会影响项目评价中所用的价格,进而导致诸如年销售收入、年经营成本等数据与实际发生偏差。

3)技术进步。技术进步会引起新老产品和工艺的替代,这样,根据原有技术条件和生产水平所估计的年销售收入等指标就会与实际值发生偏差。

4）市场供求结构的变化。这种变化会影响到产品的市场供求状况，进而对某些指标值产生影响。

5）建设条件和生产条件的变化。

6）其他外部影响因素。如政府政策的变化，新的法律、法规的颁布，国际政治经济形势的变化等，均会对项目的经济效果产生一定的、甚至是难以预料的影响。

当然，还有其他的一些影响因素。在项目经济评价中，如果想全面分析这些因素的变化对项目经济效果的影响是十分困难的，因此在实际工作中，往往需要着重分析和把握那些对项目影响大的关键因素，以期取得较好的效果。

6.1.2 不确定性分析的概念

对项目进行经济分析和评价主要是针对拟议中的方案，是在投资前进行的。因此，分析所用的数据，如投资、寿命、销售收入、成本、固定资产残值等，是通过预测和估计取得的。在进行投资方案财务评价和国民经济评价时，我们假定数据是确定不变的，以此得出方案的经济评价结论。而由于项目的内部条件、外部环境的变化，项目在实施中实际发生的数据与分析所用的数据不可能完全一致，甚至有较大的偏差，因此就有影响方案经济性评价结论的不确定性因素，会对项目决策产生不利影响，使投资潜伏风险，所以在进行工程经济分析时，进行不确定性分析十分有必要。

不确定性分析通常是对投资方案进行了财务评价和国民经济评价的基础上进行的，旨在用一定的方法考察不确定性因素对方案实施效果的影响程度，分析项目运行风险，以完善投资方案的主要结论，提高投资决策的可靠性和科学性。

所谓不确定性分析，就是分析项目在经济运行中存在的不确定性因素对项目经济效果的影响，预测项目承担和抗御风险的能力，考察项目在经济上的可靠性，以避免项目实施后造成不必要的损失。

这里所说的不确定性分析包含了不确定性分析与风险分析两项内容，严格来讲，两者是有差异的。其区别就在于一个是不知道未来可能发生的结果，或不知道各种结果发生的可能性，由此产生的问题称为不确定性问题；另一个是知道未来可能发生的各种结果的概率，由此产生的问题称为风险问题。但是从投资项目经济评价的实践角度来看，将两者严格区分开来的实际意义不大。因此，在一般情况下，人们习惯于将以上两种分析方法统称为不确定性分析。

6.1.3 不确定性分析的作用

不确定性分析是项目经济评价中的一个重要内容。因为前面项目评价都是以一些确定的数据为基础，如项目总投资、建设期、年销售收入、年经营成本、年利率、设备残值等指标值，认为它们都是已知的、确定的，即使对某个指标值所做的估计或预测，也认为是可靠、有效的。但实际上，由于前述各种影响因素的存在，这些指标值与其实际值之间往往存在着差异，这样就对项目评价的结果产生了影响，如果不对此进行分析，仅凭一些基础数据所做的确定性分析为依据来取舍项目，就可能会导致投资决策的失误。例如，某项目的基准折现率 i_c 定为 8%，根据项目基础数据求出的项目的内部收益率为 10%，由于内部收益率大于基准折现率，根据方案评价准则自然会认为项目是可行的。但如果凭此就做出投资决策则是欠周到的，因为我们还没有考虑到不确定性问题。如果在项目实施的过程中存在通货膨胀，并且通货膨胀率高于 2%，则项目的风险就很大，甚至会变成不可行的。因此，为了有效地减少不确定性因素对项目经济效果的影响，提高项目的风险防范能力，进而提高项目投资决策的科学性和可靠性，除对项目进行确定性分析以外，还很有必要对项目进行不确定性分析。

6.1.4 不确定性分析的方法

常用的不确定性分析方法有盈亏平衡分析、敏感性分析、概率分析。在具体应用时，要在综合考虑项目的类型、特点，决策者的要求，相应的人力、财力，以及项目对国民经济的影响程度等条件后来选择。一般来讲，盈亏平衡分析只适用于项目的财务评价，而敏感性分析和概率分析则可同时用于财务评价和国民经济评价。

6.1.5 不确定性分析的步骤

1. 鉴别不确定性因素

尽管项目运行中涉及的所有因素都具有不确定性，但它们在不同条件下的不确定性程度是不同的。对项目进行不确定性分析没有必要对所有的不确定性因素进行，而应找出不确定性程度较大的因素作为分析的重点。

2. 界定不确定性的性质

不确定性包括不可测定的不确定性与可测定的风险。对不可测定的不确定性因素，应界定其变化的幅度、变化的范围，确定其边界值，对可测定的风险因素应确定其概率分布状况。

3. 选择不确定性分析的方法

根据不确定性因素的性质，选择不确定性分析的方法。一般情况下，盈亏平衡分析与敏感性分析适用于不可测定的不确定性分析；概率分析适用于可测定的风险分析。

4. 明确不确定性分析的结果

不确定性分析根据分析的需要和依据的指标不同，其分析的结果可以为平衡点确定、不同区间的方案选择、不同方案的比选、敏感度与敏感因素的界定、风险预测等。

6.2 盈亏平衡分析

6.2.1 盈亏平衡分析的概念

盈亏平衡分析是在一定市场、生产能力及经营管理条件下，通过对产品产量、成本、利润三者之间相互关系的分析，判断企业对市场需求变化适应能力的一种不确定性分析方法，故也称为量本利分析。在工程经济评价中，这种方法的作用是找出投资项目的盈亏临界点，以判断不确定性因素对方案经济效果的影响程度，说明方案实施的风险大小及投资项目承担风险的能力，为投资决策提供科学依据。

企业的经营活动，通常以生产数量为起点，而以利润为目标。盈亏平衡分析方法粗略地对高度敏感的产量、售价、成本、利润等因素进行分析，会有助于了解项目可能承担的风险程度。此方法计算简单，可直接对项目的关键因素进行分析，因此，至今仍作为项目不确定分析的方法之一而被广泛地采用。

6.2.2 基本的损益方程式

量本利相互关系的研究，以成本和产品数量的关系为基础，它们通常被称为成本性态研究。所谓成本性态，是指成本总额对产量的依存关系。在这里，产量是指企业的生产经营活动水平的标志量。当产量变化以后，各项成本有不同的性态，大体上可分为三种：固定成本、变动成本和混合成本。固定成本是不受产量影响的成本，如企业的固定资产折旧等。变动成本是随产量增长而成正比例增长的成本，如材料消耗等。混合成本是随产量增长而增长，但不成正比例变化的成本。混合成本介于固定成本和变动成本之间，可以根据具体情况将其分解成固定成本和变动成本。这样，全部成本都可以分成固定成本和变动成本两部分。

在一定期间把成本分解成固定成本和变动成本两部分后，再把收入和利润加过来，成本、数量和利润的关系就可以统一于一个数学模型。这个数学模型的表达形式为

$$利润 = 销售收入 - 总成本 - 税金 \tag{6-1}$$

假设产量等于销售量，并且项目的销售收入与总成本均是产量的线性函数，则

$$销售收入 = 单位售价 \times 销量 \tag{6-2}$$

$$总成本 = 变动成本 + 固定成本 = 单位变动成本 \times 产量 + 固定成本 \tag{6-3}$$

$$销售税金 = (单位产品销售税金 + 单位产品增值税) \times 销售量 \tag{6-4}$$

将式 (6-2) ~ 式 (6-4) 代入式 (6-1)，用字母表示如下

$$B = pQ - C_V Q - C_F - tQ \tag{6-5}$$

式中　B——利润；

　　　p——单位产品售价；

Q——销量或生产量；

t——单位产品销售税金和单位产品增值税；

C_V——单位产品变动成本；

C_F——固定成本。

式（6-5）明确表达了量本利之间的数量关系，是基本的损益方程式。它含有相互联系的 6 个变量，给定其中 5 个，便可求出另一个变量的值。

将销量、成本、利润的关系反映在直角坐标系中，即成为基本的量本利图，如图 6-1 所示。

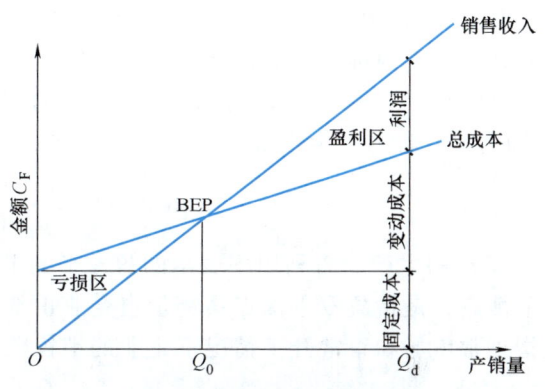

图 6-1 基本的盈亏平衡图

6.2.3 线性盈亏平衡分析

从图 6-1 可知，销售收入线与总成本线的交点是盈亏平衡点（Break-even Point，简称 BEP），表明企业在此销售量时总收入扣除销售税金后与总成本相等，既没有利润，也不发生亏损。在此基础上，增加销售量，销售收入超过总成本，收入线与成本线之间的距离为利润值，形成盈利区；反之，为亏损区。

图 6-1 能清晰地显示企业不盈利也不亏损时应达到的产销量，故又称为盈亏平衡图。用图示表达量本利之间的相互关系，不仅形象直观，一目了然，而且容易理解。

所谓盈亏平衡分析，就是将产量或销售量作为不确定因素，通过计算企业或项目的盈亏平衡点的产量（销售量），据此分析观察项目可以承受多少风险而不致发生亏损。根据生产成本及销售收入与产量（或销售量）之间是否呈线性关系，盈亏平衡分析又可进一步分为线性盈亏平衡分析和非线性盈亏平衡分析。财务评价中通常只要求线性盈亏平衡分析。

1. 线性盈亏平衡分析的前提条件

1）生产量等于销售量。

2）生产量变化，单位可变成本不变，从而使总生产成本成为生产量的线性函数。

3）生产量变化，销售单价不变，从而使销售收入成为销售量的线性函数。

4）只生产单一产品，或者生产多种产品，但可以换算为单一产品计算。

2. 盈亏平衡点的多种表达

项目盈亏平衡点 BEP 的表达形式有多种，可以用实物产量、单位产品售价、单位产品的可变成本，以及年总固定成本的绝对量表示，也可以用某些相对值表示,如生产能力利用率。其中以产量和生产能力利用率表示的盈亏平衡点应用最为广泛。

(1) 用产量表示的盈亏平衡点 BEP(Q) 从图 6-1 可见,当企业在小于 Q_0 的产量下组织生产,则项目亏损;在大于 Q_0 的产量下组织生产,则项目盈利。显然,产量 Q_0 是盈亏平衡点的一个重要表达形式。就单一产品企业来说,盈亏临界点的计算并不困难,一般是从销售收入等于总成本费用即盈亏平衡方程式中导出:由式(6-5)可知,令基本损益方程式中的利润 $B=0$,此时的生产量(或销量) Q_0 即为盈亏临界点生产量。

$$\text{BEP}(Q) = \frac{C_F}{p - C_V - t} \tag{6-6}$$

(2) 用生产能力利用率表示的盈亏平衡 BEP(%) 生产能力利用率表示的盈亏平衡点,是指盈亏平衡点销售量占企业正常销售量的比重。所谓正常销售量 Q_d,是指正常市场和正常开工情况下企业的销售数量。

$$\text{BEP}(\%) = \frac{Q_0}{Q_d} \times 100\% \tag{6-7}$$

进行项目评价时,生产能力利用率表示的盈亏平衡点常常根据正常年份的产品产量或销售量、变动成本、固定成本、产品价格和销售税金等数据来计算。

$$\text{BEP}(\%) = \frac{C_F}{pQ_d - C_V Q_d - tQ_d} \tag{6-8}$$

注意,BEP(%) 应按项目的正常年份计算,不能按计算期内的平均值计算。

(3) 用销售额表示的盈亏平衡点 BEP(S) 单一产品企业在现代经济中只占少数,大部分企业产销多种产品。多品种企业可以使用销售额来表示盈亏平衡点。

$$\text{BEP}(S) = \frac{pC_F}{p - C_V - t} \tag{6-9}$$

式(6-9)既可用于单品种企业,也可用于多品种企业。

(4) 用销售单价表示的盈亏平衡点 BEP(p) 如果按设计生产能力进行生产和销售,BEP 还可以由盈亏平衡点价格 BEP(p) 来表达。由式(6-1)令 $B = pQ_d - C_V Q_d - C_F - tQ_d = 0$,即

$$\text{BEP}(p) = \frac{C_F}{Q_d} + C_V + t \tag{6-10}$$

盈亏平衡点反映了项目对市场变化的适应能力和抗风险能力。从图 6-1 中可以看出,盈亏平衡点越低,达到此点的盈亏平衡产量和收益或成本也就越少,项目投产后的盈利的可能性越大,适应市场变化的能力越强,抗风险能力也越强。

【例 6-1】 某项目设计生产能力为年产 50 万件产品。据资料分析,估计单位产品价格为 100 元,单位产品可变成本为 80 元,固定成本为 300 万元。用产量、生产能力利用率、销售额、单位产品价格分别表示该项目的盈亏平衡点。已知该产

品销售税金及附加的合并税率为5%。

【解】（1）用产量表示的BEP（Q），由式（6-6）得

$$\text{BEP}(Q) = \frac{C_F}{p - C_V - t} = \frac{300}{100 - 80 - 100 \times 5\%} = 20 \text{（万件）}$$

（2）用生产能力利用率表示的BEP（%），由式（6-7）得

$$\text{BEP}(\%) = \frac{Q_0}{Q_d} \times 100\% = \frac{20}{50} \times 100\% = 40\%$$

（3）用销售额表示的BEP（S），由式（6-9）得

$$\text{BEP}(S) = \frac{pC_F}{p - C_V - t} = \frac{100 \times 300}{100 - 80 - 100 \times 5\%} = 2000 \text{（万元）}$$

（4）用销售单价表示的BEP（p），由式（6-10）得

$$\text{BEP}(p) = \frac{300}{50} + 80 + \text{BEP}(p) \times 5\%$$

$$\text{BEP}(p) = \frac{86}{1 - 5\%} = 90.53 \text{（元/件）}$$

6.2.4 非线性盈亏平衡分析

线性盈亏平衡分析方法简单明了，有助于我们尽快地全面把握决策的目的。但这种方法在应用中有一定的局限性，主要表现在实际的生产经营过程中，收益和支出与产品产量之间的关系往往是呈现出一种非线性的关系。例如，当项目的产量在市场中占有较大的份额时，其产量的高低可能会明显影响市场的供求关系，从而使得市场价格发生变化。即当产量达到一定数额时，市场趋于饱和，产品可能会滞销或降价，这时产品价格呈非线性变化；根据报酬递减规律，变动成本随着生产规模的不同而与产量呈非线性的关系，在生产中还有一些辅助性的生产费用（通常称为半变动成本）随着产量的变化而呈梯形分布，即当产量增加到超出已有的正常生产能力时，可能会增加设备，要加班时还需要加班费和照明费，此时可变费用呈上弯趋势，产生两个平衡点BEP$_1$和BEP$_2$，如图6-2所示。这时就需要用到非线性盈亏平衡分析方法。

图中，Q_{OPi}表示最优投产量，即企业按此产量组织生产会取得最佳效益$E_{\max}$。确定非线性平衡点的基本原理与线性平衡点相同，即运用销售收入等于

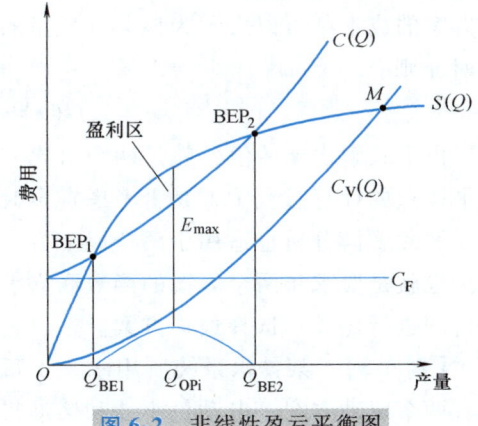

图6-2 非线性盈亏平衡图

总成本的方程求解，只是盈亏平衡点的解有多个，需判断各区间的盈亏情况。

【例 6-2】 某企业年固定成本 10 万元，单位变动成本 1000 元，产品随销售收入（扣除销售税金及附加、增值税）为 $21000Q^{1/2}$（Q 为产销量），试确定该产品的经济规模区和收入最大时产量。

【解】 （1）产品的经济规模区

成本函数 $C(Q) = 100000 + 1000Q$

销售收入函数 $S(Q) = 21000Q^{1/2}$

利润 $E = S(Q) - C(Q) = 21000Q^{1/2} - (100000 + 1000Q)$

令利润 $E = 21000Q^{1/2} - (100000 + 1000Q) = 0$，得

$Q^2 - 241Q + 10000 = 0$

解得

$Q_{BE1} = 53$；$Q_{BE2} = 188$

产品的经济规模区为 [53，188]

（2）收入最大时产量

令 $dE(Q)/dQ = 0$，得

$10500/\sqrt{Q} - 1000 = 0$，$Q = 110$

故该产品收入最大时产量为 110。

6.2.5 多方案的盈亏平衡分析

运用盈亏平衡分析的原理对互斥方案的优劣进行比较时，是根据互斥方案的优劣平衡点（无差异点）进行的，这种方案的比选方法称为方案的优劣分析法。所谓方案的优劣平衡点，是指使两个对比方案具有同等价值时，某一共同变量的特定值。

设两个方案的成本函数分别为 C_1 和 C_2，而且受到同一共同变量 x 的影响，每一方案的成本都可以表示为该共同变量的函数：$C_1 = f_1(x)$ 和 $C_2 = f_2(x)$。当 $C_1 = C_2$ 时，则有

$$f_1(x) = f_2(x)。$$

由上式解出 x 的值，就是两个对比方案的优劣平衡点（等成本平衡点）。在优劣平衡点的计算过程中，是否考虑资金时间价值，由需要而定。

盈亏平衡分析也适用于两个以上方案的比较，其解题思路是两两比较，共同分析。也就是要求每两个方案的函数联立求解平衡点，然后用试算法或借助盈亏平衡分析图进行比较，选择最佳方案。

【例 6-3】 某排水系统所用水泵，每年运行时间取决于使用地区的年降雨量。现有两个驱动方案：电动机驱动和柴油机驱动，资料数据见表 6-1。若两方案的寿命均为 4 年，4 年后皆无残值，年利率为 10%，试比较两方案的经济性。

表 6-1　资料数据

驱动方案	投资/元	运行费用/(元/h)	维修费	看管工人工资/(元/h)
A 电动驱动	1500	电费 0.84	100 元/年	—
B 柴油机驱动	600	油费 0.80	0.18 元/h	0.45

【解】　设每年运行时数为 t 小时。

A 方案的年费用为

$$C_A = 1500 \times (A/P, 10\%, 4) + 0.84t + 100$$
$$= 1500 \times 0.3155 + 100 + 0.84t$$
$$= 573.25 + 0.84t$$

B 方案的年费用为

$$C_B = 600 \times (A/P, 10\%, 4) + 0.80t + 0.18t + 0.45t$$
$$= 189.3 + 1.43t$$

优劣平衡分析图如图 6-3 所示。

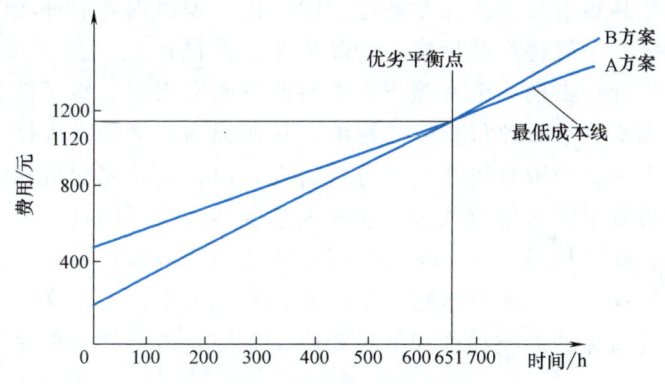

图 6-3　优劣平衡分析图

在优劣平衡点上，$C_A = C_B$，即

$$573.25 + 0.84t = 189.3 + 1.43t$$
$$t = 651h$$

通过图 6-3 不难看出，要选出最优方案的目标是哪个方案的成本最低，就要作出最低成本线，两方案的交点是优劣平衡点。所以，当运行时间低于 651h（降雨量较小），宜采用柴油机驱动；当运行时间高于 651h（降雨量较大），选择电动机驱动；当运行时间等于 651h，两方案效果相同，可任选一个。

6.2.6　盈亏平衡分析的局限性

盈亏平衡分析虽然能够度量项目风险的大小，但并不能揭示产生项目风险的根源。虽然我们知道降低盈亏平衡点就可以降低项目的风险，提高项目的安全性，也知道降低盈亏平衡点可采取降低固定成本的方法，但是如何降低固定成本，应该采取哪些可行的方法或通过哪些有效的途径来达到这个目的，盈亏平衡分析并没有给出答案，还需采用其他一些方法来帮助达到这个目的。因此，在应用盈亏平衡分析时，应注意使用的场合及欲达到的目的，以便能够正确地运用这种方法。

6.3 敏感性分析

6.3.1 敏感性分析的概念

投资项目评价中的敏感性分析，是在确定性分析的基础上，通过进一步分析、预测项目主要不确定因素的变化对项目评价指标（如内部收益率、净现值等）的影响，从中找出敏感因素，确定评价指标对该因素的敏感程度和项目对其变化的承受能力。

一个项目在其建设与生产经营的过程中，由于项目内外部环境的变化，许多因素都会发生变化。一般将产品价格、产品成本、产品产量（生产负荷）、主要原材料价格、建设投资、工期、汇率等作为考察的不确定因素。敏感性分析不仅可以使决策者了解不确定因素对评价指标的影响，从而提高决策的准确性，还可以启发评价者对那些较为敏感的因素重新进行分析研究，以提高预测的可靠性。

敏感性分析有单因素敏感性分析和多因素敏感性分析两种。

单因素敏感性分析是对单一不确定因素变化的影响进行分析，即假设各不确定性因素之间相互独立，每次只考察一个因素，其他因素保持不变，以分析这个可变因素对经济评价指标的影响程度和敏感程度。单因素敏感性分析是敏感性分析的基本方法。

多因素敏感性分析是对两个或两个以上互相独立的不确定因素同时变化时，分析这些变化的因素对经济评价指标的影响程度和敏感程度。通常只要求进行单因素敏感性分析。

6.3.2 敏感性分析的目的

1) 确定影响项目经济效益的敏感因素，分析与敏感因素有关的预测数据产生不确定性的根源，采取有效措施，防患于未然。

2) 对各不确定性因素的敏感度进行排序。对敏感度大的因素，要重点监控和防范，即找出防范风险的重点。

3) 对各种方案的敏感度进行分析对比，选择敏感度小，即风险小的方案进行投资。

4) 找出不确定性因素可能出现的最有利与最不利的变动，分析项目经济效益指标的变动范围，使投资者了解项目的风险程度，以采取有效控制措施或寻找替代方案，为最后确定有效可行的投资方案提供可靠的依据。

6.3.3 单因素敏感性分析

单因素敏感性分析一般按以下步骤进行：

1. 确定分析指标

分析指标的确定，一般是根据项目的特点、不同的研究阶段、实际需求情况和指标的重要程度来选择，与进行分析的目标和任务有关。

如果主要分析方案状态和参数变化对方案投资回收快慢的影响，则可选用投资回收期作为分析指标；如果主要分析产品价格波动对方案超额净收益的影响，则可选用净现值作为分析指标；如果主要分析投资大小对方案资金回收能力的影响，则可选用内部收益率指标等。

如果在机会研究阶段，主要是对项目的设想和鉴别，确定投资方向和投资机会，此时，各种经济数据不完整，可信度低，深度要求不高，可选用静态的评价指标，常采用的指标是投资收益率和投资回收期。如果在初步可行性研究和可行性研究阶段，已进入了可行性研究的实质性阶段，经济分析指标则需选用动态的评价指标，常用净现值、内部收益率，通常还辅之以投资回收期。

由于敏感性分析是在确定性经济分析的基础上进行的，一般而言，敏感性分析的指标应与确定性经济评价指标一致，不应超出确定性经济评价指标范围而另立新的分析指标。当确定性经济评价指标比较多时，敏感性分析可以围绕其中一个或若干个最重要的指标进行。

2. 选择需要分析的不确定性因素

影响项目经济评价指标的不确定性因素很多，严格说来，影响方案经济效果的因素都在某种程度上带有不确定性，如投资额的变化，施工周期的变化，销售价格的变化，成本的变化等。但事实上没有必要对所有的不确定因素都进行敏感性分析，而往往是选择一些主要的影响因素。选择需要分析的不确定性因素时主要考虑以下两条原则：第一，预计这些因素在其可能变动的范围内对经济评价指标的影响较大；第二，对在确定性经济分析中采用的该因素的数据的准确性把握不大。

对于一般投资项目来说，通常从以下几方面选择项目敏感性分析中的影响因素：项目投资；项目寿命年限；经营成本，特别是变动成本；产品价格；产销量；项目建设年限、投产期限和产出水平及达产期限；基准折现率；项目寿命期末的资产残值。

3. 分析每个不确定性因素的波动程度及其对分析指标可能带来的增减变化情况

首先，对所选定的不确定性因素，应根据实际情况设定这些因素的变动幅度，其他因素固定不变。因素的变化可以按照一定的变化幅度（如 ±5%、±10%、±20% 等）改变其数值。

其次，计算不确定性因素每次变动对经济评价指标的影响。对每一因素的每一变动，均重复以上计算，然后将因素变动及相应指标变动结果用表或图的形式表示出来，以便于测定敏感因素。

敏感性分析图中每一条斜线的斜率反映经济评价指标对该不确定因素的敏感程度，斜率越大，敏感度越高。一张图可以同时反映多个因素的敏感性分析结果。每条斜线与横轴的相交点所对应的不确定因素变化率即为该因素的临界点。这个临界点表明方案经济效果评价指标达到最低要求所允许的最大变化幅度。如果不确定性因素变化超过了这个临界点，则方案由可行变成不可行。将临界点与未来实际可能发生的变化幅度相比较，就可大致分析该项目的风险情况。

4. 确定敏感性因素

由于各因素的变化都会引起经济指标一定的变化，但其影响程度却各不相同。有些因素可能仅发生较小幅度的变化就能引起经济评价指标发生大的变动，而另一些因素即使发生了较大幅度的变化，对经济评价指标的影响也不是太大。我们将前一类因素称为敏感性因素，后一类因素称为非敏感性因素。敏感性分析的目的在于寻求敏感因素。根据分析问题的目的不同，一般可通过两种方法来确定敏感性因素。

（1）相对测定法　设定要分析的因素均从确定性经济分析中所采用的数值开始变动，且各因素每次变动的幅度（增或减的百分数）相同，比较在同一变动幅度下各因素的变动对经济评价指标的影响，据此判断方案经济评价指标对各因素变动的敏感程度。反映敏感程度的指标是敏感系数（又称灵敏度）β，其数学表达式为

$$\beta = \frac{\Delta Y}{\Delta X_i} \tag{6-11}$$

式中　ΔX_i——第 i 个不确定性因素的变动百分比；

ΔY——评价指标的变动百分比。

根据不同因素相对变化对经济指标影响的大小，可以得到各个因素的敏感程度排序，据此可以找出哪些因素是最关键的因素。

（2）绝对测定法　假定要分析的因素向只对经济评价指标产生不利影响的方向变动，并设该因素达到可能的最差值，然后计算在此条件下的经济评价指标，如果计算出的经济评价指标已超过了项目可行的临界值，从而改变了项目的可行性，则表明该因素是敏感因素。

在实践中，可以把确定敏感因素的两种方法结合起来使用。方案能否接受的判据是各经济评价指标能否达到临界值。例如，使用净现值指标要看净现值是否大于或等于零，使用内部收益率指标要看内部收益率是否达到基准折现率。绝对测定法的一个变通方式是先设定有关经济评价指标为其临界值，如令净现值等于零、令内部收益率等于基准折现率，然后分析因素的最大允许变动幅度，并与其可能出现的

最大变动幅度相比较。如果某因素可能出现的变动幅度超过最大允许变动幅度,则表明该因素是方案的敏感因素。

5. 方案选择

如果进行敏感性分析的目的是对不同的投资项目(或某一项目的不同方案)进行选择,一般应选择敏感程度小、承受风险能力强、可靠性高的项目或方案。

【例6-4】 某投资方案设计年生产能力为10万台,计划总投资为1200万元,期初一次性投入,预计产品价格为35元/台,年经营成本为140万元,方案寿命期为10年,到期时预计设备残值收入为80万元,基准折现率为10%,试就投资额、单位产品价格、经营成本等影响因素对该投资方案进行敏感性分析。

【解】 选择净现值为敏感性分析的对象,根据净现值的计算公式,可计算出项目在初始条件下的净现值。

$$NPV_0 = -1200 \text{万元} + (35 \text{元/台} \times 10 \text{万台} - 140 \text{万元}) \times (P/A, 10\%, 10) + 80 \text{万元} \times (P/F, 10\%, 10) = 121.21 \text{万元}$$

由于 $NPV_0 > 0$,该项目是可行的。以下对项目进行敏感性分析。

取定三个因素:投资额、产品价格和经营成本,然后令其逐一在初始值的基础上按 $\pm 10\%$、$\pm 20\%$ 的幅度变化。分别计算相对应的净现值的变化情况,得出结果如表6-2及图6-4所示。

表6-2 单因素敏感性分析表 (单位:万元)

项目	变化度					平均+1%	平均-1%
	-20%	-10%	0	10%	20%		
投资额	361.21	241.21	121.21	1.21	-118.79	-9.90%	9.90%
产品价格	-308.91	-93.85	121.21	336.28	551.34	17.75%	-17.75%
经营成本	293.26	207.24	121.21	35.19	-50.83	-7.10%	7.10%

由表6-2和图6-4可以看出,在各个变量因素变化率相同的情况下,产品价格的变动对净现值的影响程度最大,当其他因素均不发生变化时,产品价格每下降1%,净现值下降17.75%,并且还可以看出,当产品价格下降幅度超过5.64%时,净现值将由正变负,即项目由可行变为不可行。对净现值影响较大的因素是投资额,当其他因素均不发生变化时,投资额每增加1%,净现值将下降9.90%,当投资额增加的

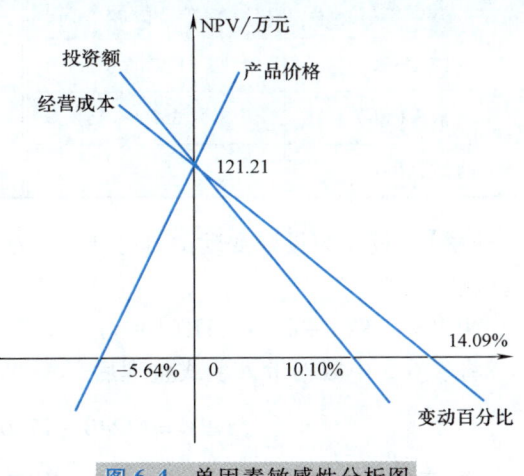

图6-4 单因素敏感性分析图

幅度超过 10.10% 时，净现值由正变负，项目变为不可行。对净现值影响最小的因素是经营成本，在其他因素均不发生变化的情况下，经营成本每上升 1%，净现值下降 7.10%，当经营成本上升幅度超过 14.09% 时，净现值由正变负，项目变为不可行。由此可见，按净现值对各个因素的敏感程度来排序，依次是：产品价格、投资额、经营成本，最敏感的因素是产品价格。因此，从方案决策的角度来讲，应该对产品价格进行进一步更准确的测算，因为从项目风险的角度来讲，如果未来产品价格发生变化的可能性较大，则意味着这一投资项目的风险性也较大。

6.3.4 多因素敏感性分析

单因素敏感性分析的方法简单，但忽略了因素之间的相关性。实际上，一个因素的变动往往也伴随着其他因素的变动，多因素敏感性分析则考虑了这种相关性，因而能反映多因素变动对项目经济效果产生的综合影响，弥补了单因素敏感性分析的缺欠，更全面地揭示事物的实质。因此，在对一些有特殊要求的项目进行敏感性分析时，除了进行单因敏感性分析外，还应进行多因素敏感性分析。

多因素敏感性分析要考虑可能发生的多种因素不同变化情况的多种组合，计算时要比单因素敏感性分析复杂。一般可以采用解析法与作图法相结合进行。

1. 双因素敏感性分析

双因素敏感性分析是指每次要考察两个因素同时变化，而其他因素固定不变时对项目经济效益的影响。通常采用作图法进行分析。

【**例 6-5**】 某投资方案用于确定性分析的现金流量见表 6-3，预计各参数（投资额和年收益）的最大变化范围为 -30% ~ +30%，基准折现率为 12%，试对投资额与年收益的变动进行多因素敏感性分析。

表 6-3 现金流量表

参　数	预测值/元	参　数	预测值/元
投资额(K)	170000	残值(L)	20000
年收入(AR)	35000	寿命期(n)	10
年支出(AC)	3000		

【**解**】 设 a 为投资变动的百分比，b 为年收益变动的百分比
则
$$NPV = -K(1+a) + [AR(1+b) - AC](P/A, 12\%, 10) + L(P/F, 12\%, 10)$$
将表 6-3 中数据带入上式整理后
$$NPV = 17240 - 170000a + 197750b$$

取 NPV 的临界值，即令 NPV = 0，则有

$$17240 - 170000a + 197750b = 0$$

即

$$b = 0.8597a - 0.0872$$

这是一个直线方程。将其绘制在坐标图上，如图 6-5 所示，即为一条 NPV = 0 的临界线。在临界线上，NPV = 0；在临界线左上方的区域，NPV > 0；在临界线右下方的区域，NPV < 0。也就是说，如果投资额与年收益同时变动，只要变动范围不越过临界线进入右下方区域（包括临界线上的点），方案都是可以接受的。

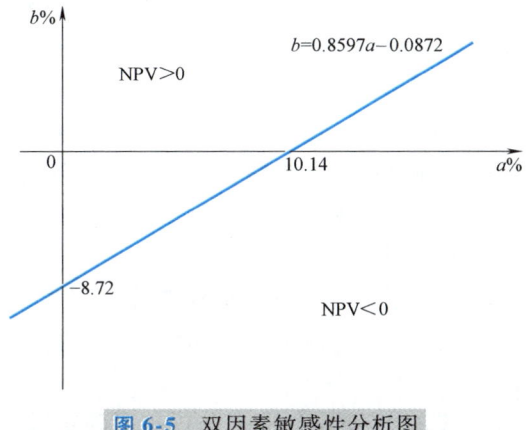

图 6-5　双因素敏感性分析图

2. 三因素敏感性分析

三因素敏感性分析是每次考察三个因素同时变化，其他因素固定不变时对项目经济效果的影响。通常采用解析法进行分析。

同时变动的因素越多，因素敏感性分析越接近实际，但构成的状态组合数就越多，计算就越复杂，如四个因素同时变动的组合数，就有 81 种。

6.3.5　敏感性分析的局限性

敏感性分析虽然分析了不确定性因素的变化对方案的经济效益的影响，以及风险程度，但它并不能说明不确定性因素发生变动的可能性大小，即发生变动的概率，而这种概率与项目的风险大小直接相关。实际上，有些因素变动尽管对项目经济效果影响很大，即为敏感因素，但由于其发生的可能性很小，所以给项目带来的风险并不大；而另外一些因素虽然它们变动对项目的经济效益影响不大，不是敏感因素，但因其发生的可能性很大，就可能给项目带来很大的风险。对这类问题的分析，敏感性分析将无法解决，应借助于概率分析。

6.4　概率分析

6.4.1　概率分析及其步骤

项目的风险来自影响项目效果的各种因素和外界环境的不确定性。利用敏感性分析可以知道某因素变化对项目经济指标有多大的影响，但无法了解这些因素发生这样变化的可能性有多大，而概率分析可以做到这一点。故有条件时，应对项目进行概率分析。

概率分析又称风险分析，是利用概率来研究和预测不确定因素对项目经济评价指标的影响的一种定量分析方法。一般做法是，首先预测风险因素发生各种变化的概率，将风险因素作为自变量，预测其取值范围和概率分布，再将选定的经济评价指标作为因变量，测算评价指标的相应取值范围和概率分布，计算评价指标的数学期望值和项目成功或失败的概率。利用这种分析，可以弄清楚各种不确定因素出现某种变化，建设项目获得某种利益或达到某种目的的可能性的大小，或者获得某种效益的把握程度。

概率分析一般按下列步骤进行：

1) 选定一个或几个评价指标。通常是将内部收益率、净现值等作为评价指标。

2) 选定需要进行概率分析的不确定因素。通常有产品价格、销售量、主要原材料价格、投资额以及外汇汇率等。针对项目的不同情况，通过敏感性分析，选择最为敏感的因素作为概率分析的不确定因素。

3) 预测不确定因素变化的取值范围及概率分布。单因素概率分析，设定一个因素变化，其他因素均不变化，即只有一个自变量；多因素概率分析，设定多个因素同时变化，对多个自变量进行概率分析。

4) 根据测定的风险因素取值和概率分布，计算评价指标的相应取值和概率分布。

5) 计算评价指标的期望值和项目可接受的概率。

6) 分析计算结果，判断其可接受性，研究减轻和控制不利影响的措施。

6.4.2 概率分析的方法

概率分析的方法有很多，这些方法大多是以项目经济评价指标（主要是 NPV）的期望值的计算过程和计算结果为基础的。这里仅介绍项目净现值的期望值和决策树法，计算项目净现值的期望值及净现值大于或等于零时的累计概率，以判断项目承担风险的能力，最后简单介绍蒙特卡洛法。

1. 期望值法

期望值是用来描述随机变量的一个主要参数。所谓随机变量就是这样一类变量：通常能够知道其所有可能的取值范围，也知道其取各种值的可能性，但却不能肯定其最后确切的取值。例如，有一个变量 X，我们知道它的取值范围是 0、1、2，也知道 X 取值 0、1、2 的可能性分别是 0.3、0.5 和 0.2，但是究竟 X 取什么值却不知道，那么 X 就称为随机变量。从随机变量的概念上来理解，可以说在投资项目经济评价中所遇到的大多数变量因素，如投资额、成本、销售量、产品价格、项目寿命期等，都是随机变量。通常可以预测其未来可能的取值范围，估计各种取值或值域发生的概率，但不可能肯定地预知它们取什么值。投资方案的现金流量序列是由这些因素的取值所决定的，所以，方案的现金流量序列实际上也是随机变量。

而以此计算出来的经济评价指标也是随机变量,由此可见项目净现值也是一个随机变量。

从理论上讲,要完整地描述一个随机变量,需要知道它的概率分布的类型和主要参数,但在实际应用中,这样做不仅非常困难,而且也没有太大的必要。因为在许多情况下,我们只需要知道随机变量的某些主要特征就可以了,在这些随机变量的主要特征中,最重要也是最常用的就是期望值。期望值是在大量重复事件中随机变量取值的平均值,换句话说,是随机变量所有可能取值的加权平均值,权重为各种可能取值出现的概率。

一般来讲,期望值的计算公式可表达为

$$E(X) = \sum_{i=1}^{n} X_i P_i \qquad (6\text{-}12)$$

式中　$E(X)$——随机变量 X 的期望值;

　　　X_i——随机变量 X 的各种取值;

　　　P_i——X 取值 X_i 时所对应的概率值。

净现值的期望值在概率分析中是一个非常重要的指标,在对项目进行概率分析时,一般都要计算项目净现值的期望值及净现值大于或等于零时的累计概率。累计概率越大,表明项目承担的风险越小。

【例 6-6】　某投资方案的寿命期为 10 年,基准折现率为 10%,方案的初始投资额和每年年末净收益的可能情况及其概率见表 6-4。试求该方案净现值的期望值。

表 6-4　方案的不确定性因素值及其概率

投资额/万元		年净收益/万元	
数值	概率	数值	概率
120	0.30	20	0.25
150	0.50	28	0.40
175	0.20	33	0.35

【解】　组合投资额和年净收益两个不确定性因素的可能情况,该方案共有 9 种不同的组合状态。例如,初始投资额 120 万元、年净收益 20 万元的概率是 $0.30 \times 0.25 = 0.075$,此时方案的净现值为

$$NPV = -120\ \text{万元} + 20\ \text{万元} \times (P/A, 10\%, 10) = 2.89\ \text{万元}$$

同理计算各种状态的净现值及其对应的概率,详见表 6-5。

表 6-5 方案所有组合状态的概率及净现值

投资额/万元	120			150			175		
年净收益/万元	20	28	33	20	28	33	20	28	33
组合概率	0.075	0.12	0.105	0.125	0.2	0.175	0.05	0.08	0.07
NPV/万元	2.89	52.05	82.77	-27.11	22.05	52.77	-52.11	-2.95	27.77

根据式（6-12），可求出净现值的期望值

$$E(\text{NPV}) = 2.89 \text{万元} \times 0.075 + 52.05 \text{万元} \times 0.12 + 82.77 \text{万元} \times 0.105 +$$
$$(-27.11) \text{万元} \times 0.125 + 22.05 \text{万元} \times 0.2 + 52.77 \text{万元} \times 0.175 +$$
$$(-52.11) \text{万元} \times 0.05 + (-2.95) \text{万元} \times 0.08 + 27.77 \text{万元} \times 0.07$$
$$= 24.51 \text{万元}$$

净现值的期望值在概率分析中是一个非常重要的指标，在对项目进行概率分析时，一般除了计算项目净现值的期望值之外，还可以计算净现值大于等于零时的累计概率，累计概率越大，表明项目的风险越小。对此例，按净现值从小到大排序，同时计算累计概率，见表6-6。

表 6-6 方案净现值的排序及累计概率

序号	NPV/万元	概率	累计概率
1	-52.11	0.05	0.05
2	-27.11	0.125	0.175
3	-2.95	0.08	0.255
4	2.89	0.075	0.330
5	22.05	0.2	0.530
6	27.77	0.07	0.600
7	52.05	0.12	0.720
8	52.77	0.175	0.895
9	82.77	0.105	1.000

再依据线性内插的思路，计算 NPV≥0 的累计概率

$$1 - \left(0.255 + \frac{2.95}{2.95 + 2.89} \times 0.075\right) = 1 - 0.293 = 0.707$$

NPV≥0 的累计概率越大，表明项目的风险越小。

当然，方案决策时应根据具体情况灵活选择指标并对之应用期望值法。

【例 6-7】 某水厂在河岸附近修建了一个水处理设备，现考虑修建一道堤坝保护设备不受洪水影响。有关已知数据见表6-7，设备使用年限 15 年，$i_c = 12\%$，不考虑设备残值。求堤坝多高时最经济？

表 6-7 修建堤坝的相关数据

高度 x/m	河水超出正常水位 xm 的年数	河水超出正常水位 xm 的概率	河水超出堤坝 xm 年损失/万元	建 xm 堤坝投资/万元
0	24	0.48	0	0
0.5	12	0.24	10	10
1.0	8	0.16	15	21
1.5	3	0.06	20	33
2.0	2	0.04	30	45
2.5	1	0.02	40	55

【解】 分别计算不同高度堤坝的年度费用期望值

例如，堤坝高 0.5m

年度损失期望值 $= 0.16 \times 10$ 万元 $+ 0.06 \times 15$ 万元 $+ 0.04 \times 20$ 万元 $+ 0.02 \times 30$ 万元
$= 3.9$ 万元

年度费用期望值 $= 10$ 万元 $\times (A/P, 12\%, 15) + 3.9$ 万元 $= 5.368$ 万元

再如，堤坝高 1.0m

年度损失期望值 $= 0.06 \times 10$ 万元 $+ 0.04 \times 15$ 万元 $+ 0.02 \times 20$ 万元 $= 1.6$ 万元

年度费用期望值 $= 21$ 万元 $\times (A/P, 12\%, 15) + 1.6$ 万元 $= 4.6828$ 万元

计算结果见表 6-8。

表 6-8 年度费用期望值计算表

堤坝高/m	投资等值年金/万元	年度损失期望值/万元	年度费用期望值/万元
0	0	8	8
0.5	1.468	3.9	5.368
1.0	3.0828	1.6	4.6828
1.5	4.8444	0.7	5.5444
2.0	6.606	0.2	6.806
2.5	8.074	0	8.074

由表 6-8 可见，修建 1.0m 高的堤坝最经济。

有时在做多方案决策时，仅根据期望值进行决策还不够，必要时还可进一步计算期望值的标准差及变异系数，并据之做出决策。

标准差反映了一个随机变量实际值与其期望值偏离的程度。这种偏离程度在一定意义上反映了投资方案风险的大小。标准差的一般计算公式为

$$\sigma = \sqrt{\sum_{i=1}^{n} P_i [X_i - E(X)]^2} \tag{6-13}$$

标准差虽然可以反映随机变量的离散程度，但它是一个绝对量，其大小与变量的数值及期望值大小有关。一般而言，变量的期望值越大，其标准差也越大。特别是需要对不同方案的风险程度进行比较时，标准差往往不能够准确反映风险程度的差异。为此引入另一个指标，称为变异系数，它是标准差与期望值之比，即

$$V = \frac{\sigma}{E(X)} \tag{6-14}$$

由于变异系数是一个相对数，不会受变量和期望值绝对值大小的影响，能更好地反映投资方案的风险程度。

当对多个投资方案进行比较时，如果是效益指标，则认为期望值较大的方案较优，如果是费用指标，则认为期望值较小的方案较优。如果期望值相同，则标准差较小的方案风险更低；如果多个方案的期望值与标准差均不相同，则变异系数较小的方案风险更低。

【例 6-8】 某公司要从三个互斥方案中选择一个方案，各方案的净现值及其概率如表 6-9 所示。

表 6-9 各方案净现值、自然状态及概率

市场销路	概率	方案净现值/万元		
		A	B	C
销路差	0.25	2000	0	1000
销路一般	0.50	2500	2500	2800
销路好	0.25	3000	5000	3700

【解】 （1）计算各方案净现值的期望值和标准差

根据式（6-12），可得

$E_A(\text{NPV}) = 2000\ \text{万元} \times 0.25 + 2500\ \text{万元} \times 0.5 + 3000\ \text{万元} \times 0.25 = 2500\ \text{万元}$

同理可得

$$E_B(\text{NPV}) = 2500\ \text{万元}$$

$$E_C(\text{NPV}) = 2575\ \text{万元}$$

根据式（6-13），可得

$\sigma_A = \sqrt{0.25 \times (2000\ \text{万元} - 2500\ \text{万元})^2 + 0.5 \times (2500\ \text{万元} - 2500\ \text{万元})^2 + 0.25 \times (3000\ \text{万元} - 2500\ \text{万元})^2}$
$= 353.55\ \text{万元}$

同理可得

$$\sigma_B = 1767.77 \text{ 万元}, \sigma_C = 980.75 \text{ 万元}$$

（2）根据方案净现值的期望值和标准差评价方案

因为方案 A 与方案 B 净现值的期望值相等，均为 2500 万元，故需要通过比较它们的标准差来决定方案的优劣取舍。在前面的计算中有：$\sigma_A < \sigma_B$，方案 A 风险较小，其经济效益优于方案 B，所以，舍去方案 B 保留方案 A。

对方案 A 与方案 C 进行比较选择。由于它们净现值的期望值不相等，方案 C 净现值的期望值大于方案 A，但是方案 A 净现值的标准差小于方案 C，究竟哪个方案较为经济合理并不明显，故必须通过计算它们各自的变异系数，才能进一步确定这两个方案风险的大小和优劣取舍。

（3）计算变异系数

根据式（6-14），可得

$$V_A = \frac{353.55}{2500} = 0.141, V_C = \frac{980.75}{2575} = 0.381$$

因为 $V_A < V_C$，所以方案 A 的风险比方案 C 小，而两方案的净现值差别不是太大，因此，最后选择方案 A 为最优投资方案。

2. 决策树法

决策树是直观运用概率分析的一种图解方法，因其运用树状图形来做多方案的分析和择优而得名。决策树是将各种可供选择的方案以及影响各备选方案的有关因素（如自然状态、概率、损益值等）绘成一个树状图（见图 6-6），这个树状网络图从左向右展开，一般根据期望值法计算每一个方案的期望损益值进行决策。决策树法特别适用于多阶段决策分析。

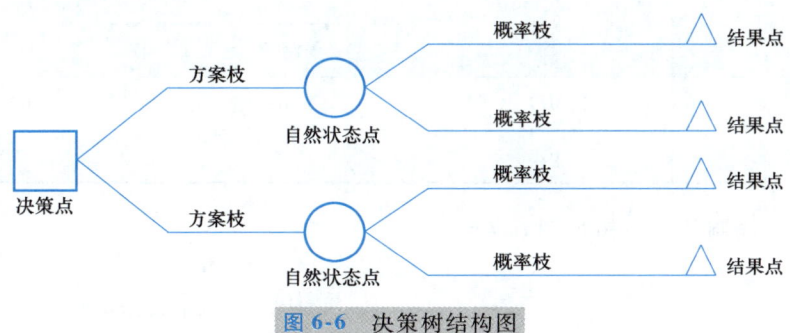

图 6-6　决策树结构图

决策树一般由三种点、两类枝组成，三种点即决策点、自然状态点、结果点；两类枝即方案枝和概率枝。决策点用"□"表示，是对多种可能方案择优的结果；从决策点引出若干条分枝，每条分枝代表一个备选方案，此即方案枝；在方案枝末端连接自然状态点，以"○"表示，代表备选方案的期望损益值；从自然状态点引出的各条分枝即为概率枝，每一分枝代表一种自然状态可能出现的概率；在每条概率枝的末端以结果点"△"结束,并标注各方案在相应自然状态下的损益值。

应用决策树进行决策一般步骤如下:

首先,绘制决策树。根据决策问题的具体条件,由左到右逐步展开绘制决策树,为便于随后的分析、择优,对"□"(决策点)和"○"(自然状态点)混在一起进行编号,编号的顺序是从左到右、从上到下。

然后,运用期望值法进行决策。逆着编号逐步计算各"○"(自然状态点)的损益期望值,遇到"□"(决策点),则比较损益期望值的大小,"剪枝"删去被淘汰的方案。

最后,"□"(决策点)上只留有被选中的最佳方案一枝。

决策树法分为单级决策和多级决策两种。在整个决策期中只需要进行一次决策,就可以选出最佳方案的决策,称为单级决策;当决策问题比较复杂时,就需要进行一系列的决策过程才能选出最佳方案,达到决策目标,这种决策称为多级决策。多级决策是由若干个单级决策构成的,因而其与单级决策所不同的是多几个决策点,分为几段,每一段都是一个单级决策。

决策树能使决策问题形象直观,思路清晰,特别是在多级决策活动中,能起到层次分明、一目了然,便于集体思考与讨论以及计算有很大作用。决策树应用较广泛,也是十分有效的辅助决策的工具。

【例 6-9】 现有两个建厂方案:建大厂、建小厂。建大厂需投资 300 万元,建小厂需投资 160 万元,大厂或小厂的经营期均为 10 年。经市场调查,可能的自然状态和年收益见表 6-10。决策建厂方案。

表 6-10 可能的自然状态和年收益 (单位:万元)

自然状态	概率	年收益/万元	
		大厂	小厂
销路好	0.7	100	60
销路差	0.3	-40	-10

【解】 绘制的决策树见图 6-7。

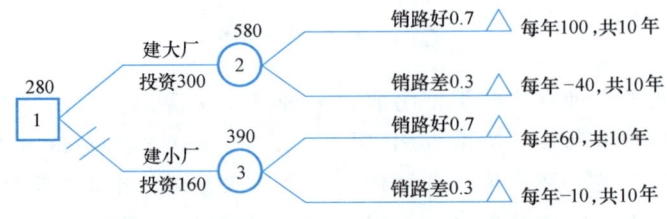

图 6-7 【例 6-9】决策树(单位:万元)

用期望值准则决策

$E_3 = [60 \text{ 万元} \times 0.7 + (-10) \text{ 万元} \times 0.3] \times 10 = 390 \text{ 万元}$

$E_2 = [100 \text{ 万元} \times 0.7 + (-40) \text{ 万元} \times 0.3] \times 10 = 580 \text{ 万元}$

$E_1 = \max\{390 \text{ 万元} - 160 \text{ 万元}, 580 \text{ 万元} - 300 \text{ 万元}\} = \max\{230 \text{ 万元}, 280 \text{ 万元}\}$
$= 280 \text{ 万元}$

所以建大厂，10 年利润期望值为 280 万元。

【例 6-10】 若前三年销路好，则后七年销路好的概率上升为 0.9；若前三年销路差，则后七年销路肯定差，其他条件均同【例 6-9】。决策建厂方案。

【解】 绘制的决策树见图 6-8。

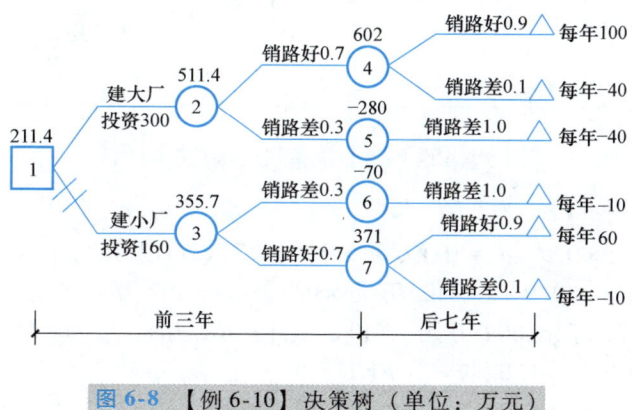

图 6-8 【例 6-10】决策树（单位：万元）

用期望值准则决策

$E_7 = [60 \text{ 万元} \times 0.9 + (-10) \text{ 万元} \times 0.1] \times 7 = 371 \text{ 万元}$

$E_6 = (-10) \text{ 万元} \times 1.0 \times 7 = -70 \text{ 万元}$

$E_5 = (-40) \text{ 万元} \times 1.0 \times 7 = -280 \text{ 万元}$

$E_4 = [100 \text{ 万元} \times 0.9 + (-40) \text{ 万元} \times 0.1] \times 7 = 602 \text{ 万元}$

$E_3 = 371 \text{ 万元} \times 0.7 + (-70) \text{ 万元} \times 0.3 + [60 \text{ 万元} \times 0.7 + (-10) \text{ 万元} \times 0.3] \times 3$
$= 355.7 \text{ 万元}$

$E_2 = 602 \text{ 万元} \times 0.7 + (-280) \text{ 万元} \times 0.3 + [100 \text{ 万元} \times 0.7 + (-40) \text{ 万元} \times 0.3] \times 3$
$= 511.4 \text{ 万元}$

$E_1 = \max[355.7 \text{ 万元} - 160 \text{ 万元}, 511.4 \text{ 万元} - 300 \text{ 万元}]$
$= \max\{195.7 \text{ 万元}, 211.4 \text{ 万元}\}$
$= 211.4 \text{ 万元}$

所以建大厂，10 年利润期望值为 211.4 万元。

【例 6-11】 其他条件均同【例 6-10】，建小厂若前三年销路好，则考虑是否将小厂扩建为大厂，若扩建需投资 140 万元，扩建后再经营七年，年收益同大厂，请决定建厂方案。

【解】 绘制的决策树见图6-9。

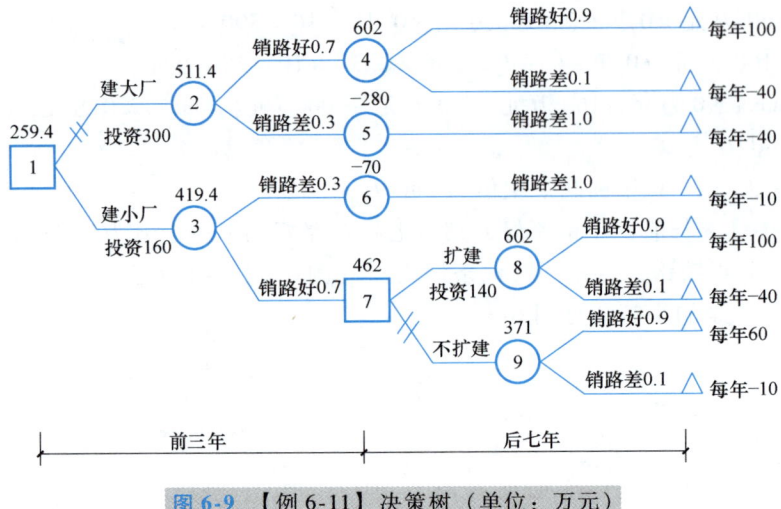

图6-9 【例6-11】决策树（单位：万元）

用期望值准则进行决策，有

$E_9 = [60 万元 \times 0.9 + (-10) 万元 \times 0.1] \times 7 = 371 万元$

$E_8 = [100 万元 \times 0.9 + (-40) 万元 \times 0.1] \times 7 = 602 万元$

$E_7 = \max[371 万元, 602 万元 - 140 万元] = 462 万元$

$E_6 = (-10) 万元 \times 1.0 \times 7 = -70 万元$

$E_5 = (-40) 万元 \times 1.0 \times 7 = -280 万元$

$E_4 = [100 万元 \times 0.9 + (-40) 万元 \times 0.1] \times 7 = 602 万元$

$E_3 = 462 万元 \times 0.7 + (-70) 万元 \times 0.3 + [60 万元 \times 0.7 + (-10) 万元 \times 0.3] \times 3$
$= 419.4 万元$

$E_2 = 602 万元 \times 0.7 + (-280) 万元 \times 0.3 + [100 万元 \times 0.7 + (-40) 万元 \times 0.3] \times 3$
$= 511.4 万元$

$E_1 = \max[419.4 万元 - 160 万元, 511.4 万元 - 300 万元]$
$= \max\{259.4 万元, 211.4 万元\}$
$= 259.4 万元$

所以建小厂，若前三年销路好扩建为大厂，10年利润期望值为259.4万元。

以上是用静态方法进行决策树分析，选择最优方案。如果用动态方法，则需要在计算期望值的时候考虑资金的时间价值。

【例6-12】 某钢筋混凝土预制构件厂为了生产一种新产品，拟定了三个方案，一是建大厂；二是建小厂；第三种是先建小厂，如销路好，则三年末扩建成大厂。建大厂需投资320万元，建小厂期初需投资180万元，三年末扩建需追加投资120万元，三种方案的使用年限均为10年。在前三年内，产品销路好和销路差的概率分别为0.7和0.3。三年后根据新的市场信息预测，前三年若销路好，则后七年销路也好的概率为0.9；前三年若销路差，则后七年销路一定差。小厂扩建后损益值与大厂相同。两方案在销路好和销路差状态下的年度损益值如表6-11所示。试用决策树法进行正确决策。基准折现率为10%。

表6-11 可能的自然状态和损益值 （单位：万元）

方案 \ 自然状态 损益值	销路好(S_1) $P_1=0.7$	销路差(S_2) $P_2=0.3$
建大厂(A_1)	110	−22
建小厂(A_2)	55	14

【解】 绘制的决策树见图6-10。

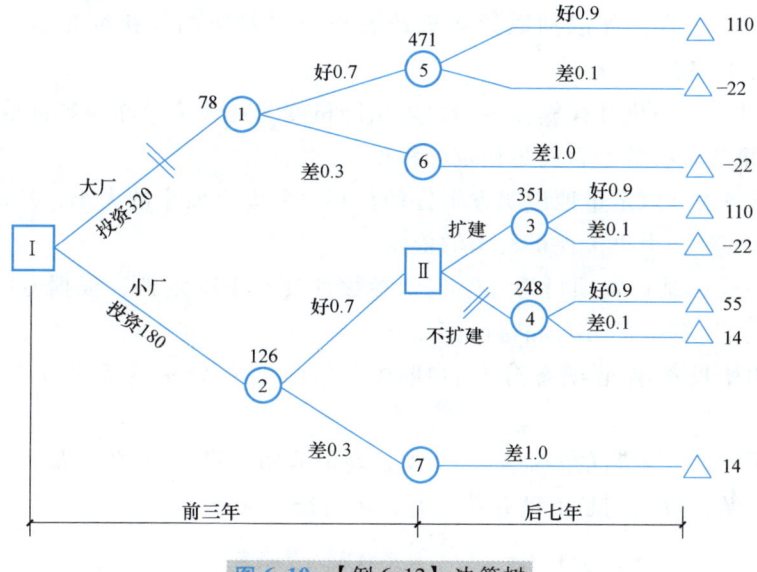

图6-10 【例6-12】决策树

此为两阶段决策问题。先比较扩建与不扩建方案，用期望值准则决策

$E(\text{NPV}_3) = (110\text{万元} \times 0.9 - 22\text{万元} \times 0.1) \times (P/A, 10\%, 7) - 120\text{万元}$
$= 351.22\text{万元}$

$E(\text{NPV}_4) = (55\text{万元} \times 0.9 + 14\text{万元} \times 0.1) \times (P/A, 10\%, 7) = 247.78\text{万元}$

两者比较，剪断不扩建这一枝。再比较点1和点2

$E(\text{NPV}_5) = (110\text{万元} \times 0.9 - 22\text{万元} \times 0.1) \times (P/A, 10\%, 7) = 471.22\text{万元}$

$E(\text{NPV}_1) = [E(\text{NPV}_5) \times (P/F, 10\%, 3) + 110\text{万元} \times (P/A, 10\%, 3)] \times 0.7 +$
$(-22)\text{万元} \times (P/A, 10\%, 10) \times 0.3 - 320\text{万元} = 78\text{万元}$

$E(\text{NPV}_2) = [E(\text{NPV}_3) \times (P/F, 10\%, 3) + 55\text{万元} \times (P/A, 10\%, 3)] \times 0.7 +$
$14\text{万元} \times (P/A, 10\%, 10) \times 0.3 - 180\text{万元} = 126\text{万元}$

两者比较，应剪掉建大厂这一枝。故最终选择建小厂方案，若前三年销路好，则再扩建这个方案。

3. 蒙特卡洛法

蒙特卡洛法是一种用随机模拟（仿真试验）不确定性问题的方法。用蒙特卡洛法进行风险分析，计算工作量很大，因为要获得一个随机因素（不确定因素）的概率分布就要进行上百次甚至更多的反复模拟试验。试验次数越多，形成的概率分布就越接近于真实情况。实际工作中可以借助计算机进行模拟计算。

蒙特卡洛法实施的一般步骤：

1) 分析确定项目的随机变量（因素）及其概率分布。

2) 根据随机变量的概率分布指定与之对应的随机数取值。

3) 用随机抽样方法（利用随机数表或计算机）抽取随机数，进行随机变量分布的模拟试验，并以抽取的随机数确定与之对应的随机变量的取值，该技术称为蒙特卡洛技术。

4) 经过多次随机抽样模拟试验，求出随机变量的概率分布及特征值。

5) 检验试验次数是否满足预定的精度要求。

蒙特卡洛法可以定量地说明方案各种获利水平发生概率的大小，从而深入研究方案实施的风险，为决策提供科学的依据。

【例 6-13】 某投资项目的几个主要参数都具有不确定性，根据专家的意见和调查分析，这些参数的分布和特征值如下：

（1）初始投资满足正态分布，期望值和标准差分别为 50000 万元和 1000 万元。

（2）研究期（项目的寿命周期）满足均匀分布，最短 10 年，最长 14 年。

（3）年销售收入满足离散分布，有三种可能（见表 6-12）。

表 6-12　年销售收入及概率

年收入/万元	概　率
35000	0.4
40000	0.5
45000	0.1

（4）年经营成本（包括税收等支出）正态分布，期望值和标准差分别是 30000 万元和 2000 万元。

（5）基准贴现率确定为 10%。

试用以上参数模拟该投资项目的融资前税前净现值的分布和特征值。

【解】 蒙特卡洛法的随机变量是通过随机数发生器产生，然后根据随机变量的概率分布将随机数转换为相应的随机变量取值。本例中初始投资满足正态分布 N（50000，1000），则可为随机变量初始投资产生一个随机数 $50000 + 1000 \cdot \sigma$，在

Excel 软件中可直接用函数 NORMSINV（RAND（））来产生。有些新版 Excel 软件还有随机数发生器，可以直接产生七种常用分布的随机数。

本例中由于净现值与所给的参数有相当复杂的函数关系，无法用分析的方法求净现值的分布和特征值。图 6-11 给出了用 Excel 进行模拟的前 20 轮的结果，净现值不太稳定。若将这种模拟一直进行下去，经 1000 次的模拟，其净现值的平均值可稳定在 8000 左右，接近期望值。

	A	B	C	D	E	F	G	H	I	J
1	基准贴现率	10%								
2				期望值	标准差					
3			初始投资/万元	50000	1000		年收入/万元	概率	累计概率	
4			年经营成本/万元	30000	2000		35000	0.4	0.4	
5							40000	0.5	0.9	
6				最短	最长		45000	0.1	1	
7			寿命周期/年	10	14					
8										
9										
10	模拟次序	标准正态1	初始投资	(0,1)均匀	研究期	(0,1)均匀	年收入	标准正态2	年经营成本	净现值
11	1	0.4757	50476	0.0049	10	0.1728	35000	-0.3172	29366	-15854
12	2	0.5159	50516	0.7689	13	0.9951	45000	0.7764	31553	45005
13	3	0.0558	50056	0.0545	10	0.7427	40000	0.0541	30108	10725
14	4	0.5868	50587	0.7068	13	0.5933	40000	-1.0823	27835	35823
15	5	0.5083	50508	0.9202	14	0.1023	35000	0.1779	30356	-16295
16	6	-0.5420	49458	0.4564	12	0.0419	35000	0.2957	30591	-19419
17	7	-0.3824	49618	0.1012	10	0.2684	35000	0.7278	31456	-27838
18	8	0.0716	50072	0.6602	13	0.6881	40000	-0.1163	29767	22615
19	9	0.1628	50163	0.2146	11	0.0213	35000	0.6563	31313	-26213
20	10	-0.5399	49460	0.0040	10	0.7354	40000	0.5389	31078	5363
21	11	-0.0544	49946	0.0365	10	0.7071	40000	1.1506	32301	-2640
22	12	-0.2675	49733	0.9061	14	0.2294	35000	-1.2365	27527	5318
23	13	0.6684	50668	0.6132	12	0.2396	35000	0.0860	30172	-17772
24	14	0.0684	50068	0.7164	13	0.1246	35000	-0.4490	29102	-8172
25	15	-0.4028	49597	0.2773	11	0.2800	35000	-0.3972	29206	-11963
26	16	-0.2644	49736	0.5881	12	0.9213	45000	0.3137	30627	48195
27	17	2.2225	52222	0.2467	11	0.5087	40000	-2.1524	25695	40688
28	18	-0.3353	49665	0.9863	14	0.4137	40000	0.1650	30330	21571
29	19	-0.3088	49691	0.2681	11	0.3178	35000	0.8489	31698	-28243
30	20	0.0198	50020	0.5141	12	0.6887	40000	1.8805	33761	-7509

图 6-11　用电子表格显示的模拟图

图 6-11 第 11 行单元格的函数和赋值如表 6-13 所示。

表 6-13　单元格的函数和赋值

单元格	函数或赋值	说　明
B11	= NORMSINV(RAND())	产生标准正态分布的随机数
C11	=（SDS3 + SES3 * B11）	产生初始投资的随机数（正态）
D11	= RAND()	产生(0,1)均匀分布的随机数
E11	= ROUND(SDS7 + D11 * (SES7-SDS7).O)	产生寿命期,10~14 均匀分布,取整
F11	= RAND()	产生(0,1)均匀分布的随机数
G11	= IF(F11 < = IS4,GS4,IF(F11 < = IS5,GS5,GS6))	产生离散分布的年收入随机数
H11	= NORMSINV(RAND())	产生标准正态分布的随机数
I11	=（SDS4 + SES4 * H11）	产生经营成本的随机数（正态）
J11	= - C11 - PV(SBS1,E11,G11-I11)	计算并输出净现值

将 1000 次模拟得到的净现值以 5000 万元为级差分为若干组，求出净现值的随机值出现在各族的频数及频率，如表 6-14 所示；还可用直方图直观地反映净现值的概率分布，如图 6-12 所示。

表 6-14　净现值及出现的频数、频率

组次	净现值/万元	频数	频率
1	[−75000，−55000)	1	0.001
2	[−55000，−35000)	41	0.041
3	[−35000，−15000)	193	0.193
4	[−15000，5000)	231	0.231
5	[5000，25000)	290	0.29
6	[25000，45000)	171	0.171
7	[45000，65000)	59	0.059
8	[65000，85000)	13	0.013
9	[85000，105000)	1	0.001
总计		1000	1

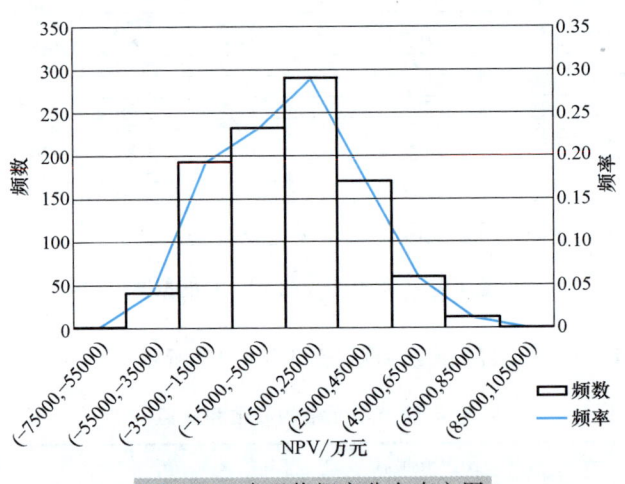

图 6-12　净现值概率分布直方图

图 6-12 反映了净现值的随机取值发生在某一区间内的相对频率，年净收益服从正态分布。这个频率可以看作净现值取值发生概率的近似值。之所以称"近似"，是因为模拟时所取的样本数据有限，样本数据越多，相对频率就越接近于实际概率。根据净现值取值的概率分布情况，就可以对方案的风险情况做出判断。

思考题与习题

1. 什么是不确定性分析？为什么要进行不确定性分析？

2. 简述盈亏平衡分析的概念和特点。

3. 简述敏感性分析的步骤、作用和局限性。

4. 概率分析的常用方法有哪些？各有什么特点？

5. 某公司计划上一个新项目，生产某种新产品。设计生产能力为年产量 1000 万件，单位产品售价预计 20 元，每年的固定成本为 4000 万元，单位产品变动成本为 12 元，总变动成本、总销售收入均与产品产量成正比关系。不考虑税金，试分别画出年固定成本、年变动成本、单位产品固定成本、单位产品变动成本与年产量的关系曲线，并求以产量、销售收入、生产能力利用率、单位产品销售价格、单位产品变动成本表示的盈亏平衡点。

6. 加工某种产品有两种备选设备：A 设备需投资 20 万元，加工每件产品的费用为 8 元；B 设备需投资 30 万元，加工每件产品的费用为 6 元。两种设备均无残值。若设备使用年限为 8 年，基准折现率为 12%，年产量为多少时选用 B 设备比较有利？

7. 根据预测，某投资方案的现金流量表如表 6-15 所示。由于对未来影响经济环境的某些因素把握不大，投资额、经营成本及销售收入均有变化的可能。设基准收益率为 10%，不考虑税金。分别就上述三因素对方案的净现值作单因素敏感性分析。

表 6-15 现金流量表 （单位：万元）

年末	0	1~9	10
投资	1500		
销售收入		2000	2000
经营成本		1550	1550
残值回收			200

8. 某工程分两期进行施工，第一期工程完工后，由于某种原因，第二期工程要半年后才能上马，这样工地上的施工机械设备面临着是否要搬迁的问题。如搬迁，半年后再搬回来，共需搬迁费 12000 元；如不搬迁，对工地上的设备必须采取保养措施：当遇到天气好（概率为 0.6），可采取一般性保养措施，需费用 3000 元，当遇到天气经常下雨（概率为 0.4），仍采取一般性保养措施，则肯定会造成 10 万元经济损失，若采取特殊保养措施，需费用 10000 元，当遇到经常下雨的天气则造成 1000 元损失的概率为 0.8，造成 4000 元损失的概率为 0.2。试用决策树法优选方案。

第 7 章

投资项目的经济评价及社会评价

本章提要

经济评价是工程经济的核心内容，包括财务评价与国民经济评价。本章主要论述财务评价的内容、方法和基本步骤，并通过新设项目财务评价案例，说明财务评价基本报表的编制和评价指标的计算。国民经济评价是项目经济评价的重要组成部分，是从国家宏观角度衡量项目的可行性。本章论述了国民经济评价与财务评价的区别与联系，国民经济评价参数的确定和国民经济评价指标以及社会评价相关内容。

7.1 财务评价

7.1.1 财务评价的概念

财务评价，又称企业经济评价，是在国家现行财税制度和价格体系的前提下，从项目的角度出发，计算项目范围内的财务效益和费用，分析项目的盈利能力和清偿能力，评价项目在财务上的可行性。

财务评价是在项目的角度上，以项目为边界，按照企业在整个寿命期内微观利益最大化的原则，以项目系统的实际发生为依据，通过分析、计算项目的直接效益和费用，考察项目及实施项目的企业和各投资者的经济效益水平，据此判断项目在财务上的可行性。财务评价和国民经济评价共同构成投资方案的经济评价。一般地，投资方案只有分别通过了财务评价和国民经济评价，才是可行方案。

7.1.2 财务评价的内容与步骤

财务评价是在确定的建设方案、投资估算和融资方案的基础上进行财务可行性研究。财务评价的主要内容与步骤如下：

1) 选取财务评价基础数据与参数，包括主要投入品和产出品财务价格、税率、利率、汇率、计算期、固定资产折旧率、无形资产和递延资产摊销年限，生产负荷及基准收益率等基础数据和参数。

2）财务效益与费用估算。财务效益与费用是财务分析的重要基础，其估算的准确性与可靠程度对项目财务分析影响极大。财务效益和费用估算应遵循"有无对比"的原则，正确识别和估算"有项目"和"无项目"状态的财务效益与费用。

3）编制财务分析报表和财务分析辅助报表。财务分析报表主要有：项目投资现金流量表、项目资本金现金流量表、投资各方现金流量表、利润与利润分配表、财务计划现金流量表、资产负债表、借款还本付息表等。财务分析辅助报表主要有：建设投资估算表、建设期利息估算表、流动资金估算表、项目总投资使用计划与资金筹措表、营业收入、营业税金及附加和增值税估算表、总成本费用估算表等。

4）计算财务评价指标。对于经营性项目，通过计算财务指标，分析项目的盈利能力、偿债能力和财务生存能力，判断项目的财务可接受性，明确项目对财务主体及投资者的价值贡献，为项目决策提供依据；对于非经营性项目，应主要分析项目的财务生存能力。

5）进行不确定性分析和风险分析。

6）编写财务评价报告。

7.1.3 财务效益与费用估算

财务效益与费用估算应反映行业特点，符合依据明确、价格合理、方法适宜和表格清晰的要求。财务效益的估算应与项目性质和项目目标相联系。

项目的财务效益是指项目实施后所获得的营业收入。对于适用增值税的经营性项目，除营业收入外，其所得的增值税返还也应作为补贴收入计入财务效益；对于非经营性项目，财务效益应包括可能获得的各种补贴收入。

项目所支出的费用主要包括投资、成本费用和税金等。为与财务分析的做法（一般先进行融资前分析）相协调，在财务效益与费用估算中，通常可首先估算营业收入或建设投资；然后估算经营成本和流动资金；当需要继续进行融资后分析时，可在初步融资方案的基础上再进行建设期利息估算；最后完成总成本费用的估算。

运营期财务效益与费用估算采用的价格，应符合下列要求：

1）效益与费用估算采用的价格体系应一致。

2）采用预测价格，有要求时可考虑价格变动因素。

3）对适用增值税的项目，运营期内投入和产出的估算表格可采用不含增值税价格；若采用含增值税价格，应予以说明，并调整相关表格。

1. 营业收入估算

营业收入估算应分析、确认产品或服务的市场预测分析数据，特别要注重目标市场有效需求的分析；说明项目建设规模、产品或服务方案；分析产品或服务的价格，采用的价格基点、价格体系、价格预测方法；论述采用价格的合理性。

各期运营负荷（产品或服务的数量）应根据技术的成熟度、市场的开发程度、产品的寿命期、需求量的增减变化等因素，结合行业和项目特点，通过制订运营计划，合理确定。

对于先征后返的增值税、按销量或工作量等依据国家规定的补助定额计算并按期给予定额补贴，以及属于财政扶持而给予的其他形式的补贴等，应按相关规定合理估算，记作补贴收入。

2. 建设投资估算

建设投资估算应在给定的建设规模、产品方案和工程技术方案的基础上，估算项目建设所需的费用。

建设投资由工程费用（建设工程费、设备购置费、安装工程费）、工程建设其他费用和预备费（基本预备费和涨价预备费）组成。

按照费用归集形式，建设投资可按概算法或形成资产法分类。根据项目前期研究各阶段对投资估算精度的要求、行业特点和相关规定，可选用相应的投资估算方法。投资估算的内容与深度应满足项目前期研究各阶段的要求，并为融资决策提供基础。

建设投资的分期使用计划应根据项目进度计划安排，应明确各期投资额以及其中的外汇和人民币额度。

3. 经营成本估算

经营成本是项目经济评价中所使用的特定概念，作为项目运营期的主要现金流出，其构成和估算可采用下式表达

$$经营成本 = 外购原材料、燃料和动力费 + 工资及福利费 + 修理费 + 其他费用 \tag{7-1}$$

式中，其他费用是指从制造费用、管理费用和营业费用中扣除了折旧费、摊销费、修理费、工资及福利费以后的其余部分。

4. 流动资金估算

流动资金是指运营期内长期占用并周转使用的营运资金，不包括运营中需要的临时性营运资金。流动资金的估算基础是经营成本和商业信用等。

按行业或前期研究阶段的不同，流动资金估算可选用扩大指标估算法或分项详细估算法。

（1）扩大指标估算法 该法是参照同类企业流动资金占营业收入或经营成本的比例，或者单位产量占用营运资金的数额估算流动资金。在项目建议书阶段一般可采用扩大指标估算法，某些行业在可行性研究阶段也可采用此方法。

（2）分项详细估算法 该法是利用流动资产与流动负债估算项目占用的流动资金。一般先对流动资产和流动负债主要构成要素进行分项估算，进而估算流动资金。一般项目的流动资金宜采用分项详细估算法。流动资产的构成要素一般包括存

货、库存现金、应收账款和预付账款；流动负债的构成要素一般只考虑应付账款和预收账款。流动资金等于流动资产与流动负债的差额。

投产第一年所需的流动资金应在项目投产前安排。为了简化计算，项目评价中流动资金可从投产第一年开始安排。

5. 建设期利息估算

在建设投资分年计划的基础上可设定初步融资方案，对采用债务融资的项目应估算建设期利息。建设期利息是指筹措债务资金时在建设期内发生并按规定允许在投产后计入固定资产原值的利息，即资本化利息。

建设期利息包括银行借款和其他债务资金的利息，以及其他融资费用。其他融资费用是指某些债务融资中发生的手续费、承诺费、管理费、信贷保险费等融资费用，一般情况下应将其单独计算并计入建设期利息；在项目前期研究的初期阶段，也可做粗略估算并计入固定资产投资。对于不涉及国外贷款的项目，在可行性研究阶段，也可做粗略估算并计入固定资产投资。

估算建设期利息，应根据不同情况选择名义年利率或有效年利率。

分期建成投产的项目，应按各期投产时间分别停止借款费用的资本化，此后发生的借款利息应计入总成本费用。

6. 总成本费用估算

建设项目评价中的总投资包括建设投资、建设期利息和流动资金之和。建设项目经济评价中应按有关规定将建设投资中的各分项分别形成固定资产原值、无形资产原值和其他资产原值。形成的固定资产原值可用于计算折旧费，形成的无形资产和其他资产原值可用于计算摊销费。建设期利息应计入固定资产原值。

总成本费用是指项目在运营期内为生产产品或提供服务所发生的全部费用，等于经营成本与折旧费、摊销费和财务费用之和。

总成本费用的计算方法如下：

（1）生产成本加期间费用估算法

$$总成本费用 = 生产成本 + 期间费用 \tag{7-2}$$

$$生产成本 = 直接材料费 + 直接燃料和动力费 + 直接工资 + 其他直接支出 + 制造费用 \tag{7-3}$$

$$期间费用 = 营业费用 + 管理费用 + 财务费用 \tag{7-4}$$

（2）生产要素估算法

$$总成本费用 = 外购原材料、燃料和动力费 + 工资及福利费 + 折旧费 + 摊销费 +$$
$$修理费 + 财务费用(利息支出) + 其他费用 \tag{7-5}$$

式中，其他费用同经营成本中的其他费用。

成本费用估算应遵循国家现行的企业财务会计制度规定的成本和费用核算方法，同时应遵循有关税收制度中准予在所得税前列支科目的规定。当两者有矛盾时，一般应按从税的原则处理。各行业成本费用的构成各不相同，制造业项目可直接采用上述公式估算，其他行业的成本费用估算应根据行业规定或结合行业特点另行处理。

总成本费用可分解为固定成本和可变成本。固定成本一般包括折旧费、摊销费、修理费、工资及福利费（计件工资除外）和其他费用等，通常把运营期发生的全部利息也作为固定成本。可变成本主要包括外购原材料、燃料及动力费和计件工资等。

有些成本费用属于半固定半可变成本，必要时可进一步分解为固定成本和可变成本。项目评价中可根据行业特点进行简化处理。

项目评价涉及的税费主要包括关税、增值税、营业税、消费税、所得税、资源税、城市维护建设税和教育费附加等，有些行业还包括土地增值税。税种和税率的选择，应根据相关税法和项目的具体情况确定。如有减免税优惠，应说明依据及减免方式并按相关规定估算。

在运营期内设备、设施等需要更新或拓展的项目，应根据项目维持运营的投资费用，并在现金流量表中将其作为现金流出，同时应调整相关报表。

对于非经营性项目，无论有无营业收入，均需要参照上述要求估算费用，并编制费用估算的相关报表。

进行财务效益和费用估算，需要编制表 7-1 ~ 表 7-13 所示的财务分析的辅助报表。

表 7-1 建设投资估算表（概算法）

序号	工程或费用名称	建筑工程费	设备购置费	安装工程费	其他费用	合计	其中：外币	比例（%）
1	工程费用							
1.1	主体工程							
1.1.1	×××							
⋮								
1.2	辅助工程							
1.2.1	×××							
⋮								
1.3	公用工程							
1.3.1	×××							
⋮								
1.4	服务性工程							
1.4.1	×××							
⋮								
1.5	厂外工程							

（续）

序号	工程或费用名称	建筑工程费	设备购置费	安装工程费	其他费用	合计	其中：外币	比例（%）
1.5.1	×××							
⋮								
1.6	×××							
2	工程建设其他费用							
2.1	×××							
⋮								
3	预备费							
3.1	基本预备费							
3.2	涨价预备费							
4	建设投资合计							
	比例（%）							

注：1. "比例"分别指各主要科目的费用（包括横向和纵向）占建设投资的比例。
2. 本表适用于新设法人项目与既有法人项目的新增建设投资的估算。
3. "工程或费用名称"可依据不同行业的要求调整。

表 7-2　建设投资估算表（形成资产法）

序号	工程或费用名称	建筑工程费	设备购置费	安装工程费	其他费用	合计	其中：外币	比例（%）
1	固定资产费用							
1.1	工程费用							
1.1.1	×××							
1.1.2	×××							
1.1.3	×××							
⋮								
1.2	固定资产及其他费用							
1.2.1	×××							
⋮								
2	无形资产费用							
2.1	×××							
⋮								
3	其他资产费用							
3.1	×××							
⋮								
4	预备费							

(续)

序号	工程或费用名称	建筑工程费	设备购置费	安装工程费	其他费用	合计	其中：外币	比例（%）
4.1	基本预备费							
4.2	涨价预备费							
5	建设投资合计							
	比例（%）							

注：1. "比例"分别指各主要科目的费用（包括横向和纵向）占建设投资的比例。
2. 本表适用于新设法人项目与既有法人项目的新增建设投资的估算。
3. "工程或费用名称"可依据不同行业的要求调整。

表 7-3 建设期利息估算表

序号	项目	合计	建设期					
			1	2	3	4	…	n
1	借款							
1.1	建设期利息							
1.1.1	期初借款余额							
1.1.2	当期借款							
1.1.3	当期应计利息							
1.1.4	期末借款余额							
1.2	其他融资费用							
1.3	小计(1.1+1.2)							
2	债券							
2.1	建设期利息							
2.1.1	期初债务余额							
2.1.2	当期债务金额							
2.1.3	当期应计利息							
2.1.4	期末债务余额							
2.2	其他融资费用							
2.3	小计(2.1+2.2)							
3	合计(1.3+2.3)							
3.1	建设期利息合计(1.1+2.1)							
3.2	其他融资费用合计(1.2+2.2)							

注：1. 本表适用于新设法人项目与既有法人项目的新增建设投资的估算。
2. 原则上应分别估算外汇和人民币债务。
3. 如有多种借款或债券，必要时应分别列出。
4. 本表与财务分析表"借款还本付息计划表"可二表合一。

表 7-4　流动资金估算表

序号	项目	最低周转天数	周转次数	建设期					
				1	2	3	4	…	n
1	流动资产								
1.1	应收账款								
1.2	存货								
1.2.1	原材料								
1.2.2	×××								
	…								
1.2.3	燃料								
	×××								
	…								
1.2.4	在产品								
1.2.5	产成品								
1.3	现金								
1.4	预付账款								
2	流动负债								
2.1	应付账款								
2.2	预收账款								
3	流动资金(1−2)								
4	流动资金当期增加额								

注：1. 本表适用于新设法人项目与既有法人项目的"有项目""无项目"和增量流动资金的估算。
　　2. 表中科目可视行业变动。
　　3. 如发生外币流动资金，应另行估算后予以说明，其数额应包含在本表数额内。
　　4. 不发生预付账款和预收账款的项目可不列此两项。

表 7-5　项目总投资使用计划与资金筹措表

序号	项目	合计	1	…
1	总投资			
1.1	建设投资			
1.2	建设期利息			
1.3	流动资金			
2	资金筹措			
2.1	项目资本金			
2.1.1	用于建设投资			
	××方			

(续)

序号	项目	合计	1	…
	…			
2.1.2	用于流动资金			
	××方			
	…			
2.1.3	用于建设期利息			
	××方			
	…			
2.2	债务资金			
2.2.1	用于建设投资			
	××借款			
	××债券			
	…			
2.2.2	用于建设期利息			
	××借款			
	××债券			
	…			
2.2.3	用于流动资金			
	××借款			
	××债券			
	…			
2.3	其他资金			
	×××			
	…			

注：1. 本表按新增投资范畴编制。
2. 本表建设期利息一般可包括其他融资费用。
3. 对既有法人项目，项目资本金中可包括新增资金和既有法人货币资金与资产变现或资产经营权变现的资金，可分别列出或加以文字说明。

表 7-6 营业收入、营业税金及附加和增值税估算表

序号	项目	合计	计算期					
			1	2	3	4	…	n
1	营业收入							
1.1	产品 A 营业收入							
	单价							
	销售量							

（续）

序号	项目	合计	计算期					
			1	2	3	4	…	n
	销项税额							
1.2	产品 B 营业收入							
	单价							
	销售量							
	销项税额							
⋮								
2	营业税金及附加							
2.1	营业税							
2.2	消费税							
2.3	城市维护建设费							
2.4	教育费附加							
3	增值税							
	销项税额							
	进项税额							

注：1. 本表适用于新设法人项目与既有法人项目的"有项目""无项目"和增量营业收入、营业税金及附加和增值税估算。
2. 根据行业或产品的不同可增减相应税收科目。

1）对于采用生产要素法编制的总成本费用估算表（见表7-7），应编制下列基础报表：外购原材料费估算表（见表7-8）；外购燃料和动力费估算表（见表7-9）；固定资产折旧费估算表（见表7-10）；无形资产和其他资产摊销估算表（见表7-11）；工资及福利费估算表（见表7-12）。

2）对于采用生产成本加期间费用估算法编制的总成本费用估算表（见表7-13），应根据国家现行的企业财务会计制度和相应要求，另行编制配套的基础报表。

财务效益和费用估算表应反映行业和项目特点，表中科目可适当调整。以上所述报表按不含增值税价格设定，若采用含增值税价格，应调整相关科目。

表 7-7 总成本费用估算（生产要素法）

序号	项目	合计	计算期					
			1	2	3	4	…	n
1	外购原材料费							
2	外购燃料及动力费							
3	工资及福利费							

（续）

序号	项目	合计	计算期					
			1	2	3	4	…	n
4	修理费							
5	其他费用							
6	经营成本(1+2+3+4+5)							
7	折旧费							
8	摊销费							
9	利息支出							
10	总成本费用合计(6+7+8+9)							
	其中:可变成本							
	固定成本							

注：本表适用于新设法人项目与既有法人项目的"有项目""无项目"和增量成本费用的估算。

表 7-8　外购原材料费估算表

序号	项目	合计	计算期					
			1	2	3	4	…	n
1	外购原材料费							
1.1	原材料 A							
	单价							
	数量							
	进项税额							
1.2	原材料 B							
	单价							
	数量							
	进项税额							
⋮								
2	辅助材料费用							
	进项税额							
3	其他							
	进项税额							
4	外购原材料费合计							
5	外购原材料进项税额合计							

注：本表适用于新设法人项目与既有法人项目的"有项目""无项目"和增量外购原材料费估算。

表 7-9　外购燃料和动力费估算表

序号	项目	合计	计算期					
			1	2	3	4	…	n
1	燃料费							
1.1	燃料 A							

（续）

序号	项目	合计	计算期					
			1	2	3	4	…	n
	单价							
	数量							
	进项税额							
︙								
2	动力费							
2.1	动力 A							
	单价							
	数量							
	进项税额							
︙								
3	外购燃料及动力费合计							
4	外购燃料及动力进项税额合计							

注：本表适用于新设法人项目与既有法人项目的"有项目""无项目"和增量外购燃料和动力费估算。

表 7-10 固定资产折旧费估算表

序号	项目	合计	计算期					
			1	2	3	4	…	n
1	房屋、建筑物							
	原值							
	当期折旧费							
	净值							
2	机器设备							
	原值							
	当期折旧费							
	净值							
	…							
3	合计							
	原值							
	当期折旧费							
	净值							

注：本表适用于新设法人项目固定资产折旧费估算，以及既有法人项目的"有项目""无项目"和增量固定资产折旧费估算。当估算既有法人项目的"有项目"固定资产折旧费时，应将新增和利用原有部分固定资产分别列出，并分别计算折旧费。

表 7-11 无形资产和其他资产摊销估算表

序号	项目	合计	计算期					
			1	2	3	4	…	n
1	无形资产							
	原值							
	当期摊销费							
	净值							
2	其他资产							
	原值							
	当期摊销费							
	净值							
	…							
3	合计							
	原值							
	当期摊销费							
	净值							

注：本表适用于新设法人项目摊销费的估算，以及既有法人项目的"有项目""无项目"和增量摊销费估算。当估算既有法人项目的"有项目"摊销费时，应将新增和利用原有部分的资产分别列出，并分别计算折旧费。

表 7-12 工资及福利费估算表

序号	项目	合计	计算期					
			1	2	3	4	…	n
1	工人							
	人数							
	人均年工资							
	工资额							
2	技术人员							
	人数							
	人均年工资							
	工资额							
3	管理人员							
	人数							
	人均年工资							
	工资额							
4	工资总额(1+2+3)							
5	福利费							
6	合计(4+5)							

注：1. 本表适用于新设法人项目工资及福利费的估算，以及既有法人项目的"有项目""无项目"和增量工资及福利费的估算。
2. 外商投资项目取消福利费科目。

表 7-13 总成本费用估算表（生产成本加期间费用法）

序号	项目	合计	计算期					
			1	2	3	4	…	n
1	生产成本							
1.1	直接材料费							
1.2	直接燃料及动力费							
1.3	直接工资及福利费							
1.4	制造费用							
1.4.1	折旧费							
1.4.2	修理费							
1.4.3	其他制造费							
2	管理费用							
2.1	无形资产摊销							
2.2	其他资产摊销							
2.3	其他管理费用							
3	财务费用							
3.1	利息支出							
3.1.1	长期借款利息							
3.1.2	流动资金借款利息							
3.1.3	短期借款利息							
4	营业费用							
5	总成本费用合计（1＋2＋3＋4）							
5.1	其中:可变成本							
5.2	固定成本							
6	经营成本（5－1.4.1－2.1－2.2－3.1）							

注：1. 本表适用于新设法人项目与既有法人项目的"有项目""无项目"和增量成本费用的估算。
2. 生产成本中的折旧费、修理费指生产性设施的固定资产折旧费和修理费。
3. 生产成本中的工资和福利费指生产性人员工资和福利费。车间或分厂管理人员工资和福利费可在制造费用中单独列项或含在其他制造费中。
4. 本表其他管理费中含管理设施的折旧费、修理费以及管理人员的工资和福利费。

7.1.4 财务评价的主要指标和基本报表

1. 财务评价的主要指标

（1）盈利能力分析指标　盈利能力分析是项目财务评价的主要内容之一，是在编制现金流量表的基础上，计算财务内部收益率、财务净现值、投资回收期等指标。财务内部收益率为项目的主要盈利性指标，其他指标可根据项目特点及财务评价的目的、要求等选用。

1）财务内部收益率 FIRR。财务内部收益率是指项目在整个计算期内各年净现金流量现值累计等于零时的折现率，它是评价项目盈利能力的动态指标。

财务内部收益率可根据财务现金流量表中净现金流量，用试算法计算（试算法已在第 4 章中做了详细介绍），也可采用专用软件的财务函数计算。

按分析范围和对象不同，财务内部收益率分为项目财务内部收益率、资本金收益率（即资本金财务内部收益率）和投资各方收益率（即投资各方财务内部收益率）。

① 项目财务内部收益率，是考察确定项目融资方案前（未计算借款利息）且在所得税前（即息税前）整个项目的盈利能力，供决策者进行项目方案比选和银行金融机构进行信贷决策时参考。

由于项目各融资方案的利率不尽相同，所得税税率与享受的优惠政策也可能不同，在计算项目财务内部收益率时，不考虑利息支出和所得税，是为了保持项目方案的可比性。

② 资本金收益率，是以项目资本金为计算基础，考察所得税后资本金可能获得的收益水平。

③ 投资各方收益率，是以投资各方出资额为计算基础，考察投资各方可能获得的收益水平。

项目财务内部收益率 FIRR 的判别依据，应采用行业发布或者评价人员设定的财务基准收益率 i_c，当 FIRR $\geq i_c$ 时，即认为项目的盈利能力能够满足要求。资本金和投资各方收益率应与出资方最低期望收益率对比，判断投资方收益水平。

2）财务净现值 FNPV。财务净现值是指按设定的折现率 i_c 计算的项目计算期内各年净现金流量的现值之和，其计算公式和方法详见第 4 章。

财务净现值是评价项目盈利能力的绝对指标，它反映项目在满足按设定折现率要求的盈利之外，获得的超额盈利的现值。财务净现值等于或者大于零，表明项目的盈利能力达到或者超过按设定的折现率计算的盈利水平。一般只计算所得税前财务净现值。

3）投资回收期 P_t。投资回收期是指以项目的净收益偿还项目全部投资所需要的时间，一般以年为单位，并从项目建设起始年算起。若从项目投产年算起，应予以特别注明。

投资回收期可根据现金流量表计算，现金流量表中累计现金流量（所得税前）由负值变为 0 时的时点，即为项目的投资回收期。其计算公式及方法详见第 4 章。

投资回收期越短，表明项目投资回收越快，抗风险能力越强。

4）总投资收益率（ROI）。总投资收益率表示总投资的盈利水平，是指项目达到设计能力后正常年份的年息税前利润或运营期内年平均息税前利润（EBIT）与项目总投资（TI）的比率。其计算方法和评价标准详见第 4 章。

5）项目资本金净利润率（ROE）。项目资本金净利润率表示项目资本金的盈利水平，是指项目达到设计能力后正常年份的年净利润或运营期内年平均净利润（NP）与项目资本金（EC）的比率。其计算方法和评价标准详见第4章。

（2）偿债能力分析指标　偿债能力分析应根据有关财务报表，计算利息备付率、偿债备付率、资产负债率等指标，分析评价项目的偿债能力。

1）利息备付率（ICR）。利息备付率是指项目在借款偿还期内，各年可用于支付利息的息税前利润（EBIT）与当期应付利息（PI）的比值，它从付息资金来源的充裕性角度反映项目偿付债务利息的保障程度。其计算方法和评价标准详见第4章。

2）偿债备付率（DSCR）。偿债备付率是指项目在借款偿还期内，各年可用于还本付息的资金（EBITDA）与当期应还本付息金额（PD）的比值，它表示可用于还本付息的资金偿还借款本息的保障程度。其计算方法和评价标准详见第4章。

3）资产负债率（LOAR）。资产负债率是指各期末负债总额（TL）与资产总额（TA）的比率，应按下式计算

$$\text{LOAR} = \frac{TL}{TA} \times 100\% \tag{7-6}$$

式中　TL——期末负债总额；

　　　TA——期末资产总额。

适度的资产负债率，表明企业经营安全、稳健，具有较强的筹资能力，也表明企业和债权人的风险较小。对该指标的分析，应结合国家宏观经济状况、行业发展趋势、企业所处竞争环境等具体条件判定。项目财务分析中，在长期债务还清后，可不再计算资产负债率。

（3）财务生存能力分析　财务生存能力分析，应在财务分析辅助表、利润与利润分配表的基础上编制财务计划现金流量表（见表7-18），通过考察项目计算期内的投资、融资和经营活动所产生的各项现金流入和现金流出，计算净现金流量和累计盈余资金，分析项目是否有足够的净现金流量维持正常运营，以实现财务可持续性。

财务可持续性应首先体现在有足够大的经营活动净现金流量，其次，各年累计盈余资金不应出现负值。若出现负值，应进行短期借款，同时分析该短期借款的年份长短和数额大小，进一步判断项目的财务生存能力。短期借款应体现在财务计划现金流量表中，其利息应计入财务费用。为维持项目正常运营，还应分析短期借款的可靠性。

对于非经营性项目，不进行盈利能力分析，主要考察项目财务生存能力。此类项目通常需要政府长期补贴才能维持运营，应合理估算项目运营期各年所需的政府补贴数额，并分析政府补贴的可能性与支付能力。对有债务资金的项目，还应结合借款偿还要求进行财务生存能力分析。

2. 财务评价的基本报表

财务评价的基本报表主要有项目投资现金流量表、项目资本金现金流量表、投资各方现金流量表、利润与利润分配表、财务计划现金流量表、资产负债表、借款还本付息计划表等。

（1）项目投资现金流量表（见表 7-14） 该表在忽略资金来源（自有或借入），以项目所需的全部融通资金为计算基础，不考虑资金的本息偿还的前提下，反映项目各年现金流量状况，并以计算项目投资财务净现值 FNPV（所得税前和所得税后）、项目投资财务内部收益率 FIRR（所得税前和所得税后）及投资回收期（所得税前和所得税后）等指标，以考察项目的盈利能力。

（2）项目资本金现金流量表（见表 7-15） 该表从项目实施者角度出发，以资本金为计算基础，考虑借入资金的还本付息，在此基础上通过计算资本金收益率（即资本金财务内部收益率）指标，以考察资本金的盈利能力。

（3）投资各方现金流量表（见表 7-16） 该表站在各投资主体的立场上，反映其现金流量状况，用于计算投资各方收益率（即投资各方财务内部收益率）指标，考察投资各方可能获得的收益情况。

（4）利润与利润分配表（见表 7-17） 该表反映项目计算期内各年的销售收入、总成本费用支出、利润总额、所得税及税后利润分配情况，用以计算投资利润率等指标，以考察项目盈利能力。

（5）财务计划现金流量表（见表 7-18） 该表反映项目计算期各年的投资、融资及经营活动的现金流入和流出，用于计算累计盈余资金，分析项目的财务生存能力。

（6）资产负债表（见表 7-19） 该表用于综合反映项目计算期内各年年末资产、负债和所有者权益的增减变化及对应关系，计算资产负债率。

（7）借款还本付息计划表（见表 7-20） 该表反映项目计算期内各年借款本金偿还和利息支付情况，用于计算偿债备付率和利息备付率指标。

表 7-14 项目投资现金流量表

序号	项目	合计	计算期					
			1	2	3	4	...	n
1	现金流入							
1.1	营业收入							
1.2	补贴收入							
1.3	回收固定资产余值							
1.4	回收流动资金							
2	现金流出							
2.1	建设投资							
2.2	流动资金							

(续)

序号	项目	合计	计算期					
			1	2	3	4	…	n
2.3	经营成本							
2.4	营业税金及附加							
2.5	维持运营投资							
3	所得税前净现金流量(1−2)							
4	累计所得税前净现金流量							
5	调整所得税							
6	所得税后净现金流量(3−5)							
7	累计所得税后净现金流量							

计算指标:
项目投资财务内部收益率(%)(所得税前)
项目投资财务内部收益率(%)(所得税后)
项目投资财务净现值(所得税前)($i_c =$ %)
项目投资财务净现值(所得税后)($i_c =$ %)
项目投资回收期(年)(所得税前)
项目投资回收期(年)(所得税后)

注：调整所得税为以息税前利润为基数计算的所得税，区别于"利润与利润分配表""项目资本金现金流量表"和"财务计划现金流量表"中的所得税。

表 7-15 项目资本金现金流量表

序号	项目	合计	计算期					
			1	2	3	4	…	n
1	现金流入							
1.1	营业收入							
1.2	补贴收入							
1.3	回收固定资产余值							
1.4	回收流动资金							
2	现金流出							
2.1	项目资本金							
2.2	借款本金偿还							
2.3	借款利息支付							
2.4	经营成本							
2.5	营业税金及附加							
2.6	所得税							
2.7	维持运营投资							
3	净现金流量(1−2)							

计算指标:
资本金财务内部收益率(%)

表 7-16　投资各方现金流量表

序号	项目	合计	计算期					
			1	2	3	4	…	n
1	现金流入							
1.1	实分利润							
1.2	资产处置收益分配							
1.3	租赁费收入							
1.4	技术转让或使用收入							
1.5	其他现金流入							
2	现金流出							
2.1	实缴资本							
2.2	租赁资产支出							
2.3	其他现金流出							
3	净现金流量(1-2)							

计算指标：
投资各方财务内部收益率(%)

表 7-17　利润与利润分配表

序号	项目	合计	计算期					
			1	2	3	4	…	n
1	营业收入							
2	营业税金及附加							
3	总成本费用							
4	补贴收入							
5	利润总额(1-2-3+4)							
6	弥补以前年度亏损							
7	应纳税所得额(5-6)							
8	所得税							
9	净利润(5-8)							
10	期初未分配利润							
11	可供分配的利润(9+10)							
12	提取法定盈余公积金							
13	可供投资者分配的利润(11-12)							
14	应付优先股股利							
15	提取任意盈余公积金							

（续）

序号	项目	合计	计算期					
			1	2	3	4	…	n
16	应付普通股股利（13 − 14 − 15）							
17	各投资方利润分配：							
	其中：××方							
	××方							
18	未分配利润（13 − 14 − 15 − 17）							
19	息税前利润（利润总额 + 利息支出）							
20	息税折旧摊销前利润（息税前利润 + 折旧 + 摊销）							

表 7-18　财务计划现金流量表

序号	项目	合计	计算期					
			1	2	3	4	…	n
1	经营活动净现金流量（1.1 − 1.2）							
1.1	现金流入							
1.1.1	营业收入							
1.1.2	增值税销项税额							
1.1.3	补贴收入							
1.1.4	其他流入							
1.2	现金流出							
1.2.1	经营成本							
1.2.2	增值税进项税额							
1.2.3	营业税金及附加							
1.2.4	增值税							
1.2.5	所得税							
1.2.6	其他流出							
2	投资活动净现金流量（2.1 − 2.2）							
2.1	现金流入							
2.2	现金流出							
2.2.1	建设投资							
2.2.2	维持运营投资							
2.2.3	流动资金							

(续)

序号	项目	合计	计算期					
			1	2	3	4	…	n
2.2.4	其他流出							
3	筹资活动净现金流量(3.1-3.2)							
3.1	现金流入							
3.1.1	项目资本金投入							
3.1.2	建设投资借款							
3.1.3	流动资金借款							
3.1.4	债券							
3.1.5	短期借款							
3.1.6	其他流入							
3.2	现金流出							
3.2.1	各种利息支出							
3.2.2	偿还债务本金							
3.2.3	应付利润(股利分配)							
3.2.4	其他流出							
4	净现金流量(1+2+3)							
5	累计盈余资金							

表 7-19 资产负债表

序号	项目	合计	计算期					
			1	2	3	4	…	n
1	资产							
1.1	流动资产总额							
1.1.1	货币资金							
1.1.2	应收账款							
1.1.3	预付账款							
1.1.4	存货							
1.1.5	其他							
1.2	在建工程							
1.3	固定资产净值							
1.4	无形资产及其他资产净值							
2	负债及所有者权益							
2.1	流动负债总额							
2.1.1	短期借款							
2.1.2	应付账款							
2.1.3	预收账款							
2.1.4	其他							

(续)

序号	项目	合计	计算期					
			1	2	3	4	…	n
2.2	建设投资借款							
2.3	流动资金借款							
2.4	负债小计							
2.5	所有者权益							
2.5.1	资本金							
2.5.2	资本公积							
2.5.3	累计盈余公积金							
2.5.4	累计未分配利润							

计算指标：
资产负债率(%)

表7-20 借款还本付息计划表

序号	项目	合计	计算期					
			1	2	3	4	…	n
1	借款1							
1.1	期初借款余额							
1.2	当期还本付息							
	其中：还本							
	付息							
1.3	期末借款余额							
2	借款2							
2.1	期初借款余额							
2.2	当期还本付息							
	其中：还本							
	付息							
2.3	期末借款余额							
3	债券							
3.1	期初债务余额							
3.2	当期还本付息							
	其中：还本							
	付息							
3.3	期末债务余额							
4	借款和债券合计							
4.1	期初余额							
4.2	当期还本付息							
	其中：还本							
	付息							
4.3	期末余额							

计算指标：
利息备付率
偿债备付率

注：本表可另加流动资金的还本付息计算。

7.2 国民经济评价

7.2.1 国民经济评价概述

国民经济评价是按合理配置资源的原则，采用影子价格、影子汇率、社会折现率等国民经济评价参数，从国家整体角度考察项目的效益和费用，分析计算项目对国民经济的贡献，评价项目的经济合理性。

1. 国民经济评价的必要性与作用

从国家经济发展和社会利益角度，在经济计划中面临着一个基本的经济课题，即如何把有限的资源有效地分配给各种不同的经济用途，包括如何控制工程项目投资等。

有限的资源包括劳动力、土地、各种自然资源、资金等。资源的不同用途包括第一、二、三产业的生产及服务供给，包括消费品、中间产品、服务业务、基础设施、社会福利事业等各行业的投资及生产。在完全的市场经济中，由市场配置资源，"看不见的手"通过市场机制调节资源的流向。在非完全的市场经济中，政府在资源配置中发挥一定的作用，项目的国民经济评价对项目的经济效益进行分析评价，为政府在资源配置中的决策提供参考依据。

项目的财务盈利性评价是站在企业投资者的立场考察项目的经济效益，企业与国家处于不同的立场，企业的利益并不总是与国家和社会的利益完全一致。项目的财务盈利性并不一定能够全面正确地反映项目对于国民经济的贡献和代价，至少在以下三个方面，项目对于社会的影响可能没有被正确地反映：国家对于项目实施的征税及财务补贴；市场价格的扭曲；项目的外部费用和效益。

在市场经济充分发达的条件下，依赖市场调节的行业项目，投资通常由投资者自行决策，政府不必参与具体的项目决策。这类项目政府调节的主要作用发挥在构建合理有效的市场机制，而不在具体的项目投资决策。因此这类项目不必进行国民经济评价，而是由市场竞争决定其生存，由市场竞争优胜劣汰机制促进生产力的不断发展和进步。

在现行经济体制下，有些行业不能由市场力量自行调节，需要由政府行政干预调节，这类行业的建设项目需要进行国民经济评价。需要进行国民经济评价的项目主要有：国家及地方政府参与投资的项目；国家给予财政补贴或者减免税费的项目；主要的基础设施项目，包括铁路、公路、航道整治疏浚等交通基础设施建设项目；较大的水利水电项目；国家控制的战略性资源开发项目；动用社会资源和自然资源较多的大型外商投资项目；主要产出物和投入物的市场价格严重扭曲，不能反映其真实价值的项目。

国家及地方政府参与直接投资的项目，政府投资决策中应当考虑项目的国民经济效益。国家在对某些项目给予财政补贴或税费减免时，应当依据项目的国民经济效益情况确定具体的补贴额度和方式。

主要的基础设施项目，对于国家及地方经济有重大影响，同时存在一定程度的垄断性，需要有政府的支持、管制。在项目投资决策中，需要获得政府的审批，政府需要考虑项目的国民经济效益，从资源的配置优化角度对项目进行考察。

矿产资源开采项目，矿产资源的价值在财务评价中通常没有有效地考虑，政府在核批这类项目时，应当从资源的有效利用角度考察项目，需要进行项目的国民经济评价。

对于上述类型的项目，国民经济评价在决策中有着重要的作用。首先，国民经济评价是项目决策的重要依据，国民经济评价结论不可行的项目，一般应予否定。国民经济评价的另一个重要作用是对项目进行优化。一个项目有多种实施方案，采取哪种方案，应当根据国民经济评价的分析，项目方案应当依据国民经济评价所提供的价值信息进行优化。对一些国计民生急需的项目，如国民经济评价合理，而财务评价不可行，应重新考虑方案，必要时可提出相应的财务政策方面的建议，调整项目的财务条件，使项目在财务上也可行。例如，放松价格管制、允许部分产品以较高价格出售，或者给予税收优惠，减免部分税收，或者给予项目优惠贷款或增加直接投资减轻项目负债等。当前应当特别强调要从国民经济的角度评价和考查项目，要支持和发展对国民经济贡献大的产业项目，要特别注意制止和限制对国民经济贡献不大的项目。正确运用国民经济评价方法，在项目决策中可以有效地察觉盲目建设、重复建设项目，可以有效地将企业利益、地区利益与全社会和国家整体利益有机地结合和平衡。

2. 国民经济评价的基本原理

项目的国民经济评价使用基本的经济评价理论，采用费用—效益分析方法，即费用与效益比较的理论方法，寻求以最小的投入（费用）获取最大的产出（效益）。国民经济评价采取"有无对比"方法识别项目的费用和效益，采取影子价格理论方法估算各项费用和效益，采用现金流量分析方法，使用报表分析，采用经济内部收益率、经济净现值等经济盈利性指标进行定量的经济效益分析。

国民经济评价的主要工作包括：识别国民经济的费用与效益、测算和选取影子价格、编制国民经济评价报表、计算国民经济评价指标并进行方案比选。

"有无对比"方法是经济评价的基本方法，在项目的国民经济评价中，采取将"有"项目与"无"项目两种不同条件下国民经济的不同情况对比，识别项目的费用和效益。"对比"方法是经济学中一般的方法，项目的不同方案之间的对比，是两种方案费用和效益识别的基本方法。实践中，也采取将两种方案分别与"无"方案对比，再将结果比较，识别和计算两个方案的差别费用效益。

影子价格理论最初来自于求解数学规划，在求解一个"目标"最大化数学规划的过程中，发现每种"资源"对于"目标"有着边际贡献。即这种"资源"每增加一个单位，"目标"机会增加一定的单位，不同的"资源"有着不同的边际贡献。这种"资源"对于目标的边际贡献被定义为"资源"的影子价格。国民经济评价中采用了这种影子价格的基本思想，采取不同于财务价格的一种理论上的影子价格衡量项目耗用资源及产出贡献的真实价值。理论上，如果有办法将国民经济归纳为一个数学规划，各种资源及产品的影子价格可以在求解规划中统一确定，但实践中目前还不具备这样做的能力。实践中是采取替代用途、替代方案分析来估算项目的各种投入和产出的影子价格。对于项目的投入物，影子价格是其所有其他用途中价值最高的价格。对于项目的产出物，影子价格采用其替代供给产品的最低成本或用户的支付意愿中较低者。

国民经济评价需要遵循费用和效益的计算范围对应一致的基本原则。国民经济评价中，需要计算项目的外部费用和外部效益。外部费用和外部效益计算中，计算范围的确定需要仔细分析。容易出现的一种偏差是效益的扩大化。一种谨慎的解决办法是，在衡量一项效益是否应当计入本项目的外部效益时，分析一下带来这种效益是否还需要本项目以外其他的投入（费用）。

国民经济评价中，方案优化遵循基本的经济分析法则。国民经济评价目标是资源的最优配置，资源使用获得最大的经济效益。实践中通常采取总量效益最大化或单位效率最大化两种方法。从资源最有效利用考虑，总量效益最大化是基本原则。在使用单位效率最大化方法时，需要分析是否会与总量效益最大化的原则相冲突。

3. 国民经济评价与财务评价的区别与联系

国民经济评价与财务评价都是经济评价，都使用基本的经济评价理论，即费用与效益比较的理论方法。

（1）国民经济评价与财务评价的区别

1）两种评价的角度和基本出发点不同。财务评价是站在项目的层次上，从项目的经营者、投资者、未来的债权人角度，分析项目在财务上能够生存的可能性，分析各方的实际收益或损失，分析投资或贷款的风险及收益。国民经济评价则是站在国家和地区的层次上，从全社会的角度分析评价比较项目对国民经济的费用和效益。

2）项目的费用和效益的含义和范围划分不同。财务评价只根据项目直接发生的财务收支，计算项目的直接费用和效益。国民经济评价则从全社会的角度考察项目的费用和效益，考察项目所消耗的有用社会资源和对社会提供的有用产品，不仅要考虑直接的费用和效益，还要考虑间接的费用和效益。而项目的有些收入和支出从全社会的角度考虑，不能作为社会费用或效益，如税金和补贴、国内银行贷款利息。

3）价格体系不同，财务评价使用预测的财务收支价格，国民经济评价则使用一套专用的影子价格体系。

4）财务评价有两个方面，一是盈利性分析，二是清偿能力分析，也就是要分析项目财务收支预算的松紧程度，分析项目借款偿还能力。而国民经济评价则仅仅只有盈利性分析，即只有经济效益的分析，没有清偿能力分析。

（2）财务评价与国民经济评价之间的联系　财务评价与国民经济评价之间的联系是很密切的，在很多情况下，国民经济评价是在财务评价基础之上进行。国民经济评价利用财务评价中所已经使用过的数据资料，以财务评价为基础进行所需要的调整计算，得到国民经济评价的结论。国民经济评价也可以独立进行，在项目的财务评价之前进行国民经济评价。二者的相同点在于：

1）评价的目的相同。都是以寻求最小的投入获得最大的产出。

2）评价基础相同。都是在完成了产品需求预测、工程技术方案、资金筹措等可行性研究的基础上进行评价的。

3）评价的计算期相同。

7.2.2　国民经济效益与经济费用识别

进行国民经济评价首先要对项目的费用和效益进行识别和划分，也就是要认清所评价的项目在哪些方面对整个国民经济产生费用，又在哪些方面产生效益。识别和划分费用与效益的基本原则是：凡项目对国民经济所做的贡献均计为项目的效益；凡国民经济为项目所付出的代价均计为项目的费用。也就是说，项目的国民经济效益是指项目对国民经济所做的贡献，包括项目的直接效益和间接效益；项目的国民经济费用是指国民经济为项目付出的代价，包括直接费用和间接费用。判别项目的效益和费用，要使用"有无对比"的方法，即将"有"项目（项目实施）与"无"项目（项目不实施）的情况加以对比，以确定某项效益和费用的存在。

1. 直接效益与直接费用

项目直接效益是指由项目产出物产生并在项目范围内计算的经济效益，一般表现为项目为社会生产提供的物质产品、科技文化成果和各种各样的服务所产生的效益。例如，工业项目生产的产品、副产品，矿产开采项目开采的矿产品、运输项目提供的运输服务、邮电通信项目提供的邮政通信服务、医院提供的医疗服务、学校提供的学生就学机会等。这种效益有多种表现：项目产出物满足国内新增加的需求时，表现为国内新增需求的支付意愿；当项目的产出物替代效益较差的其他厂商的产品或服务时，使被替代厂商减产或停产，从而使国家有用资源得到节省，这种效益表现为这些资源的节省；当项目的产出物使得国家增加出口或者减少进口，这种效益表现为外汇收入的增加或支出的减少。项目直接效益大多在财务评价中能够得以反映，尽管有时这些反映会有一定程度的失真。

项目的直接费用是指项目使用投入物所产生并在项目范围内计算的经济费用，一般表现为投入项目的各种物料、人工、资金、技术以及自然资源而带来的社会资源的消耗。这种资源消耗可能表现为社会扩大生产供给规模所耗用的资源费用，或者当社会不能增加供给时，导致其他人被迫放弃使用这些资源，这种资源消耗表现为其他人被迫放弃的效益。当项目的投入物导致增加进口或减少出口时，这种效益表现为国家外汇支出的增加或收入的减少。直接费用一般在项目的财务评价中已经得到反映。

2. 间接效益与间接费用

间接效益是指由项目引起而在直接效益中没有得到反映的效益。例如，项目使用劳动力，使得劳动力熟练化，由没有特别技术的非熟练劳动力经训练而转变为熟练劳动力；再如技术扩散的效益；还有城市地铁的建设，使得地铁沿线附近的房地产升值的效益。间接效益一般在财务评价中不会得到反映。

间接费用是指由项目引起而在项目的直接费用中又没有得到反映的费用。例如，项目对自然环境造成的损害、项目产品大量出口从而引起我国这种产品出口价格下降等。间接费用一般在项目的财务评价中没有得到反映。项目的间接效益和间接费用比直接效益和直接费用的识别和计算要困难得多。项目的间接效益和间接费用又统称为外部效果，通常要考察以下几个方面。

（1）环境影响 有些项目会对自然环境产生污染，对生态环境造成破坏。主要包括：排放污水造成水污染；排放有害气体和粉尘造成大气污染；噪声污染；放射性污染；临时性的或永久性的交通阻塞、航道阻塞；对自然生态造成破坏。

项目造成的环境污染和生态破坏，是项目的一种间接费用，这种间接费用一般较难定量计算，近似的可按同类企业所造成的损失估计，或按恢复环境质量所需的费用估计。有些项目含有环境治理工程，会对环境产生好的影响，评价中也应考虑相应的效益。环境影响有时不能定量计算，至少也应当做定性描述。

（2）技术扩散效果 一个技术先进项目的实施，由于技术人员的流动，技术在社会上扩散和推广，整个社会都将受益。但这类外部效果通常难于定量计算，一般只做定性说明。

（3）"上、下游"企业相邻效果 项目的"上游"企业是指为该项目提供原材料或半成品的企业，项目的实施可能会刺激这些"上游"企业得到发展，增加新的生产能力或是使原有生产能力得到更充分的利用。例如，兴建汽车厂会对为汽车厂生产零部件的企业产生刺激，对钢铁生产企业产生刺激。项目的"下游"企业是指使用项目的产出物作为原材料或半成品的企业，项目的产品可能会对"下游"企业的经济效益产生影响，使其闲置的生产能力得到充分利用，或使其在生产上节约成本。如果在国内已经有了很大的电视机生产能力而显像管生产能力不足时，兴建显像管生产厂会对电视机厂的生产产生刺激。显像管产量增加，价格下降，可以刺激电视机的生产和消费。大多数情况下，项目对"上、下游"企业的相邻效果可以在项目的投入和产出物的影子价格中得到反映，不应再计算间接效果。例如，显像管厂项目的产品如以进口替代计算其影子价格，就不应再计算电视机厂生产受到刺激增加生产和降低成本带来的间接效益。也有些间接影响难于反映在影子价格中，需要作为项目的外部效果计算。

（4）乘数效果　这是指项目的实施使原来闲置的资源得到利用，从而产生一系列的连锁反应，刺激某一地区或全国的经济发展。例如，兴建汽车厂会带动零部件厂发展，带动各种金属材料和非金属材料生产的发展，进而带动机床生产、能源生产的发展等。在对经济落后地区的项目进行国民经济评价时可能会需要考虑这种乘数效果，特别应注意选择乘数效果大的项目作为扶贫项目。一般情况下，只计算一次相关效果，不连续扩展计算乘数效果。

（5）价格影响　有些项目的产品大量出口，从而导致了我国此类产品出口价格的下降，减少了国家总体的创汇收益，成为项目的外部费用。典型的情况出现于国内企业之间相互恶性竞争，竞相压价，使我国的一些出口产品在国际市场上价格大幅度下跌，国家出口收入下降。如果项目的产品增加了国内市场供应量，导致产品市场价格下降，可以使用户和消费者得到产品降价的好处。但这种好处一般不应计作项目的间接效益，因为产品降价将使原生产厂的效益减少，也就是说生产厂减少的收益转移给了用户和消费者，对整个国民经济而言，效益并没有增加或减少。这与产品出口所导致的价格变化不同。

在计算项目的外部效果时须注意不能重复计算，特别要注意那些在直接费用和效益中已经计入的不应再在外部效果中计算，同时还要注意所讨论的外部效果是否确应归于所评价的项目。在考虑外部效果时，特别需要避免发生重复计算和虚假扩大项目间接效益的问题。在大多数情况下项目的产出物以影子价格计算的效益已经将各种连锁效益考虑在内了，项目的产出物影子价格以消费者的支付意愿计价，就已经充分计算了产出物的效益，不应再计算间接效益；项目的投入物影子价格大多数也已经充分计算了投入物的社会费用，并已经将充分利用原有生产能力和其他资源所得到的社会收益从费用中扣除，不应再重复计算间接的上游效益。有些间接效益能否完全归属所评价的项目，往往也是需要仔细论证的，比如一个地区的经济发展制约因素往往不止一个，可能有能源、交通运输、通信等，瓶颈环节有多个，不能简单地归于某一个，在评价交通运输项目时，要考虑到其他瓶颈制约因素对当地经济发展的影响。不能把当地经济增长都归因于项目带来的运力增加，简单地用当地经济增长量与运力增长量的比值来计算项目的间接效益。

由于项目外部效果计算上的困难，有时可以采用调整项目范围的办法，将项目的外部效果变为项目以内的影响。调整项目范围的一种方法是将项目的范围扩大，将几个项目合成一个大项目进行国民经济评价，这样就可以将这几个项目之间的相互支付转化为项目内部而相互抵消。例如，在评价相互联系的煤矿、铁路运输和火力发电项目时，可以将这些项目合成一个大的综合能源项目，这些项目之间的项目支付就转变为大项目内部的收支而相互抵消。

3. 转移支付

项目与各种社会实体之间的货币转移，如缴纳的税金、国内贷款利息和补贴等一般并不发生资源的实际增加和耗用，称为国民经济内部的"转移支付"，不列为项目的费用和效益。在财务评价基础上进行国民经济评价时，要注意从财务效益和费用中剔除转移支付部分。

（1）税金　增值税、所得税、关税等都是政府调节分配和供求关系的手段。纳税对于企业财务评价来说，确实为一项费用支出。但是对于国民经济评价来说，它仅仅表示项目对国民经济的贡献有一部分转移到政府手中，由政府再分配。项目对国民经济的贡献大小并不随税金的多少而变化，因而它属于国民经济内部的转移支付。

土地税、城市维护建设税和资源税等是政府为了补偿社会耗费而代为征收的费用，这些税种包含了很多政策因素，并不代表社会为项目付出的代价。因此，原则上这些税种也视为项目与政府间的转移支付，不计为项目的费用或效益。

（2）补贴　政府对项目的补贴，仅仅表示国民经济为项目所付出的代价中，有一部分来自政府财政支出中的补贴这一项。但是，整个国民经济为项目所付代价并不以这些代价来自何处为计算依据，更不会由于有无补贴或补贴多少而改变。因此，补贴也不是国民经济评价中的费用或效益。

（3）国内贷款利息　国内贷款利息在企业财务评价自有资金财务现金流量表中是一项费用。对于国民经济评价来说，它表示项目对国民经济的贡献有一部分转移到了政府或国内贷款机构。项目对国民经济所做贡献的大小，与所支付的国内贷款利息多少无关。因此，它也不是费用或效益。

（4）国外贷款与还本付息　在国民经济评价中，国外贷款和还本付息根据分析的角度不同，有两种不同的处理原则。

1) 全部投资效益费用流量表中的处理。在全部投资效益费用流量表中，把国外贷款也看作国内投资，以项目的全部投资作为计算基础，对拟建项目使用的全部资源的使用效果进行评价。由于随着国外贷款的发放，国外相应的实际资源的支配权力也同时转移到了国内。这些国外贷款资源与国内资源一样，也存在着合理配置的问题。因此，在全部投资效益费用流量表中，国外贷款和还本付息与国内贷款和还本付息一样，既不作为效益，也不作为费用。

2) 国内投资效益费用流量表中的处理。为了考察国内投资对国民经济的实际贡献，应以国内投资作为计算的基础，因此在国内投资效益费用流量表中，把国外贷款还本付息视为费用。

7.2.3　国民经济费用效益分析

在国民经济评价中，反映项目投资的经济效益指标主要有经济内部收益率、经济净现值和经济效益费用比。这些指标可以根据国民经济效益费用流量表来进行计算。

1. 经济内部收益率（EIRR）

经济内部收益率是反映项目对国民经济净贡献的相对指标，它表示项目占用资金所获得的动态收益率，也是项目在计算期内各年经济净效益流量的现值累计等于零时的折现率，其表达式为

$$\sum_{t=1}^{n}(B-C)_t(1+\text{EIRR})^{-t}=0 \qquad (7\text{-}7)$$

式中　B——国民经济效益流量；

　　　C——国民经济费用流量；

$(B-C)_t$——第 t 年的国民经济净效益流量；

　　　n——计算期。

经济内部收益率等于或者大于社会折现率，表示项目对国民经济的净贡献达到或者超过要求的水平，应认为项目可以接受。

2. 经济净现值（ENPV）

经济净现值是反映项目对国民经济净贡献的绝对指标，是用社会折现率将项目计算期内各年的净效益流量折算到建设期初的现值之和，计算式为

$$\text{ENPV}=\sum_{t=1}^{n}(B-C)_t(1+i_s)^{-t} \qquad (7\text{-}8)$$

式中　i_s——社会折现率。

项目经济净现值等于或者大于零，表示国家为拟建项目付出的代价可以得到符合社会折现率要求的社会盈余，或者除得到符合社会折现率要求的社会盈余外，还可以得到以现值计算的超额社会盈余。经济净现值越大，表示项目所带来的经济效益的绝对值越大。

按分析效益费用的口径不同，可分为整个项目的经济内部收益率和经济净现值，国内投资经济内部收益率和经济净现值。如果项目没有国外投资和国外借款，全投资指标与国内投资指标相同；如果项目有国外资金流入与流出，应以国内投资的经济内部收益率和经济净现值作为项目国民经济评价的评价指标。

3. 经济效益费用比（R_{BC}）

经济效益费用比是指项目在计算期内效益流量的现值与费用流量的现值之比，计算式为

$$R_{BC}=\frac{\sum_{t=1}^{n}B_t(1+i_s)^{-t}}{\sum_{t=1}^{n}C_t(1+i_s)^{-t}} \qquad (7\text{-}9)$$

如果经济效益费用比等于或者大于1，表明项目资源配置的经济效率达到了可以被接受的水平。

在完成经济费用效益分析之后，应进一步分析对比经济费用效益与财务现金流

量之间的差异,并根据需要对财务分析与经济费用效益之间的差异进行分析,找出受益或受损群体,分析项目对不同利益相关者在经济上的影响程度,并提出改进资源配置效率及财务生存能力的政策建议。

7.2.4 国民经济评价重要参数

国民经济评价参数是国民经济评价的基础。正确理解和使用评价参数,对正确计算费用、效益和评价指标,以及比选优化方案具有重要作用。国民经济评价参数体系有两类,一类是通用参数,如社会折现率、影子汇率和影子工资等,这些通用参数由有关专门机构组织测算和发布;另一类是货物影子价格等一般参数,由行业或者项目评价人员测定。

1. 社会折现率（i_s）

社会折现率是从社会角度对资金时间价值的估量,是费用—效益分析体系中的重要参数,代表社会资金被占用应获得的最低收益率,并用作不同年份资金价值换算的折现率。社会折现率可根据国民经济发展多种因素综合测定。各类投资项目的国民经济评价都应采用有关专门机构统一发布的社会折现率作为计算经济净现值的折现率。社会折现率可作为经济内部收益率的判别标准。

根据对我国国民经济运行的实际情况、投资收益水平、资金供求状况、资金机会成本以及国家宏观调控等因素综合分析,在《建设项目经济评价方法与参数》(第三版)中推荐的社会折现率为8%。

2. 影子汇率（SER）

影子汇率是指单位外汇的经济价值,区分于外汇的财务价格和市场价格。在国民经济评价中使用影子汇率,是为了正确计算外汇的真实经济价值,影子汇率代表着外汇的影子价格。在国民经济评价中,影子汇率通过影子汇率换算系数计算,影子汇率换算系数是影子汇率与国家外汇牌价的比值。投资项目投入物和产出物涉及进出口的,应采用影子汇率换算系数调整计算影子汇率。根据目前我国外汇收支状况、主要进出口商品的国内价格与国外价格的比较、出口换汇成本以及进出口关税等因素综合分析,目前我国的影子汇率换算系数取值为1.08(《建设项目经济评价方法与参数》(第三版))。

例:当美元的外汇牌价=6.3元/美元时,美元的影子汇率计算如下

美元的影子汇率 = 美元的外汇牌价 × 影子汇率换算系数 = 6.3元/美元 × 1.08
= 6.80元/美元

作为项目国民经济评价的重要通用参数,影子汇率的取值对于项目决策有着重要的影响。对于那些主要产出物是外贸货物的建设项目,包括产品是出口或替代进口的项目,由于产品的影子价格要以产品的口岸价为基础计算,要以产品出口换汇或以产顶进节约外汇,外汇的影子价格高低直接影响项目收益价值的高低,影响对项目效益的判断,影响对项目可行性研究的评价结论。影子汇率换算系数越高,外

汇的影子价格越高，产品是外贸货物的项目的经济效益就越好，项目就越容易通过；反之，项目就越不容易通过。当项目要引进国外的技术、设备或是要使用进口原材料、零部件时，都要进行引进与不引进之间的方案比较，要与使用国内技术、设备、原材料、零部件进行对比。影子汇率的高低，直接影响进口技术、设备、原材料、零部件的影子价格的计算，影响引进方案的经济效益评价。外汇的影子价格较高时，引进方案的费用较高，评价结论会不利于引进方案。

3. 影子工资

影子工资是建设项目使用劳动力，耗费劳动力资源而使社会付出的代价。在国民经济评价中影子工资为国民经济费用计入经营费用。

4. 影子价格

影子价格是进行项目国民经济评价，计算国民经济效益与费用时专用的价格，是指依据一定原则确定的，能够反映投入物和产出物真实经济价值，反映市场供求状况，反映资源稀缺程度，使资源得到合理配置的价格。进行国民经济评价时，项目的主要投入物和产出物价格，原则上都应采用影子价格。

影子价格（Shadow Price）这一术语是20世纪30年代末、40年代初由苏联著名数学家、经济学家列·维·康特洛维奇为解决资源最优利用问题而首先提出的。它主要被用于国民经济计划工作中的集中决策研究，也称为"最优计划价格"。他认为影子价格是"有限资源使用情况的反映，资源决定了价格"。随后荷兰数理经济学家、计量经济学家奎恩·丁伯根将其进一步完善，他认为影子价格是"反映资源得到合理配置的预测价格"；是"对劳动、资本和为获得稀缺资源而进口商品的合理评价"，并将它用于自由经济中的分散决策，又被称为"预测价格"。后来美国著名经济学家萨缪尔森又作了进一步发展，使其成为主要反映资源是否得到合理配置和利用的预测价格的概念，他指出："第一，影子价格是以线性规划为计算方法的'计算价格'或'记账价格'；第二，影子价格是一种资源价格；第三，影子价格是以边际生产力为基础。换句话说，某种资源的产品影子价格就是该资源的边际生产力。此外他还把商品的边际成本也称为"影子价格"。

影子价格以资源的稀缺性为价值依据，以资源的边际效益为价值尺度，反映了资源对目标值的边际贡献、资源在最优决策下的边际价值以及资源的市场供求关系、稀缺程度。它表示对某种资源效用价值的估价，这种估价不是该资源的市场价格，而是根据该资源在特定的经济结构中的贡献所做的估价，因而称为"影子价格"。从总体上来说，影子价格又可以分为两种类型：一种是福利经济学和资源分配理论与工程经济学相结合的产物，主要用于项目在国民经济评价中的影子价格，是广义的影子价格；另一种是福利经济学和资源分配理论与企业经济学相结合的产物，主要用于企业资源的最优分配与合理利用的决策中的影子价格，是狭义的影子价格。

7.2.5 影子价格的确定

1. 市场定价货物的影子价格

随着我国市场经济发展和贸易范围的扩大，大部分货物的价格由市场形成，价格可以近似反映其真实价值。进行国民经济评价可将这些货物的市场价格加上或者减去国内运杂费等，作为投入物或者产出物的影子价格。

1）可外贸货物影子价格，是以口岸价为基础，乘以影子汇率加上或者减去国内运杂费和贸易费用。

$$投入物影子价格(到厂价) = 到岸价(CIF) \times 影子汇率 + 进口费用 \quad (7\text{-}10)$$
$$产出物影子价格(出厂价) = 离岸价(FOB) \times 影子汇率 - 出口费用 \quad (7\text{-}11)$$

2）非外贸货物影子价格，是以市场价格加上或者减去国内运杂费作为影子价格。投入物影子价格为到厂价，产出物影子价格为出厂价。

2. 政府调控价格货物的影子价格

有些货物或者服务不完全由市场机制形成价格，而是由政府调控价格，如由政府发布指导价、最高限价和最低限价等。这些货物或者服务的价格不能完全反映其真实价值。在进行国民经济评价时，应对这些货物或者服务的影子价格采用特殊方法确定。确定影子价格的原则，投入物按机会成本分解定价，产出物按消费者支付意愿定价。支付意愿（Willingness to Pay，WTP）是指消费者愿意为某一最终产品或服务支付的金额。支付意愿反映了人们对所要消费的物品（或服务）的偏好。不能用市场价格来衡量支付意愿，因为有些个人愿意以比市场更高的价格来付款，这样，支付意愿比以市场价格支付的要大。

1）电价作为项目投入物的影子价格，一般按完全成本分解定价，电力过剩时按可变成本分解定价。电价作为项目产出物的影子价格，可按电力对当地经济边际贡献率定价。

2）铁路运价作为项目投入物的影子价格，一般按完全成本分解定价，对运能富裕的地区，按可变成本分解定价。

3）水价作为项目投入物的影子价格，按后备水源的边际成本分解定价，或者按恢复水功能的成本计算。水价作为项目产出物的影子价格，按消费者支付意愿或者按消费者承受能力加政府补贴计算。

3. 特殊投入物的影子价格

项目的特殊投入物是指项目在建设、生产运营中使用的劳动力、土地和自然资源等。项目使用这些特殊投入物所发生的国民经济费用，应分别采用下列方法确定其影子价格。

（1）影子工资　影子工资反映国民经济为项目使用劳动力所付出的真实代价，由劳动力机会成本和劳动力转移而引起的新增资源耗费两部分构成。劳动力机会成本是指劳动力如果不就业于拟建项目而从事于其他生产经营活动所创造的最大效益。它与劳动力的技术熟练程度和供求状况（过剩与稀缺）有关，技术越熟练，稀缺程度越高，其机会成本越高，反之越低。新增资源耗费是指项目使用劳动力，由于劳动者就业或者迁移而增加的城市管理费用和城市交通等基础设施投资费用，而这些资源的消耗并没有提高劳动力的生活水平。影子工资按下式计算

$$影子工资 = 劳动力机会成本 + 新增资源消耗 \tag{7-12}$$

影子工资一般是通过影子工资换算系数计算。影子工资换算系数是影子工资与项目财务评价中劳动力的工资之间的比值，影子工资可按下式计算

$$影子工资 = 财务工资 \times 影子工资换算系数 \tag{7-13}$$

在《建设项目经济评价方法与参数》（第三版）中，对于技术劳动力，采用影子工资等于财务工资，即影子工资换算系数为1。对于非技术劳动力，推荐在一般情况下采用财务工资的 0.2~0.8 倍作为影子工资，即影子工资换算系数为 0.2~0.8；具体可根据当地的非技术劳动力供求状况确定，非技术劳动力较为富裕的地区可取较低值，不太富裕的地区可取较高值，中间状况可取 0.5。

（2）土地影子价格　土地影子价格反映土地用于该拟建项目后，不能再用于其他目的所放弃的国民经济效益，以及国民经济为其增加的资源消耗。土地影子价格按农用土地和城镇土地分别计算。

1）农用土地影子价格是指项目占用农用土地后国家放弃的收益，由土地的机会成本和占用该土地而引起的新增资源消耗两部分构成。土地机会成本按项目占用土地后国家放弃的该土地最佳可替代用途的净效益计算。土地影子价格中新增资源消耗一般包拆迁费用和劳动力安置费用。

农用土地影子价格可从机会成本和新增资源消耗两方面计算，也可在财务评价中土地费用的基础上调整计算。后一种具体做法是，属于机会成本性质的费用，如土地补偿费、青苗补偿费等，按机会成本的计算方法调整计算；属于新增资源消耗费用，如拆迁费用、剩余劳动力安置费用、养老保险费用等，按影子价格调整计算；属于转移支付的，如粮食开发基金、耕地占用税等，应予以剔除。

2）城镇土地影子价格通常按市场价格计算，主要包括土地出让金、征地费、拆迁安置补偿费等。

（3）自然资源影子价格　各种自然资源是一种特殊的投入物，项目使用的矿产资源、水资源、森林资源等都是对国家资源的占用和消耗。矿产等不可再生自然资源的影子价格按资源的机会成本计算，水和森林等可再生自然资源的影子价格按资源再生费用计算。

7.2.6　国民经济评价报表编制

编制国民经济评价报表是进行国民经济评价的基础工作之一。国民经济效益费用流量表有两种，一是项目国民经济效益费用流量表；二是国内投资国民经济效益费用流量表。项目国民经济效益费用流量表以全部投资（包括国内投资和国外投

资)作为分析对象,考察项目全部投资的盈利能力;国内投资国民经济效益费用流量表以国内投资作为分析对象,考察项目国内投资部分的盈利能力。

国民经济效益费用流量表一般在项目财务评价基础上进行调整编制,有些项目也可以直接编制。

1. 在财务评价基础上编制国民经济效益费用流量表

以项目财务评价为基础编制国民经济效益费用流量表,应注意合理调整效益与费用的范围和内容。

1)剔除转移支付。将财务现金流量表中列支的销售税金及附加、增值税、国内借款利息作为转移支付剔除。

2)计算外部效益与外部费用。根据项目的具体情况,确定可以量化的项目外部效益和外部费用。分析确定哪些是项目重要的外部效果,需要采用什么方法估算,并保持效益费用的计算口径一致。

3)调整建设投资。用影子价格、影子汇率逐项调整构成投资的各项费用,剔除涨价预备费、税金、国内借款建设期利息等转移支付项目。

进口设备价格调整通常要剔除进口关税、增值税等转移支付。建筑工程费和安装工程费按材料费、劳动力的影子价格进行调整;土地费用按土地影子价格进行调整。

4)调整流动资金。财务账目中的应收、应付款项及现金并没有实际耗用国民经济资源,在国民经济评价中应将其从流动资金中剔除。如果财务评价中的流动资金是采用扩大指标法估算的,国民经济评价仍应按扩大指标法,以调整后的销售收入、经营费用等乘以相应的流动资金指标系数进行估算;如果财务评价中的流动资金是采用分项详细估算法进行估算的,则应用影子价格重新分项估算。

5)调整经营费用。用影子价格调整各项经营费用,对主要原材料、燃料及动力费用用影子价格进行调整;对劳动工资及福利费,用影子工资进行调整。

6)调整销售收入。用影子价格调整计算项目产出物的销售收入。

7)调整外汇价值。国民经济评价各项销售收入和费用支出中的外汇部分,应用影子汇率进行调整,计算外汇价值。从国外引入的资金和向国外支付的投资收益、贷款本息,也应用影子汇率进行调整。

2. 直接编制国民经济效益费用流量表

有些行业的项目可能需要直接进行国民经济评价,判断项目的经济合理性。可按以下步骤直接编制国民经济效益费用流量表。

1)确定国民经济效益、费用的计算范围,包括直接效益、直接费用以及间接效益、间接费用。

2)测算各种主要投入物的影子价格和产出物的影子价格(交通运输项目国民经济效益不按产出物影子价格计算,而是采用由于节约运输时间、费用等计算效益),并在此基础上对各项国民经济效益和费用进行估算。

3）编制国民经济效益费用流量表。

7.3 社会评价

社会评价是分析拟建项目对当地社会的影响和当地社会条件对项目的适应性和可接受程度，评价项目的社会可行性。

7.3.1 社会评价的作用与范围

1. 社会评价的作用

社会评价旨在系统调查和预测拟建项目的建设、运营产生的社会影响与社会效益，分析项目所在地区的社会环境对项目的适应性和可接受程度。通过分析项目涉及的各种社会因素，评价项目的社会可行性，提出项目与当地社会协调关系，规避社会风险，促进项目顺利实施，保持社会稳定的方案。

进行社会评价有利于国民经济发展目标与社会发展目标协调一致，防止单纯追求项目的财务效益；有利于项目与所在地区利益协调一致，减少社会矛盾和纠纷，防止可能产生不利的社会影响和后果，促进社会稳定；有利于避免或减少项目建设和运营的社会风险，提高投资效益。

2. 社会评价的范围

社会评价适用于那些社会因素较为复杂，社会影响较为久远，社会效益较为显著，社会矛盾较为突出，社会风险较大的投资项目。主要包括需要大量移民搬迁或者占用农田较多的水利枢纽项目、交通运输项目、矿产和油气田开发项目、扶贫项目、农村区域开发项目，以及文化教育、卫生等公益性项目。

7.3.2 社会评价主要内容

社会评价从以人为本的原则出发，研究内容包括项目的社会影响分析、项目与所在地区的互适性分析和社会风险分析。

1. 社会影响分析

项目的社会影响分析旨在分析预测项目可能产生的正面影响（通常称为社会效益）和负面影响。

1）项目对所在地区居民收入的影响。主要分析预测由于项目实施可能造成当地居民收入增加或者减少的范围、程度及其原因；收入分配是否公平，是否扩大贫富收入差距，并提出促进收入公平分配的措施建议。扶贫项目，应着重分析项目实施后，能在多大程度上减轻当地居民的贫困和帮助多少贫困人口脱贫。

2）项目对所在地区居民生活水平和生活质量的影响。分析预测项目实施后居民居住水平、消费水平、消费结构、人均寿命的变化及其原因。

3）项目对所在地区居民就业的影响。分析预测项目的建设、运营对当地居民就业结构和就业机会的正面影响与负面影响。正面影响是指可能增加就业机会和就业人数;负面影响是指可能减少原有就业机会及就业人数,以及由此引发的社会矛盾。

4)项目对所在地区不同利益群体的影响。分析预测项目的建设和运营使哪些人受益或受损,以及对受损群体的补偿措施和途径。兴建露天矿区、水利枢纽工程、交通运输工程、城市基础设施等一般都会引起非自愿移民,应特别加强这项内容的分析。

5)项目对所在地区弱势群体利益的影响。分析预测项目的建设和运营对当地妇女、儿童、残疾人员利益的正面影响或负面影响。

6)项目对所在地区文化、教育、卫生的影响。分析预测项目建设和运营期间是否可能引起当地文化教育水平、卫生健康程度的变化以及对当地人文环境的影响,提出减小不利影响的措施建议。公益性项目要特别加强这项内容的分析。

7)项目对当地基础设施、社会服务容量和城市化进程等的影响。分析预测项目建设和运营期间,是否可能增加或者占用当地的基础设施,包括道路、桥梁、供电、给水排水、供气、服务网点,以及产生的影响。

8)项目对所在地区少数民族风俗习惯和宗教的影响。分析预测项目建设和运营是否符合国家的民族和宗教政策,是否充分考虑了当地民族的风俗习惯、生活方式或者当地居民的宗教信仰,是否会引发民族矛盾、宗教纠纷,影响当地社会安定。

通过以上分析,对项目的社会影响做出评价。编制项目社会影响分析表(见表7-21)。

表 7-21 项目社会影响分析表

序号	社会因素	影响的范围、程度	可能出现的后果	措施建议
1	对居民收入的影响			
2	对居民生活水平与生活质量的影响			
3	对居民就业的影响			
4	对不同群体的影响			
5	对脆弱群体的影响			
6	对地区文化、教育、卫生的影响			
7	对地区基础设施、社会服务容量和城市化进程的影响			
8	对少数民族风俗习惯和宗教的影响			

2. 互适性分析

互适性分析主要是分析预测项目能否为当地的社会环境、人文条件所接纳,以及当地政府、居民支持项目存在与发展的程度,考察项目与当地社会环境的相互适应关系。

1）分析预测与项目直接相关的不同利益群体对项目建设和运营的态度及参与程度，选择可以促使项目成功的各利益群体的参与方式，对可能阻碍项目存在与发展的因素提出防范措施。

2）分析预测项目所在地区的各类组织对项目建设和运营的态度，可能在哪些方面、在多大程度上对项目予以支持和配合。对需要由当地提供交通、电力、通信、供水等基础设施条件，粮食、蔬菜、肉类等生活供应条件，医疗、教育等社会福利条件的，当地是否能够提供，是否能够保障。国家重大建设项目要特别注重这方面内容的分析。

3）分析预测项目所在地区现有技术、文化状况能否适应项目建设和发展。主要为发展地方经济、改善当地居民生产生活条件兴建的水利项目、公路交通项目、扶贫项目，应分析当地居民的教育水平能否适应项目要求的技术条件，能否保证实现项目既定目标。

通过项目与所在地的互适性分析，就当地社会对项目适应性和可接受程度做出评价。编制社会对项目的适应性和可接受程度分析表（见表7-22）。

表7-22　对项目的适应性和可接受程度分析表

序号	社会因素	适应程度	可能出现的问题	措施建议
1	不同群体利益			
2	当地组织机构			
3	当地技术文化条件			

3. 社会风险分析

项目的社会风险分析是对可能影响项目的各种社会因素进行识别和排序，选择影响面大、持续时间长，并容易导致较大矛盾的社会因素进行预测，分析可能出现这种风险的社会环境和条件。对于那些可能诱发民族矛盾、宗教矛盾的项目要注重这方面的分析，并提出防范措施、编制项目社会风险分析表（见表7-23）。

表7-23　项目社会风险分析表

序号	风险因素	持续时间	可能导致的后果	措施建议
1				
2				
3				
4				
5				

7.3.3　社会评价步骤与方法

1. 社会评价步骤

社会评价一般分为调查社会资料、识别社会因素、论证比选方案三个步骤。

(1) 调查社会资料　调查了解项目所在地区的社会环境等方面的资料。调查的内容包括项目所在地区的人口统计资料,基础设施与服务设施状况;当地的风俗习惯、人际关系;各利益群体及项目的反应、要求与接受程度;各利益群体参与项目活动的可能性,如项目所在地区干部、群众对参与项目活动的态度和积极性,可能参与的形式、时间,妇女在参与项目活动方面有无特殊情况等。社会调查可采用多种调查方法,如查阅历史文献、统计资料,问卷调查,现场访问、观察,开座谈会等。

(2) 识别社会因素　分析社会调查获得的资料,对项目涉及的各种社会因素进行分类。一般可分成三类,即影响人类生活和行为的因素、影响社会环境变迁的因素、影响社会稳定与发展的因素。从中识别与选择影响项目实施和项目成功的主要社会因素,作为社会评价的重点和论证比选方案的内容之一。

(3) 论证比选方案　对项目可行性研究拟定的建设地点、技术方案和工程方案中涉及的主要社会因素进行定性、定量分析,比选、推荐社会正面影响大、社会负面影响小的方案。

2. 社会评价方法

项目涉及的社会因素、社会影响和社会风险不可能用统一的指标、量纲和判据进行评价,因此社会评价应根据项目的具体情况采用灵活的评价方法。在项目前期准备阶段,采用的社会评价方法主要有快速社会评价法和详细社会评价法。

(1) 快速社会评价法　快速社会评价法是在项目前期阶段进行社会评价常用的一种简捷方法,通过这一方法可大致了解拟建项目所在地区社会环境的基本状况,识别主要社会影响因素,粗略地预测可能出现的情况及其对项目的影响程度。快速社会评价主要是分析现有资料和现有状况,着眼于负面社会因素的分析判断,一般以定性描述为主。快速社会评价的方法步骤如下:

1) 识别主要社会因素。对影响项目的社会因素分组,可按其与项目之间关系和预期影响程度划分为影响一般、影响较大和影响严重三级。应侧重分析评价那些影响严重的社会因素。

2) 确定利益群体。对项目所在地区的受益、受损利益群体进行划分,着重对受损利益群体的情况进行分析。按受损程度,划分为受损一般、受损较大、受损严重三级,重点分析受损严重群体的人数、结构,以及他们对项目的态度和可能产生的矛盾。

3) 估计接受程度。大体分析当地现有经济条件、社会条件对项目存在与发展的接受程度,一般分为高、中、低三级。应侧重对接受程度低的因素进行分析,并提出项目与当地社会环境相互适应的措施建议。

(2) 详细社会评价法　详细社会评价法是在可行性研究阶段广泛应用的一种评价方法。其功能是在快速社会评价的基础上,进一步研究与项目相关的社会因素和社会影响,进行详细论证,并预测风险度;结合项目备选的技术方案、工程方案等，从社会分析角度进行优化。详细社会评价采用定量与定性分析相结合的方法，进行过程分析。主要步骤如下：

1）识别社会因素并排序。对社会因素按其正面影响与负面影响，持续时间长短，风险度大小，风险变化趋势（减弱或者强化）分组。应着重对那些持续时间长、风险度大、可能激化的负面影响进行论证。

2）识别利益群体并排序。对利益群体按其直接受益或者受损，间接受益或者受损，减轻或者补偿受损措施的代价分组。在此基础上详细论证各受益群体与受损群体之间，利益群体与项目之间的利害关系，以及可能出现的社会矛盾。

3）论证当地社会环境对项目的适应程度。详细分析项目建设与运营过程中可以从地方获得支持与配合的程度，按好、中、差分组。应着重研究地方利益群体、当地政府和非政府机构的参与方式及参与意愿，并提出协调矛盾的措施。

4）比选优化方案。将上述各项分析的结果进行归纳、比选、推荐合理方案。

在进行项目详细社会评价时一般采用参与式评价，即吸收公众参与评价项目的技术方案、工程方案等。这种方式有利于提高项目方案的透明度；有助于取得项目所在地各有关利益群体的理解、支持与合作；有利于提高项目的成功率，预防不良社会后果。一般来说，公众参与程度越高，项目的社会风险越小。参与式评价可采用下列形式：

①咨询式参与。由社会评价人员将项目方案中涉及当地居民生产、生活的有关内容，直接交给居民讨论，征询意见。通常采用问卷调查法。

②邀请式参与。由社会评价人员邀请不同利益群体中有代表性的人员座谈，注意听取反对意见，并进行分析。

③委托式参与，由社会评价人员将项目方案中特别需要当地居民支持、配合的问题，委托给当地政府或机构，组织有关利益群体讨论，并收集反馈意见。

7.4 项目后评价

项目评价是在项目建设前进行的，其判断、预测是否正确，项目的实际效果究竟如何，需要在项目竣工后根据实际数据资料进行的再评价来检验，这种再评价就是项目后评价。

7.4.1 项目后评价的概念

项目后评价是指对已完成的项目的目的、执行过程、效益、作用和影响所进行的系统、客观的分析，即根据项目的实际成果和效益，检查项目预期的目标是否达到，项目是否合理有效，项目的主要效益指标是否实现；通过分析评价，找出成败的原因，总结经验教训；并通过及时有效的信息反馈，为未来新项目的决策和提高、完善投资决策管理水平提出建议；同时也为项目实施运营中的出现的问题提出改进建议，从而达到提高投资效益的目的。

1. 项目后评价的目的

项目后评价的目的，在于全面总结项目的实施过程，分析项目的实际运营情况和实际投资效益，对比实际的实施效果与项目的预期目标的偏差，或实际结果与其他同类项目的偏差，并分析原因，总结项目成功的经验和失败的教训，为进一步提高项目投资效益提出切实可行的建议，以提高项目决策、设计、施工、管理水平、为合理利用建设资金、改进和完善管理、制定相关政策等提供可行依据，最终使社会相关利益群体利益最大化。

2. 项目后评价的分类

项目后评价一般分为两种情况：一是在项目建设结束阶段，对项目进行验收评估及对项目建设全过程进行全面评价，即项目管理后评价；二是在项目建成之后继续对项目进行跟踪，统计、调查、分析项目的社会反应，后一种情况就是项目跟踪评价。项目后评价的分类见图7-1。

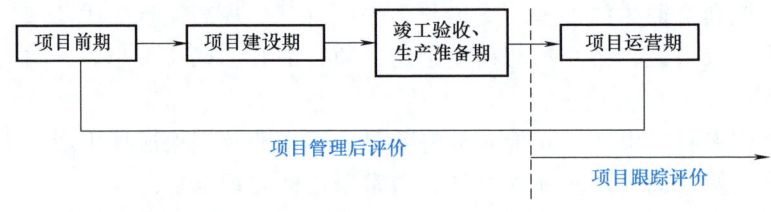

图 7-1　项目后评价的分类

7.4.2　项目后评价的内容

1. 项目目标评价

评定项目立项时所预定的目标的实现程度，是项目后评价的主要任务之一。项目后评价要对照原定目标所需完成的主要指标，根据项目实际完成情况，评定项目目标的实现程度。如果项目的预定目标未全面实现，需分析未能实现的原因，并提出补救措施。目标评价的另一项任务，是对项目原定目标的正确性、合理性及实践性进行分析评价。有些项目原定的目标不明确，或不符合实际情况，项目实施过程中可能会发生重大变化，如政策性变化或市场变化等，项目后评价要给予重新分析和评价。

2. 项目实施过程评价

项目的过程评价应对立项评估或可行性研究时所预计的情况与实际执行情况进行比较和分析，找出差别，分析原因。过程评价一般要分析以下几个方面：项目的立项、准备和评估，项目的内容和建设规模，项目进度和实施情况，项目投资控制情况，项目质量和安全情况，配套设施和服务条件，收益范围与受益者的反映，项目的管理和机制，财务执行情况等。

3. 项目效益评价

项目的效益评价是对项目实际取得的效益进行财务评价和国民经济评价，其评价的主要指标，即内部收益率、净现值及贷款偿还期等反映项目盈利能力和清偿能力的指标，应与项目前评价的一致。但项目后评价采用的数据是实际发生的，而项目前评价采用的数据是预测的。

4. 项目影响评价

项目影响评价的内容包括经济影响评价、环境影响评价及社会影响评价。

5. 项目持续性评价

项目的持续性是指在项目的建设资金投入完成之后，项目的既定目标是否还能继续，项目是否可以持续地发展下去，项目业主是否愿意并可能依靠自己的力量继续去实现既定目标，项目是否具有可重复性，即能否在未来以同样的方式建设同类项目。项目持续性评价就是从政府的政策，管理、组织和地方参与，财务因素，技术因素，社会文化因素，环境和生态因素以及其他外部因素等方面来分析项目的持续性。

7.4.3 项目后评价的方法和程序

1. 项目后评价的方法

（1）统计预测法　项目后评价包括对项目已发生事实的总结和对项目未来发展的预测。后评价时点前的统计数据是评价对比的基础，后评价时点的数据是评价对比的对象，后评价时点后的数据是预测分析的依据。

统计预测法的步骤包括统计调查、统计资料整理和预测。其中，统计调查是根据研究的目的和要求，采用科学的调查方法，有策划有组织地收集被研究对象的原始资料的工作过程。统计调查是统计工作的基础，是统计资料整理和分析的前提。

统计资料整理是根据研究的任务，对统计调查所获得的大量原始资料进行加工汇总，使其系统化、条理化、科学化，以得出反映事物总体综合特征的工作过程。

预测是对尚未发生或目前还不明确的事物进行预先的估计和推测。后评价的预测主要有两种用途：一是对无项目条件下可能产生的效果进行假定的估测，以便进行有无对比；二是对今后效益的预测。

（2）对比法　对比法包括前后对比法和有无对比法。前后对比法是将项目实施前与项目实施后的情况加以对比，以确定项目效益的一种方法。它是一种纵向的对比，用于揭示计划、决策和实施的质量，是项目过程评价应遵循的原则。

有无对比是指将项目实际发生的情况与若无项目可能发生的情况进行对比，以度量项目的真实效益、影响和作用。这种对比是一种横向对比，主要用于项目的效益评价和影响评价，目的是要分清项目作用的影响与项目以外作用的影响。

（3）因素分析法　项目投资效果的各种指标，往往都是由多种因素决定的。只有把综合性指标分解成原始因素，才能确定指标完成好坏的具体原因和症结所在。这种把综合指标分解成各个因素的方法,称为因素分析法。运用因素分析法,首先要确定分析指标的因素组成,其次是确定各个因素与指标的关系,最后确定各个因素对指标影响的份额。

(4) 定量分析与定性分析相结合　定量分析是通过一系列的定量计算方法和指标对所考察的对象进行的分析评价;定性分析是对无法定量的考察对象用定性描述的方法进行的分析评价。在项目后评价中,应尽可能用定量的方法,但对于无法取得定量数据的时候,应结合使用定性分析。

2. 项目后评价的执行程序

项目后评价的类型很多,各个项目后评价的要求也不同。因此,各个项目后评价的执行,其内容和程序都是有所差异的。在此只介绍项目后评价一般的、通用的执行程序。

(1) 提出问题　明确项目后评价的具体对象、评价目的及具体要求。项目后评价的提出单位可以是国家计划部门、银行部门、各主管部门,也可以是企业(项目)自身。

(2) 筹划准备　筹划准备阶段的主要任务是组建一个评价工作小组,并按委托单位的要求制订项目后评价计划。项目后评价计划的内容包括评价人员的配备、建立组织机构的设想、时间进度的安排、内容范围与深度的确定、预算安排、评价方法的选定等。

(3) 深入调查,收集资料　制订调查提纲,确定调查对象和方法,并开展实际调查工作,收集后评价所需要的各种资料和数据。这些资料和数据包括项目建设资料、国家经济政策资料、项目运营情况的有关资料、项目实施情况的有关资料、同行业有关的资料以及与后评价有关的技术资料及其他资料。

(4) 分析研究　根据项目后评价内容,运用各类定性、定量方法进行分析,发现问题,提出改进措施。

(5) 编制报告　项目后评价报告是项目后评价工作的最后成果。后评价报告既要全面、系统,又要反映后评价目标。项目类型不同,后评价报告的内容和格式也不完全一致。一般而言,项目后评价报告应包括总论、项目前期工作评价、项目实施评价、项目运营评价、项目经济后评价、结论等主要方面。

7.5　某公路建设项目可行性研究案例

7.5.1　概述

SD 公路贯穿某省的 S、L、A、Y、D 五大工业城市,是连接 16 条干线公路和沟通两大港口、一座油田和一处煤矿的重要国道干线。该地区是我国重要的工业基地和对外贸易口岸之一。1985 年该区工农业总产值占全省的 58.2%,每万人拥有的汽车数量为全省平均数的 1.28 倍。到 2000 年实现工农业生产翻两番，运输生产必将迅速发展，而 SD 公路将担负十分繁重的运输任务，其自身的发展建设将对推动本区经济发展起着巨大的作用。

现有的 SD 公路全长 422km，技术标准低，除 S—A 段近 90km 为二级路，路基宽度为 24m 外，其余大部分为三级路，路基宽 11～12m，路面宽仅有 6～7m，且线形差、穿越城镇多、交叉路口多，交通堵塞十分严重，个别路段平均日交通量多达 5000 辆以上。随着商品经济的迅速发展，交通量增长与道路承受能力之间的矛盾日趋尖锐，SD 公路的扩建已势在必行。

经多次调查踏勘、线路比选和方案论证，拟将该公路全线先期建成一级公路并为过渡到高速公路创造条件。二期工程是将公路交通量较大的两端建成高速公路。视交通量的发展而逐步实现全线公路高速化。除 S—A 段约 90km 路段利用原路基扩建外，其他路段均为新建。建设一级公路同时在扩建路段附近建设一条二级公路并与旧线连通形成一条平行辅道，其费用列入本项目。工程建设费用投资大部分来自省养路费收入，其余为国家、省、市拨款及地方集资解决。

本案例是在该项目可行性研究及初步设计基础上对项目的国民经济和财务效益进行评价，由于公路建设属于非盈利性的基础设施建设并且服务于千家万户，因此评价重点放在国民经济效益这一部分，采用"有一无"对比法，即对有项目情况下发生的费用和效益与无项目情况下发生的费用和效益进行对比。

7.5.2 基础数据的分析

1. 交通量预测

SD 线的汽车交通量预测分三步进行，首先是预测 S 和 D 之间的汽车交通总量，即旧线与拟建新线的合计交通量，预测主要是依据该地区国民经济发展规划及对汽车运输的需求、港口的建设规模、铁路运输能力发展及其分流的可能性，并在原有交通量增长基础上进行的。第二是预测新线与旧线的交通量增长，从两条公路的规模和能力、作用方面及汽车的种类和性能上考虑对总交通量进行合理分配。第三，根据原有路段交通量的不均衡性预测新线分段交通量。

预测结果到 2000 年，SD 线汽车交通量合计达 27000 辆，年平均递增为 15.4%，其中新线为 23700 辆，详见表 7-24。

表 7-24　**SD 公路交通量（汽车）发展预测**　　　　　（单位：辆）

序号	年度	总计	新建公路					辅助公路
			合计	货车	客车	S－A 段	A－D 段	
1	1984	2744						
2	1985	3754						
3	1986	4120				4614	5163	

（续）

序号	年度	总计	新建公路					辅助公路
			合计	货车	客车	S-A段	A-D段	
4	1987	4862				5445	6078	
5	1988	5737				6483	7171	
6	1989	6770				7650	8530	
7	1990	8056	7008	5957	1051	8409	9110	1048
8	1991	9748	8481	7175	1306	10177	11025	1267
9	1992	11795	10262	8641	1621	12110	13135	1533
10	1993	13918	12109	10147	1962	14018	15603	1809
11	1994	16006	13925	11613	2312	16432	17684	2081
12	1995	18247	15875	13176	2699	18732	20161	2372
13	1996	20619	17939	14818	3121	21168	22434	2680
14	1997	22681	19833	16303	3530	23205	24989	2848
15	1998	24495	21433	17532	3901	25077	27005	3062
16	1999	25965	22849	18599	4250	26733	28789	3116
17	2000	27003	23763	19248	4515	27565	29703	3240
18	2001	28083	24741	19941	4800	28452	31174	3342
19	2002	29206	25760	20660	5100	29624	32457	3446
20	2003	30375	26821	21403	5418	31112	33526	3554
21	2004	31589	27925	22172	5753	32114	34906	3664
22	2005	32537	28795	22748	6047	33234	35994	3742
23	2006	33513	29693	23457	6236	34443	37116	3820
24	2007	34518	30582	24037	6545	35475	37922	3936
25	2008	35554	31536	24661	6875	36266	39105	4018
26	2009	36621	32519	25300	7219	37397	40649	4102
27	2010	37719	33570	25983	7587	38605	41963	4149
28	2011	38851	34616	26654	7962	39808	42934	4235
29	2012	40016	35694	27484	8210	41048	44261	4322
30	2013	40717	36037	27605	8702	42328	45273	4410

2. 建设规模

公路全长 376km，一期工程中路基、线形按高速公路标准建设，其余为一级标准，路基宽度 26m，平曲线最小半径 >700m；最大坡度 <3%；通行能力 5000~25000 辆/昼夜；设计行车速度平丘区 120km/h。二期工程将南北两端建成全封闭、全立交的高速公路，全长 151km；交通量通行能力为 25000 辆/昼夜以上；实现自动化管理系统。该公路建成后，可以满足未来交通量增长的需求。

3. 计算期

本项目计算期为 30 年。建设期为 7 年，其中一期工程建设期为 6 年，二期工程为 3 年。第 4 年一期工程部分完成并通车，第 7 年一期工程全线通车，第 8 年全部工程可完成投入使用。

4. 费用估算

（1）建设费用　公路建设费用一般包括直接工程费、征地费、拆迁费、测设费、预备费等。直接工程费用则包括材料费、人工费、机械费、施工管理费、其他工程和费用等。

本项目一期工程的费用根据可行性研究报告和初步设计概算为 155132 万元，见表 7-25。

表 7-25　项目一期工程费用

项目	费用/万元	项目	费用/万元
路基和中小桥涵	44510	沿线设施	5170
路面工程	44340	辅道	7952
大桥工程	17041	支线	1812
互通式立交工程	15115	建设单位管理费	250
非互通式立交	1659	勘测设计费	2287
跨线桥	3740	科学实验研究费	150
平面交叉	2427	材料差价预备费	8679

二期工程总费用估算为 15027 万元，其中：

1）建筑安装工程费 9093 万元（包括引道土方、立交、防护栏、通信中心、服务区、停车场、收费站等）。

2）设备及工具器具购置费 3549 万元（包括通信及电子监控系统、收费系统、养护设备等）。

3）其他基建费用 1402 万元（包括征地拆迁、勘测、技术装备费等）。

4）预备费 983 万元。

SD 公路一、二期工程建设总投资为 170159 万元，其分年投资计划见表 7-26。

表 7-26　SD 公路年度投资计划　　　　　　　　　　　（单位：万元）

建设期	一期工程	二期工程	一期分年投资比例	二期分年投资比例
1	10932		7.10%	
2	21100		13.60%	
3	31600		20.40%	
4	33500		21.60%	
5	34500	4100	22.20%	27.30%
6	23500	5957	15.10%	39.60%
7		4970		33.10%
合计	155132	15027	100.00%	100.00%

（2）养护大修费用　SD 公路建成后年养护费用按每公里 9000 元计，高速公路段按每公里追加 3000 元共 12000 元计，年需养护费用 384 万元。大修为 15 年一次，费用为 1919 万元。

由于公路具有相对于汽车运输的独立性，故汽车运输部门固定资产投资及运营费用不计入公路建设项目，因此公路本身占用的流动资金极小，可忽略不计，公路"运营费"则列入养护费用。

7.5.3　国民经济评价

国民经济评价是从国民经济综合平衡的整体角度出发，分析考察项目对于国民经济所产生的净效益，从而判断项目投资的经济合理性。在费用和效益计算中应用影子价格、影子工资、影子汇率和社会折现率来进行动态分析计算。

本项目案例所采用的影子价格系数和社会折现率以原国家计委颁布的《建设项目经济评价方法与参数》（第二版）为准，社会折现率为 10%。

7.5.3.1　费用调整

在该项目费用的调整中，需要进行调整的费用主要是工程材料费、机械使用费、人工费、土地征用费、价差费等，其他（如测设费、施工管理费、拆迁费等）按实际财务支出考虑，不做调整。

1. 一期工程总费用的调整

（1）材料费　本项目所需材料有钢材、木材、水泥、沥青、砂石料及其他材料等。钢材、木材可按外贸货物进行价格调整；水泥、沥青按非外贸物资调整；砂石料可大量就地取材，按实际支出计算不作调整。材料费用调整见表 7-27。

表 7-27　工程材料费用调整

名称	用量/t	影子价格/（元/t）	调价后费用/万元	预算财务费用/万元	费用增减/万元
钢材、钢筋	51315	1200	6157.8	2924.9	+3232.9
高强钢丝	2138	4500	962.2	294.2	+668
木材	67593	480	3244.5	2088.6	+1155.9
水泥	3516	100	3516	1969	+1547
沥青	1027	330.2	3391.2	2054	+1337.2
合计					+7941.0

由于项目所在地临近海港，且资源丰富，故钢材、木材的调整只包括贸易费用，不计算国内运费。调整后工程材料费用比财务费用增支 7941 万元。

（2）机械使用费　工程建设中使用了大量的机械设备，消耗一定的能源和材料，因此需对使用机械的费用进行调整。可将机械使用的台班费用进行分解，根据消耗的油、电和材料情况修正台班定额费用，主要机械费用调整见表 7-28。

表 7-28　主要机械使用费调整

机械	台班数量/台班	台班修正费用/(元/台班)	调整后费用/万元	财务费用/万元	费用增减额/万元
汽车	2214200	132.4	29316	25020.5	+4295.5
推土机	71027	131.1	933.5	745.8	+187.7
装卸机	31602	137.3	433.9	347.6	+86.3
压路机	60800	59	358.7	287.6	+71.1
摊铺机	4450	884.4	393.6	265.8	+127.8
合计			31435.7	26667.3	+4768.4

（3）人工费用　SD 公路建设工程需人工 52684 人·年，根据国家发展改革委颁布的经济评价参数，本项目为一般建设项目，劳动力影子工资换算系数为 1，其影子工资等于财务中的名义工资，即工资加职工福利基金。项目名义工资估算为 1500 元/人·年，费用为 7902 万元，此费用不做调整。

（4）征用土地费用　该项目占用大量土地，其机会成本应为所占土地生产净效益，因此对土地费用支出须做调整列入国民经济为此所付出的代价。SD 公路一期工程征用土地 20684 亩（1 亩 = 10000/15 m² = 666.6 m²），其中旱田 13839 亩、水田 3836 亩、菜田 800 亩、果园 112 亩，其他 2097 亩。"其他"用地多为荒地，机会成本可视为零。对于农林用地做如下计算调整：

1）据每一种农田的亩产值和种植成本计算每亩农田的年净产值 P_n。

2）按下式计算项目期内每亩农田的总净产值 P。

$$P = \sum_{t=1}^{30} P_n \left(\frac{1+j}{1+i}\right)^t$$

式中　P_n——当前某种农田年净产值；

　　　j——年产量递增率，取 4%；

　　　i——社会折现率，10%；

　　　t——建设期 + 使用期，30 年。

3）根据占用某种农田的数量计算所占该种农田的总效益，即修建公路国民经济为此所付出的费用。

土地费用调整见表 7-29。

表 7-29　土地费用调整

项目	征用数量/亩	每亩年净产量/(元/亩)	每亩 30 年净效益/(元/亩)	调整后土地总费用/万元	财务费用/万元	费用增减/万元
旱田	13839	150	2116.7	2929.3	2767.8	+161.5
水田	3836	325	4586.2	1759.3	767.2	+992.1
菜田	800	1200	16933.8	1354.7	1600	-245.3
果园	112	1800	25400.7	284.5	224	+60.5
合计				6327.8	5359	+968.8

(5) 其他的费用调整　材料价差预备费是考虑物价上涨因素而列入财务支出的，由于前面已将材料费用按影子价格进行了调整，故在经济费用中应减去这部分费用，记为 -8679.4 万元。

(6) 总费用的调整　通过以上项目费用的增减调整，一期工期总费用（经济费用）为

EC = (155132 + 7941 + 4768.4 + 968.8 - 8679.4) 万元 = 160130 万元

2. 二期工程总费用的调整

二期工程财务预算费用为 15027 万元。按上述方法对其进行费用调整，主要有以下几项：

1) 材料费：主要包括原木、锯材、钢材、水泥等。调整后增加 1148.47 万元。

2) 机械费：经调整后增加 470 万元。

3) 通信、电子监控及收费系统设备费：这些设备大部分为进口设备。按影子汇率进行调整后增加 223 万元。

4) 土地费用：二期工程立交桥建设需占地 950 亩，其经济费用比财务费用增加 190 万元。

5) 其他：总费用中应减去材料价差预备费 983 万元。

经上述增减，二期工程国民经济费用应为 16076 万元。

3. 关于养护和大修费用的调整

在费用调整中，养护和大修费也应进行调整，但由于其中项目较多，而设计文件中是以每公里平均费用估算而成，缺乏详细资料，且费用相对较小，为简化起见，故不做调整。

4. 调整后费用的年投资分配

根据 SD 公路年度投资计划，对调整后的经济费用年度分配见表 7-30。

表 7-30　调整后的经济费用年度分配

年份	一期工程/万元	二期工程/万元
1984 年	11130	
1985 年	21800	
1986 年	32500	
1987 年	34500	
1988 年	35600	4416
1989 年	24600	6430
1990 年		5230
合计	160130	16076

7.5.3.2　效益计算

效益计算主要是对该项目所引起直接、间接的可计算的经济效益进行定量计

算，对于项目实施后将推动本地区社会经济发展的难以定量计算的效益，在计算中未予考虑，将在综合评价中进行定性分析。

有此项目比无项目时所产生的国民经济效益主要表现在：公路运输缩短减少的运输费用；汽车运输成本降低的效益；节省运输时间的效益；减少货损货差效益；辅道上运输成本降低的效益；减少交通事故的效益。其中降低交通事故的效益由于资料缺乏，不做计算。

1. 缩短运距减少运输费用的效益

新线建成后比原有公路缩短里程46km，新线上分配汽车交通量减少运输距离，从而节约了无项目时这部分运输成本支出。计算式如下

$$B_{SD} = Q_w C_o (L_o - L_w) \qquad (7-14)$$

式中　B_{SD}——缩短运距节约运输成本；

　　　Q_w——新线客、货运输量（kt）；

　　　C_o——旧线客货综合单位运输成本，取C_o为185元/kt·km；

　　　L_o、L_w——旧线、新线里程，$L_o - L_w = 46$km。

其中汽车运输量Q = 交通量×平均吨位×实载率。本例中货车综合平均吨位为5t、实载率为40%；客车综合换算平均吨位1.5t、实载率为70%，代入式中即可求出换算汽车运输量Q再代入式（7-14）得

$B_{SD} = 365 \times [$（日货车交通量$\times 5 \times 40\%$）+（日客车交通量$\times 1.5 \times 70\%$）$] \times 46 \times 185$

计算结果：1990年$B_{SD} = 4043.4$万元；2000年$B_{SD} = 13430.0$万元；2010年$B_{SD} = 18616.0$万元。

2. 新线汽车运输成本降低的效益

有项目时由于解决了混合交通问题，提高了汽车行驶速度、减少油耗和材料消耗从而比无项目时相应降低了运输成本，前后运输成本差额的累计值即为有项目时的经济效益，计算如下

$$B_{RC} = Q_w L_w (C_o - C_w) \qquad (7-15)$$

式中　L_w——新线里程，为376km；

　　　C_w——新线综合平均汽车运输成本，经测算取120元/kt·km。

新旧线平均单位汽车运输成本差$C_o - C_w = 185$元/kt·km $- 120$元/kt·km $= 65$元/kt·km。用根据汽车交通量反算的汽车运输量代入式（7-15），计算结果为：1990年$B_{RC} = 11612.3$万元；2000年$B_{RC} = 38570.0$万元；2010年$B_{RC} = 53638.0$万元。

3. 旅客运输时间的节约效益

当项目不成立时，旅客运输须由原有公路承担。从S市到D市，客运时间约需11h，而项目建成后，旅客运行时间缩短为5h，比原有公路运行时间节约6h，其经济效益计算如下

$$B_{TP} = Q_p G (t_1 - t_2) \alpha \qquad (7-16)$$

式中　Q_p——新线旅客运输量（万人）；

G——社会劳动者人均小时国民收入，据该地区资料测算为 1.02 元/人·h；

t_1、t_2——旧、新线运输时间，其差额取 6h；

α——乘客生产性出行时间占总出行时间的比重，本案例中取 60%。

据新线客车交通量推算出客运量代入式（7-16）求得旅客节约运输时间的效益如下：1990 年 B_{TP} = 1479.0 万元；2000 年 B_{TP} = 6354.0 万元；2010 年 B_{TP} = 10675.0 万元。

4. 减少在途货物运输时间的效益

减少在途货物运输时间效益是由于新线货物运输提高了送达速度从而引起资金周转时间缩短所产生的效益，一般按在途货物所需流动资金利息的减少支出量来计算

$$B_{TC} = Q_w P i (t_1 - t_2) \tag{7-17}$$

式中　Q_w——新线完成货运量（万 t）；

P——在途货物平均价值（元/t）；

i——小时流动资金利率；

t_2、t_1——新旧线货物运输时间。

在途货物平均价值根据该地区当前公路货运结构及产品价值大致推算，按 1200 元/t 计；流动资金利息率按社会折现率 10% 计；从 S 市到 D 市新旧线货物运输时间仍按 5h 和 11h 计算，时间差为 6h。

经计算，新、旧线对比所产生的货物运输时间节约效益如下：1990 年 B_{TC} = 53.6 万元；2000 年 B_{TC} = 173.3 万元；2010 年 B_{TC} = 233.9 万元。

5. 降低货损货差的效益

货损货差是一种由于装卸和途中颠簸加之包装不善而引起货物数量损失和物件损坏；一种是由于时间所产生货物的质量下降和货物在市场上竞争能力的降低，也属于货物损耗，如鲜活易腐货物等。本例中由于新线建成后，路况大大改善，平稳度提高，运行速度加快，与旧线相比，货物运输中的损耗有所减少，其效益可用下式计算

$$B_{RL} = Q_C j P \tag{7-18}$$

式中　j——货损差率，有无项目对比时货损货差降低 0.1%。

货物平均价值为 1200 元/t，计算结果如下：1990 年 B_{RL} = 521.9 万元；2000 年 B_{RL} = 1686.1 万元；2010 年 B_{RL} = 2276.2 万元。

6. 辅道降低运输成本效益

由于项目兴建，吸引了大量交通流量，从而降低老路的拥挤程度，加上老路改造成辅道后路况进一步改善，导致运输成本的下降，见下式

$$B_{SB} = Q_s L_o (C_1 - C_2) \tag{7-19}$$

式中　Q_s——辅道客货运输量，根据预测辅道交通量可以推算得出；

L_o——辅道（旧线）里程；

$C_1 - C_2$——有无项目对比的运输成本差额，按 10 元/kt·km 计算。

计算结果如下：1990 年 B_{SB} = 322.8 万元；2000 年 B_{SB} = 998.1 万元；2010 年 B_{SB} = 1278.1 万元。

7. 总效益计算

由该项目带来的总经济效益（可计算的）为上述各种效益的总和，即

$$B = B_{SD} + B_{RC} + B_{TP} + B_{TC} + B_{RL} + B_{SB}$$

效益计算汇总见表 7-31。

表 7-31　SD 公路经济效益计算表

序号	项目	1990 年	2000 年	2010 年
1	缩短运距效益	4043.4	13430.0	18616.0
2	降低运输成本效益	11612.3	38570.0	53638.0
3	旅客运输时间节约	1479.0	6354.0	10675.0
4	在途货物时间节约	53.6	173.3	233.9
5	减少货物货差效益	521.9	1686.1	2276.2
6	辅道成本降低效益	322.8	998.1	1278.1
	合计	18033.0	61211.5	86717.2

计算期其他年度效益根据不同年度的交通量分别计算，结果详见表 7-32。

7.5.3.3　经济现金流量分析

据以上调整和计算的成本、效益数据，编制经济效益分析计算（见表 7-32），对本项目进行经济效益分析，其评价指标有：经济内部收益率 EIRR；经济净现值 ENPV；经济效益费用率 EBCR；投资回收期。

使用经济现金流量表分析得出本项目的经济内部收益率 EIRR = 17.62%，大于社会折现率 10%；在社会折现率 10% 时，项目经济净现值 ENPV = 132327 万元；EBCR = 2.14，大于 1；动态投资回收期为 14 年（包括建设期在内）。以上结果表明：本项目具有较高的国民经济效益。

7.5.3.4　敏感性分析

对项目的经济评价做敏感性分析，是为了判断项目承受不确定性因素变化风险的能力。我们选择了交通量和投资两个变化因素对 SD 公路项目进行敏感性分析，结果见表 7-33 及图 7-2。

从图表可以看出，项目投资变化和预测交通量的变化对内部收益率有一定影响，但影响幅度不大，说明该项目对不确定因素的变化具有较强的抗风险能力。交通量降低的临界点在 50% 以上；投资增加的临界点则位于 70% 以上。

表 7-32　SD 公路经济效益计算分析表

（单位：万元）

序号	年度	经济费用				经济效益							费用效益分析（折现率10%）			
		一期投资	二期投资	养护大修	合计	运距缩短	成本降低	旅客节约时间	在途货物时间节约	减少货损货差	辅道成本降低	合计	费用现值	效益现值	年净现值	累计净现值
1	1984	11130.0			11130.0								-10118.2	0.0	-10118.2	-10118.2
2	1985	21800.0			21800.0								-18016.5	0.0	-18016.5	-28134.7
3	1986	22500.0			22500.0								-16904.6	0.0	-16904.6	-45039.3
4	1987	34500.0			34500.0		3785.8					3785.8	-23564.0	2585.8	-20978.2	-66017.5
5	1988	35600.0	4416.0		40016.0		4478.8					4478.8	-24846.8	2781.0	-22065.8	-88083.3
6	1989	24600.0	6430.0		31030.0		5294.7					5294.7	-17515.6	2988.7	-14526.9	-102610.2
7	1990		5230.0	338.4	5568.4	4043.4	11612.3	1479.0	53.6	521.9	322.8	18033.0	-2857.5	9253.8	6396.3	-96213.9
8	1991			383.7	383.7	4868.6	13982.1	1837.7	64.6	628.6	390.3	21771.9	-179.6	10156.8	9977.8	-86236.2
9	1992			383.7	383.7	5897.0	16935.6	2281.0	77.4	757.0	472.3	26420.3	-162.7	11204.8	11042.1	-75194.1
10	1993			383.7	383.7	6941.6	19941.4	2761.0	91.4	888.8	557.3	31181.5	-147.9	12021.8	11873.9	-63320.2
11	1994			383.7	383.7	7968.6	22885.2	3253.8	104.5	1017.3	641.1	35870.5	-134.5	12572.4	12437.9	-50882.3
12	1995			383.7	383.7	9065.9	26036.5	3798.2	118.6	1154.2	730.7	40904.1	-122.3	13033.3	12911.0	-37971.3
13	1996			383.7	383.7	10223.3	29360.4	4392.1	133.4	1298.1	825.6	46232.9	-111.1	13392.0	13280.9	-24690.4
14	1997			383.7	383.7	11279.4	32393.4	4968.0	146.7	1428.2	877.4	51093.1	-101.0	13454.4	13353.4	-11337.0
15	1998			383.7	383.7	12163.9	34933.8	5489.9	157.8	1535.8	943.3	55224.5	-91.9	13220.3	13128.5	1791.4
16	1999			383.7	383.7	12940.5	37164.0	5981.0	167.4	1629.3	959.9	58842.1	-83.5	12805.8	12722.3	14513.7

EIRR = 17.62%
EBCR = 2.14
ENPV = 132327.0

（续）

序号	年度	经济费用			经济效益							费用效益分析（折现率10%）				
		一期投资	二期投资	养护大修	合计	运距缩短	成本降低	旅客节约时间	在途货物时间节约	减少货损货差	铺道成本降低	合计	费用现值	效益现值	年净现值	累计净现值
17	2000			383.7	383.7	13430.0	38570.0	6354.0	173.3	1686.1	998.1	61211.5	−75.9	12110.4	12034.5	26548.2
18	2001			383.7	383.7	13953.4	40072.9	6755.0	179.5	1746.9	1029.5	63737.2	−69.0	11463.7	11394.7	37942.8
19	2002			383.7	383.7	14498.3	41637.9	7177.3	185.9	1809.9	1061.6	66370.9	−62.7	10852.2	10789.4	48732.3
20	2003			383.7	383.7	15063.5	43261.0	7624.6	192.6	1874.9	1094.8	69111.4	−57.0	10273.0	10215.9	58948.2
21	2004			1918.5	1918.5	15650.3	44962.0	8095.9	199.5	1942.4	1128.7	71978.8	−259.2	9726.5	9467.3	68415.5
22	2005			383.7	383.7	16104.0	46249.4	8508.0	204.8	1992.8	1152.8	74211.8	−47.1	9116.6	9069.5	77485.0
23	2006			383.7	383.7	16604.4	47690.3	8774.9	211.0	2054.9	1176.8	76512.3	−42.9	8544.8	8501.9	85986.9
24	2007			383.7	383.7	17066.9	49014.8	9210.9	216.3	2105.6	1212.5	78827.0	−39.0	8003.0	7964.0	93950.9
25	2008			383.7	383.7	17562.6	50438.2	9675.8	221.9	2160.3	1237.8	81296.6	−35.4	7503.4	7467.9	101418.8
26	2009			383.7	383.7	18071.7	51900.4	10159.2	227.7	2216.3	1263.7	83839.0	−32.2	7034.5	7002.4	108421.2
27	2010			383.7	383.7	18616.0	53638.0	10675.0	233.9	2276.2	1278.1	86717.2	−29.3	6614.6	6585.3	115006.5
28	2011			383.7	383.7	19154.8	55011.0	11204.8	239.8	2334.9	1304.6	89249.9	−26.6	6188.9	6162.3	121168.8
29	2012			383.7	383.7	19751.7	56725.3	11554.0	247.4	2407.5	1331.1	92017.0	−24.2	5800.7	5776.5	126945.3
30	2013			383.7	383.7	20150.1	57869.5	12246.1	248.5	2418.2	1358.5	94290.9	−22.0	5403.7	5381.7	132327.0

EIRR = 17.62%
EBCR = 2.14
ENPV = 132327.0

表7-33　SD公路经济敏感性分析

项目	+50%	+30%	+10%	+0%	-10%	-30%	-50%
交通量变化							
EIRR			18.73	17.62	16.45	13.86	10.75
EBCR			2.35	2.14	1.93	1.51	1.09
ENPV			156741.3	132327.0	107912.6	59083.9	10255.1
投资变化							
EIRR	13.35	14.78	16.56	17.26	18.85		
EBCR	1.44	1.66	1.95	2.14	2.38		
ENPV	75502.2	98232.1	120962.0	132327.0	143691.9		

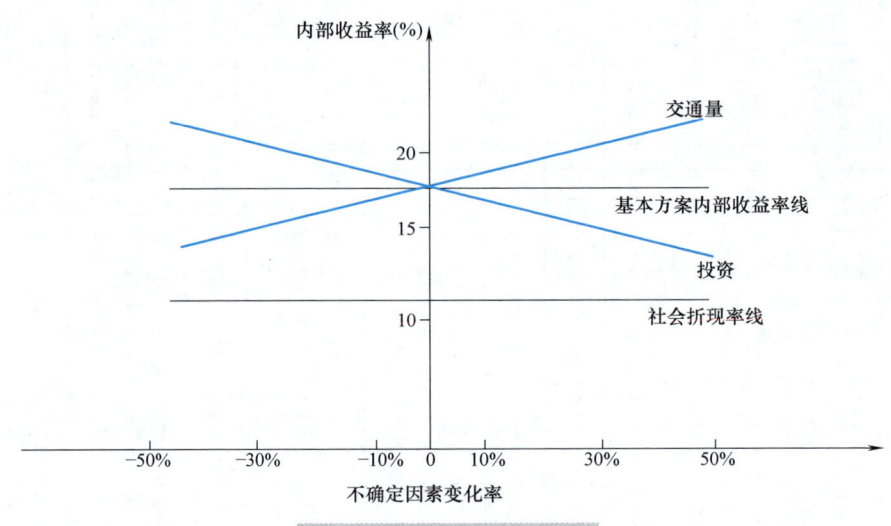

图7-2　经济敏感性分析图

7.5.4　财务评价

　　财务评价是站在公路建设部门的角度，分析资金投入后，公路部门直接获得收益的多少，它是根据国家现行财税制度和现行价格对项目的费用和收益进行测算，考察其获利能力、清偿能力等财务状况、判断其财务的可能性。通过现金流量分析从微观角度考察项目资金回收能力，以反映公路建设的财务状况。

1. 收入计算

　　该项目唯一的收入来源是收取过路费，收入多少与交通量大小密切相关，收入计算也是以交通量预测为基础的。据可行性研究报告中的收费标准，结合交通量的车辆构成，综合分析、加权平均，得出每车每公里平均收费额为0.10元。再根据

SD 公路两端收费路段的交通量预测分别测算两段的年收费总额，计算式如下

年收入 = 交通量 × 路段里程 × 收费定额 × 工作日

测算结果：详见表 7-35。

2. 费用计算

费用包括初期投资和建成后的养护、大修费用，其他管理费包括在养护费用中，均按工程财务概算费用数据计算。

3. 财务现金流量分析

在折现率为 3.6% 和 8% 两种情况下对项目进行的现金流量分析结果见表 7-34（详细数据见表 7-35、表 7-36）。

表 7-34　财务现金流量分析

项目	折现率	
	DR = 3.6%	DR = 8%
FIRR	4.71%	4.71%
FNPV	27039 万元	−46885.9 万元
FBCR	1.2	0.6
回收期	26 年	计算期内不能回收

分析表明：如果此项目是国家按基础设施给予低息贷款（利率 3.6%），通过收取过路费可以勉强偿还贷款，但这是在交通量达到所预测的水平情况下，如若有所下降，势必难以清偿贷款，如项目贷款利率高于 4.7%，则从财务本身看是不可行的。除非是提高每车公路收费率，增加财务收入，以偿还贷款本息。

其他财务指标在案例中不做计算，因前面已说明尽管该公路实行收费，但它仍不是一个经营管理的企业实体，财务现金流量分析也仅做为一种方法的说明。

7.5.5　综合评价

通过对 SD 公路项目的国民经济评价和财务评价可以看出本项目具有较好的国民经济效益，经济内部收益率达 17%，远高于 10% 的社会折现率。财务评价尽管也能满足低息贷款要求，但受交通量变化及制订的收费标准影响很大。评价客观地反映出公路建设作为社会经济发展的基础设施这一特点，我们认为应以国民经济效益的高低作为公路建设项目唯一评价准则。

本项目除可以定量计算的国民经济效益外，还具有大量难以定量分析的国民经济和社会效益，定性分析如下：

1）项目实施后，不仅可以满足地区工农业生产发展对运输的需求，而且可以促进地区社会经济发展，增加国民收入和财政收入，进而提高人民生活水平。

2）可以改善地区的投资环境，大量吸引外资，兴办"三资"企业，发展劳动密集型产业，推动本区向外向型经济发展。

表 7-35　SD 公路项目财务分析计算表（DR = 3.6%） （单位：万元）

序号	年度	财务费用				收入			现金流量分析（折现率 3.6%）			
		一期投资	二期投资	养护、大修	合计	S-D段	P-D段	合计	费用现值	效益现值	年净现值	累计净现值
1	1984	10932.0			10932.0				-10552.1		-10552.1	-10552.1
2	1985	21100.0			21100.0				-19659.1		-19659.1	-30211.2
3	1986	31600.0			31600.0				-28418.9		-28418.9	-58630.1
4	1987	33500.0			33500.0				-29080.8		-29080.8	-87710.9
5	1988	34500.0	4100.0		38600.0				-32343.6		-32343.6	-120054.5
6	1989	23500.0	5957.0		29457.0				-23824.8		-23824.8	-143879.3
7	1990		4970.0	338.4	5308.4				-4144.2		-4144.2	-148023.5
8	1991			383.7	383.7	3491.7	2293.9	5785.6	-289.1	4359.8	4070.7	-143952.8
9	1992			383.7	383.7	4154.9	2732.7	6887.6	-279.1	5009.9	4730.8	-139222.0
10	1993			383.7	383.7	4809.6	3246.2	8055.8	-269.4	5656.0	5386.6	-133835.4
11	1994			383.7	383.7	5637.8	3679.2	9317.0	-260.0	6314.2	6054.2	-127781.2
12	1995			383.7	383.7	6427.3	4194.5	10621.8	-251.0	6948.7	6697.7	-121083.5
13	1996			383.7	383.7	7262.7	4667.4	11930.1	-242.3	7533.0	7290.7	-113792.8
14	1997			383.7	383.7	7961.6	5199.9	13161.5	-233.9	8021.7	7787.8	-106005.0
15	1998			383.7	383.7	8603.9	5618.4	14222.3	-225.7	8367.1	8141.4	-97863.6
16	1999			383.7	383.7	9172.1	5991.4	15163.5	-217.9	8610.8	8392.9	-89470.7

FIRR = 4.71%
FBCR = 1.2
FNPV = 27039.0

第7章 投资项目的经济评价及社会评价

（续）

序号	年度	财务费用				收入			现金流量分析（折现率3.6%）				
		一期投资	二期投资	养护、大修	合计	S-D段	P-D段	合计	费用现值	效益现值	年净现值	累计净现值	
17	2000			383.7	383.7	9457.6	6179.7	15637.3	-210.3	8571.3	8361.0	-81109.7	
18	2001			383.7	383.7	9761.9	6485.8	16247.7	-203.0	8596.4	8393.4	-72716.3	
19	2002			383.7	383.7	10164.0	6752.7	16916.7	-196.0	8639.3	8443.3	-64273.0	
20	2003			383.7	383.7	10674.5	6975.1	17649.6	-189.1	8700.4	8511.3	-55761.7	
21	2004			1918.5	1918.5	11018.3	7262.2	18280.5	-912.9	8698.3	7785.4	-47976.3	
22	2005			383.7	383.7	11402.6	7488.6	18891.2	-176.2	8676.5	8500.3	-39476.0	
23	2006			383.7	383.7	11817.4	7722.0	19539.4	-170.1	8662.4	8492.3	-30983.7	FIRR = 4.71%
24	2007			383.7	383.7	12171.5	7889.7	20061.2	-164.2	8584.7	8420.5	-22563.2	FBCR = 1.2
25	2008			383.7	383.7	12442.9	8135.8	20578.7	-158.5	8500.1	8341.6	-14221.6	FNPV = 27039.0
26	2009			383.7	383.7	12830.9	8457.0	21287.9	-153.0	8487.5	8334.5	-5887.1	
27	2010			383.7	383.7	13245.4	8730.4	21975.8	-147.7	8457.3	8309.6	2422.1	
28	2011			383.7	383.7	13658.4	8932.4	22590.8	-142.5	8391.8	8249.3	10671.3	
29	2012			383.7	383.7	14083.6	9208.5	23292.1	-137.6	8351.7	8214.1	18885.4	
30	2013			383.7	383.7	14522.7	9419.0	23941.7	-132.8	8286.3	8153.5	27039.0	

表 7-36　SD 公路项目财务分析计算表（DR=8%）　　　　　　　　　　　　　　　　（单位：万元）

序号	年度	财务费用				收入			现金流量分析（折现率3.6%）			
		一期投资	二期投资	养护、大修	合计	S-D 段	P-D 段	合计	费用现值	效益现值	年净现值	累计净现值
1	1984	10932.0			10932.0				−10122.2		−10122.2	−10122.2
2	1985	21100.0			21100.0				−18089.8		−18089.8	−28212.1
3	1986	31600.0			31600.0				−25085.1		−25085.1	−53297.2
4	1987	33500.0			33500.0				−24623.5		−24623.5	−77920.7
5	1988	34500.0	4100.0		38600.0				−26270.5		−26270.5	−104191.2
6	1989	23500.0	5957.0		29457.0				−18562.9		−18562.9	−122754.1
7	1990		4970.0	338.4	5308.4				−3097.4		−3097.4	−125851.5
8	1991			383.7	383.7	3491.7	2293.9	5785.6	−207.3	3125.8	2918.5	−122933.0
9	1992			383.7	383.7	4154.9	2732.7	6887.6	−191.9	3445.5	3253.6	−119679.4
10	1993			383.7	383.7	4809.6	3246.2	8055.8	−177.7	3731.4	3553.7	−116125.8
11	1994			383.7	383.7	5637.8	3679.2	9317.0	−164.6	3995.9	3831.3	−112294.4
12	1995			383.7	383.7	6427.3	4194.5	10621.8	−152.4	4218.1	4065.7	−108228.7
13	1996			383.7	383.7	7262.7	4667.4	11930.1	−141.1	4386.7	4245.6	−103983.2
14	1997			383.7	383.7	7961.6	5199.9	13161.5	−130.6	4481.0	4350.4	−99632.8
15	1998			383.7	383.7	8603.9	5618.4	14222.3	−121.0	4483.5	4362.5	−95270.3
16	1999			383.7	383.7	9172.1	5991.4	15163.5	−112.0	4426.1	4314.1	−90956.2

FIRR = 4.71%
FBCR = 0.6
FNPV = −46456.0

（续）

序号	年度	财务费用				收入			费用现值	现金流量分析（折现率3.6%）			
		一期投资	二期投资	养护、大修	合计	S-D段	P-D段	合计		效益现值	年净现值	累计净现值	
17	2000			383.7	383.7	9457.6	6179.7	15637.3	-103.7	4226.3	4122.6	-86833.7	FIRR = 4.71%
18	2001			383.7	383.7	9761.9	6485.8	16247.7	-96.0	4066.0	3970.0	-82863.7	FBCR = 0.6
19	2002			383.7	383.7	10164.0	6752.7	16916.7	-88.9	3919.8	3830.9	-79032.8	FNPV = -46456.0
20	2003			383.7	383.7	10674.5	6975.1	17649.6	-82.3	3786.7	3704.4	-75328.4	
21	2004			1918.5	1918.5	11018.3	7262.2	18280.5	-381.1	3631.5	3250.4	-72078.0	
22	2005			383.7	383.7	11402.6	7488.6	18891.2	-70.6	3474.9	3404.3	-68673.8	
23	2006			383.7	383.7	11817.4	7722.0	19539.4	-65.3	3327.9	3262.6	-65411.2	
24	2007			383.7	383.7	12171.5	7889.7	20061.2	-60.5	3163.6	3103.1	-62308.1	
25	2008			383.7	383.7	12442.9	8135.8	20578.7	-56.0	3004.9	2948.9	-59359.3	
26	2009			383.7	383.7	12830.9	8457.0	21287.9	-51.9	2878.2	2826.3	-56533.0	
27	2010			383.7	383.7	13245.4	8730.4	21975.8	-48.0	2751.1	2703.1	-53829.9	
28	2011			383.7	383.7	13658.4	8932.4	22590.8	-44.5	2618.5	2574.0	-51255.9	
29	2012			383.7	383.7	14083.6	9208.5	23292.1	-41.2	2499.9	2458.7	-48797.2	
30	2013			383.7	383.7	14522.7	9419.0	23941.7	-38.1	2379.3	2341.2	-46456.0	

3）项目进行中，即可增加劳动力收入，建成后可增加劳动就业、增加工资和地方收入。

4）本区具有丰富的自然资源如煤、油、气、铁等，该项目实施对于开发这些资源起着不可估量的作用。

5）SD公路也是一条疏港公路，对于港口的发展建设特别是对集装箱码头建设和开展集装箱运输奠定了良好的基础。另外对于S市新建大型航空港来说，无疑是将其吸引腹地扩大到了整个地区。

6）加强了沿线五大城市的联系，促进了中小城镇的兴起和发展，缩小了地区间在政治、经济、科技、文化、卫生等方面的差距。

7）沿线的商业网点和服务设施将会迅速发展，这对增加劳动力就业和发展劳务市场有显著的作用。

8）高速公路对于汽车的性能和速度有一定的要求，因此，这条公路的建设对促进我国汽车工业的发展，减少进口车以节约外汇具有一定的效果。

9）该公路是联系本区与内地唯一重要公路，因此，不仅在经济上，而且在国防上也具有重要的战略意义。

项目实施既有对社会产生有利效果的一面，也有产生不利因素的一面。如项目占用农用耕地较多，在耕地资源紧张情况下无疑是很大的代价。还有项目投入使用后不可避免产生对环境的污染及大量汽车带来较高的能源耗费等。但综合正反两方面的效果，SD公路所带来的国民经济和社会效益远远大于国民经济和社会为此所付出的代价。因此项目是可取的。

思考题与习题

1. 简述财务评价的概念、目的及意义。
2. 财务评价的基本报表有哪些？相互间的关系是什么？各自的作用是什么？
3. 分析项目财务评价和资本金财务评价及各投资者财务评价的异同。
4. 财务评价的主要内容及其评价指标是什么？
5. 什么是国民经济评价，它与财务评价有何异同？
6. 在国民经济评价中，识别效益费用的基本原则是什么？
7. 什么是项目的直接效益和直接费用？在国民经济评价中采用什么价格体系计量直接效益和直接费用？
8. 什么是项目的间接效益和间接费用？请各举两例。
9. 进行国民经济评价时，有哪些是转移支付？
10. 什么叫社会折现率？它的作用是什么？
11. 某一出口产品，其影子价格为1134元/t，国内现行价格为718元/t，求其影子价格换算系数。
12. 什么叫社会评价？其作用与范围有哪些？
13. 社会评价的方法有哪些？
14. 什么叫项目后评价？项目后评价具有什么作用？

第 8 章

价 值 工 程

本章提要

价值工程是一种技术与经济紧密结合的技术经济分析方法,是以最低的寿命周期成本实现一定的产品或作业的必要功能,而致力于功能分析的有组织的活动。本章论述了功能定义、功能分析与功能评价等内容及价值工程在研究对象的改善和方案比选中的应用。

8.1 概述

8.1.1 价值工程的产生和发展

价值工程(Value Engineering——VE),也称价值分析(Value Analysis——VA),起源于 20 世纪 40 年代的美国。在第二次世界大战期间,美国成为世界上最大的军火生产国,军事工业迅速发展。但是由于战争的原因,各种资源都非常紧张,在 100 种重要资源中,有 88 种需要进口。为保证军工产品的生产,急需解决短缺材料的供应问题,为此美国通用电气公司责成公司采购科长麦尔斯(L. D. Miles)负责这项工作。麦尔斯从功能分析出发,努力寻求与短缺材料具有同样功能的代用品,从而较好地保证了公司军工产品生产的材料供应。例如,当时油漆车间需用石棉板把产品垫起,避免喷漆时引起火灾和玷污地板。但当时石棉板缺货且价格昂贵,麦尔斯购买到一种廉价的防火纸来代替石棉板,同样能发挥防火和清洁两种功能。类似的代用品方法成功案例,在通用电气的采购部门有很多。

第二次世界大战以后,美国政府取消了战时生产的补贴制度,美国原材料价格普遍上涨,推动产品成本提高,企业之间竞争日趋激烈。为在激烈的市场竞争中占据优势,降低成本,合理利用资源,美国通用电气公司在产品的物美价廉上下了很大的功夫,并将战时和战后的成功经验加以总结,使之科学化,系统化,以便更好地指导以后的工作。公司责成麦尔斯负责总结整个分析过程。在实践的基础上,经过综合整理和归纳，麦尔斯在1947年《美国机械师》杂志上公开发表了《价值分析》一文。在该篇论文里，麦尔斯提出了价值工程的最基本理论，标志着价值工程作为一门科学理论的正式诞生。

由于价值工程技术效果显著，得到了美国政府的重视。1955年，美国海军造船部门首先采用价值工程技术，1956年正式签订订货合同，第一年就节约了3500万美元。1958年，美国国防部要求所属军工部门都制订价值工程计划，1964年以后，政府各部门纷纷推广价值工程技术。据统计，从1964年到1972年，美国国防部由于开展VE活动，节约资金超过10亿美元。美国休斯飞机公司1978年有4000人参加价值工程活动，提出改革提案3714件，平均每件提案节约31786美元。50年代以后，价值工程技术传到日本和欧洲，60年代，特别是70年代以后，价值工程方法获得了迅速发展。目前，各国应用价值工程的方法，不仅限于产品研究、设计和生产领域，而且在工程组织、预算、服务等领域也得到了广泛的应用。

我国自1978年引进、推广和应用价值工程方法以来，已为很多企业应用，节约了大量能源、珍贵的原材料，同时降低了生产成本，提高了经济效益。价值工程技术抓住了产品成本70%以上是由设计决定的这一事实，从改进设计入手，寻求提高效益的途径，是企业提高竞争力的科学管理方法之一。

8.1.2 价值工程原理

1. 价值工程的概念

按 GB/T 8223—1987《价值工程基本术语和一般工作程序》所定义，价值工程是指通过各相关领域的协作，对所研究对象的功能与费用进行系统分析，不断创新，旨在提高所研究对象价值的思想方法和管理技术，其目的是以研究对象的最低寿命周期成本，可靠地实现使用者所需功能，以获得最佳综合效益。

价值工程这一定义，涉及价值工程的三个基本概念，即价值、功能和寿命周期成本。

（1）价值（Value） 价值工程中的"价值"是指对象所具有的功能与获得的该功能的全部费用之比，它不是对象的使用价值，也不是对象的交换价值，而是对象的比较价值，即

$$价值 = \frac{功能}{成本} \tag{8-1}$$

价值的大小取决于功能和成本。产品的价值高低表明产品合理有效利用资源的程度和产品物美价廉的程度。产品价值高就是好产品，其资源利用程度就高；价值低的产品表明其资源没有得到有效利用，应设法改进和提高。由于"价值"的引入，产生了对产品新的评价形式，即把功能与成本、技术与经济结合起来进行评价。提高价值是广大消费者利益的要求，也是企业和国家利益的要求。因此，企业应当千方百计地提高产品的价值，创造物美价廉的产品。

价值的提高取决于功能和成本两个因素,所以提高价值可以通过以下途径实现:

1)提高功能,降低成本,大幅度提高价值。这是提高价值的最理想途径。随着科技的发展,采用新技术、新工艺、新材料可使产品结构或制造方法有较大突破,这不仅有助于产品功能的提高,同时还可降低成本,从而使价值大幅度提高。

2)功能不变,降低成本,提高价值。

3)成本不变,提高功能,提高价值。

4)成本稍有增加,但功能大幅度提高,使价值提高。

5)功能稍有降低,而成本大幅度降低,从而提高价值。

(2)功能(Function) 价值工程中的功能是对象能够满足某种需求的一种属性。具体来说功能就是效用。任何产品都具有功能,如住宅的功能是提供居住空间,建筑物基础的功能是承受荷载等。功能是产品最本质的东西,正因为产品具备了功能才能得以使用和存在下去。人们购买产品实际上是购买这个产品所具有的功能。例如,人们需求住宅,实质是需求住宅"提供生活空间"的功能。价值工程的特点之一就是研究并切实保证用户要求的功能。

(3)寿命周期成本(Life Cycle Cost) 建筑产品在整个寿命周期过程中所发生的全部费用,称为寿命周期费用。它包括建设费用和使用费用两部分。建设费用是指建筑产品从筹建直到竣工验收为止的全部费用,包括勘察设计费、施工建造等费用。使用费用是指用户在使用过程中所发生的各种费用,包括维修费用、能源消耗费用、管理费用等。对于用户来说,建筑产品寿命周期费用 C 是建设费用 C_1 和使用费用 C_2 之和,即

$$C = C_1 + C_2$$

建筑产品的寿命周期费用与建筑产品的功能有关。从图 8-1 可以看出,随着建筑产品的功能水平提高,建筑产品的使用费用降低,但是建设费用增高;反之,使用费用增高,建设费用降低。这种关系与我们的经验完全吻合,一座精心设计施工的住宅,其质量得到保证,使用过程中发生的维修费用就一定比较低;相反,粗心设计并且施工中偷工减料,建造的住宅质量一定低劣,使用过程中的维修费用就一定较高。建设费用、使用费用与功能水平的变化规律决定了寿命周期费用呈图 8-1 所示的马鞍形变化,决定了寿命周期费用存在最低值 C_{min}。寿命周期费用 C_{min} 所对应的功能水平 F_0 是从费用方面考虑的最为适宜的功能水平。

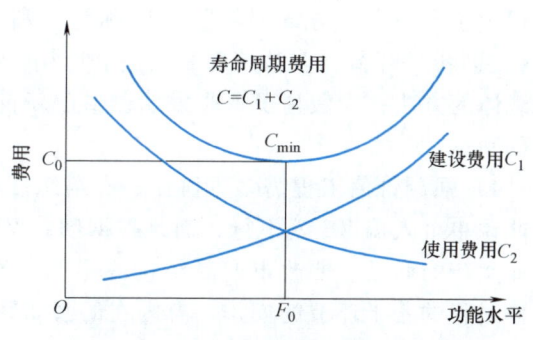

图 8-1 寿命周期费用与功能水平的关系

2. 价值工程的特点

《价值工程基本术语和一般工作程序》指出价值工程的主要特点是：以使用者的功能需求为出发点；对所研究对象进行功能分析，并系统研究功能与成本之间的关系；致力于提高价值的创造性活动；应有组织有计划地按一定的工作程序进行。

价值工程的主要特点，是指对开展价值工程工作需要特别强调的特征要素，下面展开说明。

1) 价值工程的出发点选择在满足使用者的功能需要的环节。这是适应现代市场经济的要求。因为，在现代市场经济环境中，产品市场的正常情况应是买方市场。企业要扩展销路以及获得利润，首要条件是满足顾客现实的或潜在的对商品的功能需求。从日本推行 VE 的几个阶段看，从 70 年代的第二个阶段便重视保证功能和提高功能，到 90 年代更提出创造需求，千方百计令用户满意，背景是日本进入现代市场经济时代。

2) 价值工程的中心内容是研究功能与成本之间的关系，这两者之间的关系是相当复杂的，所以，须用系统的观念和方法才能分析清楚。然而，由于出发点是满足使用者的功能需求，因此，可以先单独进行功能分析，并且暂时不考虑功能的载体是什么，生产此载体的成本有多少等，只考虑如何满足各类用户的需要。

3) 价值工程的导向（或称取向、定向）是致力于提高价值，即提高功能对成本的比值。强调要想提高价值必须有创造性的活动，即 VE 定义中所讲的"不断创新"。这是价值工程工作过程中非常重要的一个特点性环节。因为，要提高功能或者降低成本，都必须创造出新的功能载体或者新的生产载体的方法。否则，提高价值只是一句空话。从现时的 VE 成果资料看，大都有不同程度的"创新"；而创新的手段分别来自工程技术、农业技术、自然科学、管理技术等。因此，VE 的工作过程中包含一个"方案创新"（或称为"科技创新"）的重要环节。价值工程的"科技创新"环节，多数情况是引进和应用已有的适用技术，去创新功能载体或生产载体的方法；少数情况下是发明创造出新科技，并用在 VE 对象上，这是高层次的创新。

4) 强调价值工程需多方协作、有组织、按程序地进行，才容易获得成功。这并非说单个人搞 VE 就不行，而是根据创立 VE 以来的实际经验，VE 的对象多数是企业生产的商品。要改革商品结构或生产，没有多方合作是不行的。还因为，VE 工作过程的若干环节的安排，有内在的密切联系，是 VE 成功的关键。如果随意减去某个环节，或者程序混乱，将影响 VE 的成效。

3. 价值工程的作用

据有关资料反映，企业开展价值工程活动一般能降低成本 10%～30%，活动的收益与支出之比可以高达数十倍以上。美国管理学会对经理和销售部门负责人调查表明，在对六种成本降低方法重要性的顺序排列中，价值工程活动均排第二。价值工程在企业的生产经营中起到十分广泛的作用，不仅能用于改进企业产品，降低产品成本，还可以用于改进设备、工具、作业、库存和管理等，它的作用具体表现为以下几个方面。

（1）可以有效地提高经济效益　价值工程以功能分析为核心，通过功能分析，保证必要的功能，剔除不必要的过剩功能、重复功能及无用功能，从而去掉不必要的成本，提高产品的竞争力。例如，一个灭火设备制造公司生产制造一种用于固定小型灭火器的托架，长期以来一直是用金属制成的，经过对产品重新设计的价值工程活动，这种托架的尺寸缩小，并用塑料取代金属，使公司节省了原托架成本的50%。

（2）可延长产品市场寿命期　产品的市场寿命期是指一种产品投放市场到被淘汰为止所持续的时间。它有一个从诞生、成长、成熟到衰亡的过程。产品成熟期越长，获利越多。要维持和延长产品的成熟期，改进产品功能是十分重要的。通过开展价值工程，改进产品式样、结构、品种、质量、提高产品功能，可以延长产品市场寿命。改进产品功能使产品市场寿命延长的过程如图8-2所示。

（3）有利于提高企业管理水平　价值工程活动涉及范围广，贯穿于企业生产各环节。通过开展价值工程活动，可对企业各方面的管理工作起到一个推动作用，促进企业管理水平的提高。

（4）可促进技术与经济相结合、软技术与硬技术相结合　价值工程既要考虑技术问题，又要考虑经济问题。提高产品功能、降低产品成本，既要发挥技术人员智慧，又要发挥材料供销人员、财务人员的智慧。所

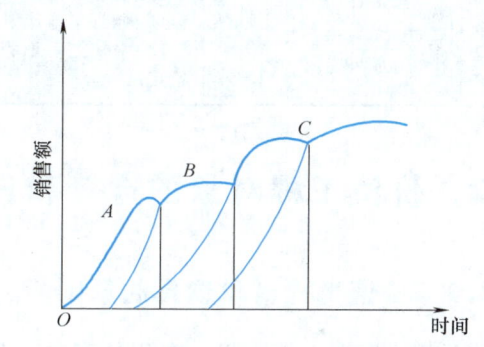

图8-2　产品的改进与延长市场寿命周期曲线
A—新产品开发、成长　B—改进质量、样式　C—提高功能

以，开展价值工程工作，能使以上人员更紧密地结合在一起，共同研究问题，大大促进软技术与硬技术的结合。

8.1.3　价值工程的工作程序

价值工程已发展成为一门比较完善的管理技术，在实践中形成了一套科学的实施程序。这套实施程序实际上是发现矛盾、分析矛盾和解决矛盾的过程，通常是围绕以下7个合乎逻辑程序的问题展开的：①这是什么？②这是干什么用的？③它的成本多少？④它的价值多少？⑤有其他方法能实现这个功能吗？⑥新的方案成本多少？功能如何？⑦新的方案能满足要求吗？顺序回答和解决这七个问题的过程，就是价值工程的工作程序和步骤，即选定对象，收集情报资料，进行功能分析，提出改进方案，分析和评价方案，实施方案，评价活动成果。价值工程的工作程序与方法见表8-1。

表 8-1　价值工程的工作程序与方法

阶段	步骤	说明	应回答的问题
准备阶段	1. 对象选择 2. 组成价值工程领导小组 3. 制订工作计划	1. 应明确目标、限制条件和分析范围 2. 一般由项目负责人、专业技术人员、熟悉价值工程的人员组成 3. 具体执行人，执行日期，工作目标	这是什么？
分析阶段	4. 收集整理信息资料 5. 功能系统分析 6. 功能评价	4. 贯穿于价值工程工作的全过程 5. 明确功能特性要求，绘制功能系统图 6. 明确目标成本，确定功能改进区域	它是干什么用的？ 它的成本是多少？ 它的价值是多少？
创新阶段	7. 方案创新 8. 方案评价 9. 提案编写	7. 提出各种不同的实现功能的方案 8. 从技术、经济和社会等方面综合评价各方案达到预定目标的可行性 9. 将选出的方案及有关资料编写成册	是否有替代方案？ 新方案的成本是多少？ 新方案能满足要求吗？
实施阶段	10. 审批 11. 实施与检查 12. 成果鉴定	10. 主管部门组织进行 11. 制订实施计划，组织实施并跟踪检查 12. 对实施后取得的技术经济效果进行成果鉴定	

8.2　价值工程对象的选择和信息收集

8.2.1　价值工程对象选择的原则

凡是为获取功能而发生费用的事物，都可作为价值工程的研究对象，如产品、工艺、工程、服务或它们的组成部分等。但企业总不能对所有的产品、零件或工序、作业等都同时进行分析、研究，必须分清主次轻重，有重点、有顺序地选取每次价值工程活动的对象。选择价值工程对象时应遵循的一般原则有"与企业的经营方针和发展方向相一致的原则"和"有利于提高价值的原则"两条。

1. 与企业的经营方针和发展方向相一致的原则

企业所处的行业、生产环境和生产条件的不同，其经营目标的侧重点也必然有异。可以根据一定时期内的主要经营目标，有针对性地选择价值工程的改进对象。

通常企业生产经营的目标有如下几个方面：

（1）社会利益方面　应选择国家计划内的重点产品；重点工程建设项目中的短缺产品；社会需求量大的产品；公害、污染严重的产品。

（2）企业发展方面　市场潜力大的产品；有发展前途的产品；正在研制中的产品；对企业有重大影响的更新改造项目。

（3）企业竞争方面　用户意见大的产品；竞争激烈的产品；市场占有率需要扩大的产品；需要开拓新市场的产品。

（4）扩大利润方面　企业主导产品；利润低的产品；原材料耗用高、利用率低的产品；能耗高、生产周期长的产品。

2. 有利于提高价值的原则

上面所讲的与企业经营目标相一致的产品或项目，不一定就能取得大的成效。提高价值的效果与取得成功的可能性，关键取决于改进项目本身具有的价值提高的潜力，以及改进的难易程度。只有选择那些既符合企业发展，又具有提高价值潜力的产品或项目作为 VE 的对象，才有利于实现企业的经营目标。

对提高价值有较大潜力的改进对象，可以从以下三方面考虑。

（1）设计方面　应选择结构复杂、重量大、尺寸大、材料贵、性能差及技术水平低的产品。

（2）制造方面　应选产量大、工艺复杂、成品率低及占用关键设备工作量大的产品。

（3）成本方面　应选择成本比率大、成本高的产品。

选择研究对象除考虑以上原则外，同时还要考虑现实性和可能性。例如，有无足够人力、物力、时间，人才素质、情报来源、价值改善的潜力、预期经济效益以及其他经营方面的要求等，都应统筹考虑，以确定价值工程对象的数量和顺序。

8.2.2　价值工程对象选择的方法

选择对象的方法很多，下面着重介绍经验分析法、百分比法、ABC 分析法、价值系数法和最合适区域法等几种方法。

1. 经验分析法

经验分析法是一种对象选择的定性分析方法，是目前企业较为普遍使用的、简单易行的价值工程对象选择方法。它实际上是利用一些有丰富实践经验的专业人员和管理人员对企业存在问题的直接感受，经过主观判断确定价值工程对象的一种方法。运用该方法进行对象选择，要对各种影响因素进行综合分析，区分主次轻重，既考虑需要，也考虑可能，以保证对象选择的合理性。所以，经验分析法也叫因素分析法。

该方法的优点是简便易行，考虑问题综合全面。缺点是缺乏定量分析，在分析人员经验不足时易影响结果的准确性，但用于初选阶段是可行的。

运用这种方法选择对象时，可以从设计、施（加）工、制造、销售和成本等方面进行综合分析。任何产品的功能和成本都是多方面的因素构成的，关键是找出主要因素，抓住重点。一般具有下列特点的一些产品和零部件可以作为价值分析的重点对象。

1）产品设计年代已久，技术已显陈旧的。

2）重量、体积很大，增加材料用量和工作量的产品。

3）质量差、用户意见大或销售量大、市场竞争激烈的产品。

4）成本高、利润率低的产品。

5）组件或加工工序复杂、影响产量的产品。

6）成本占总费用比重大、功能不重要而成本较高者。

总之，运用这种方法要求抓住主要矛盾，选择成功概率大、经济效益高的产品和零部件作为价值工程的重点分析对象。

2. 百分比法

百分比法是一种定量分析的方法。它是一种通过分析每种产品的若干个技术经济指标所占的百分比，并考查每个产品的指标百分比的综合性比率来选择对象的方法。

这里说的技术经济指标是指产值、成本、利润、销售额、造价等；综合性比率是指对某种产品求出其占各个技术经济指标的百分比数，然后对这些百分比数按照可比项目（即相比的比值具有一定经济含义的项目）进行比较所得到的比值。

【例 8-1】 某企业有 6 种产品，与同行业相比之下，发现企业的成本偏高而利润偏低。现运用百分比法分析这 6 种产品的成本及利润，从中找出本高利薄的产品进行分析（见表 8-2）。

表 8-2 百分比法

产品	成本		利润		本利对比	VE 对象选择
	金额/万元	百分比（%）	金额/万元	百分比（%）		
A	85	60.7	28	60.9	相当	
B	10	7.1	4	8.7	接近	
C	5	3.6	2	4.3	接近	
D	25	17.9	3	6.5	本高利薄	√
E	8	5.7	5	10.9	本低利厚	
F	7	5.0	4	8.7	本低利厚	
合 计	140	100	46	100		

本例对比结果表明，产品 D 的成本比重大而利润比重小，是问题的症结，应列为价值工程对象。企业中的各种费用，如运输费、燃料费、材料费、工具费、管理费等，都可用百分比法来发现问题，确定对象。这种方法具有较强的针对性和实用性。

百分比法也可与 ABC 分析法联用。例如，先用 ABC 分析法找出 A 类费用之后，再用百分比法找出其中某项费用作为 VE 对象。

3. ABC 分析法

ABC 分析法又称帕累托（Pareto）分析法、ABC 分类管理法、排列图法等。它是根据事物有关方面的特征，进行分类、排队，分清重点和一般，以有区别地实施管理的一种分析方法。帕累托是意大利经济学家，他在 20 世纪初（1906 年）研究资本主义国民财富的分布状况时发现一个规律，即占人口比例不大的少数人，占有社会的大部分财富，而占人口比例很大的多数人却只拥有社会财富的一小部分。由此得出了："关键的少数和次要的多数"的原理，有人也称为"二八原理"。他将这一关系利用坐标绘制出来，就是著名的帕累托曲线。1951 年，管理学家戴克（H. F. Dickie）将其应用于库存管理，定名为 ABC 分析法，使帕累托法则从对一些社会现象的反映和描述发展成一种重要的管理手段。

ABC 分析法运用数理统计的分析原理，按照局部成本在总成本中所占比重的大小来选定 VE 对象。例如，通过对某一产品的全部零（部）件的成本比重进行分析时，往往有 10%～20% 种的零件的累计成本占总成本的 70%～80%，这 10%～20% 种的零件就是"关键的少数"，如果将零件种数（或比率）与相应的累计成本值（或比率）的关系一一对应画在坐标轴上，就形成一条零件成本分配曲线。再运用 ABC 分类原则，将曲线图分为 A、B、C 三个区域，就可相应地将零件分为 A、B、C 三类。A 类零件种数少而成本比重大，是对产品成本举足轻重的关键零件类，应列为 VE 对象；B 类零件是次要零件类，有时也可选（A＋B）类作为 VE 对象；C 类零件虽然种数多，但对整体成本影响不大，暂可不做专门研究；这一曲线图能直观地表达产品成本中的主次因素，所以，也称主次因素图或 ABC 分析图。

在多产品的企业中，则应选择占主要地位的或对利润影响最大的产品作为 A 类对象。

如果研究对象是费用结构时，可将费用项目作为横坐标，就能在图上找到占产品成本比重最大的几个费用项目，以此作为价值工程对象。

ABC 的划分原则要按产品及成本的具体情况而定，大致上可参照表 8-3 来划分。

表 8-3　ABC 区分类原则

类　别	成本比率(%)	数量比率(%)
A	70～80	10～20
B	20	20
C	10～20	70～80

在画出成本分配曲线图后，也可直接在曲线图上先粗略地分类，以斜率最大的线段所对应的零件种类（或项目）列为 A 类，以斜率最小的线段所对应的零件种类列为 C 类，介于两者之间的列入 B 类，然后再细分、调整。

下面以自行车书包架为例，介绍 ABC 分析法的步骤。

（1）列出书包架的零件成本分析表（见表 8-4）。

（2）作出零件成本分配比重曲线图（见图 8-3）。

以零件种数累计比率（%）为横坐标，成本累计比率为纵坐标，将 10 种零件按零件的成本比率的高低，依次标在坐标图上，连接各点就得到成本分配曲线。如果对象是不可分的连续产品或工艺时，可按成本构成分类，如材料费、燃料动力费、工时费、经费等，画出 ABC 曲线图。

表 8-4 零件成本分析表

序号	零件名称	零件		成本		分类
		数量/件	种数比率(%)	成本额/元	成本比率(%)	
1	外框	1	10	0.9132	41.42	A 类
2	支撑	2	10	0.5924	26.87	
3	横撑	4	10	0.2256	10.23	B 类
4	托架	1	10	0.1926	8.74	
5	接片	2	10	0.0870	3.95	C 类
6	夹杆	1	10	0.0740	3.36	
7	心轴	1	10	0.0530	2.40	
8	弹簧	1	10	0.0475	2.15	
9	5×12 铆钉	2	10	0.0178	0.81	
10	3×15 铆钉	2	10	0.0017	0.07	
	共计	17	100	2.2048	100	

（3）划分 ABC 区　外框及支撑的成本共占总成本的 68.29%，而零件种数仅占全部零件种数的 20%，故列为 A 类零件，接片、夹杆、心轴、弹簧、铆钉 5 类零件种数之总和占全部零件种数的 60%，而累计成本仅占总成本的 12.74%，故列入 C 类。横撑与托架介于 A 类与 C 类之间，可列为 B 类。

（4）选择分析对象　A 和 B 两类零件的成本之和占总成本的

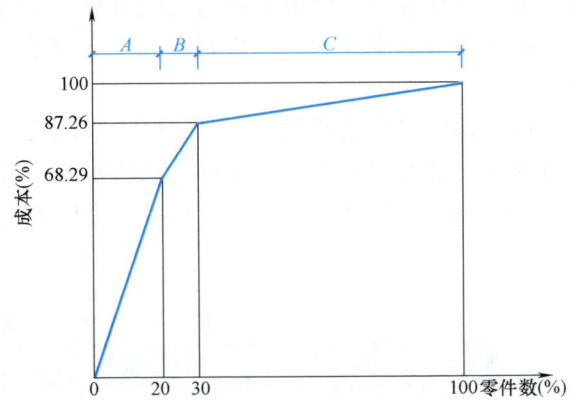

图 8-3　书包架零件成本分配比重曲线图

87.26%，是影响书包架成本的关键零件，降低成本的潜力较大，故此在有足够力量的情况下，将 A 类及 B 类零件同时列为书包架价值工程的分析对象。

ABC 分析法可层层反复运用，如对零件种数很多的产品，可先找出 A 类部件，再从 A 类部件找出 A 类零件，还可再进一步找出 A 类零件中的 A 类费用。例如，对自行车书包架的 A 类零件的外框及支撑的费用项目进行 ABC 分析，从坯管材料、辅助材料、外加工、管理费、动力费、工资、废品损失等 7 项费用中，找出坯管材料费作为 VE 对象。这结果表明在书包架中，外框及支撑的坯管材料成本比重最大，降低成本的潜力也相对地较大，所以，应选择这两项零件的坯管材料作为价值工程的分析对象。

在产品品种多,或零件种类多的情况下使用主次因素图,更显得迅速、醒目、省事。ABC 分析法的应用范围不限于产品分析,在物资管理、编制生产作业计划等方面运用此法,同样能找出重点,便于分类控制。ABC 分析法的缺点是仅从成本比重大小的角度找 VE 对象,没有考虑功能因素,某些功能高而实际成本较低的零件,有可能因成本比率小而被列入 B 类或 C 类,因此,往往会漏掉成本虽比较小,但却需要改善功能的对象。

4. 价值系数法

当某一产品由多个零部件组成,而这些零部件的重要性又各不相同时,可应用价值系数法选择分析对象,其步骤是:

第一步,用 01 评分法(强制确定法或 FD 法——Forced Decision Method)计算功能系数。做法是:将零部件排列起来,一对一地进行重要性比较(即每一零部件分别与其他零部件比较),重要的得 1 分,不重要的得 0 分;每一零部件与其他零部件比过一轮,求出各自的重要性得分累计,各零部件得分累计之和为总分,每一零部件得分累计与总分之比,即为该零部件的功能系数。

有时某一零部件的得分总值为 0,但实际上该零部件不能说是没有作用或重要性,只是其在整体中重要性最弱。为了避免产生误解,可以对得分值加以修正。修正的方法是给每一零部件得分都加一分,然后用修正后的得分值计算功能系数。

$$功能系数(F_i) = \frac{零部件得分累计}{总分} \quad (8-2)$$

第二步,求出每一零部件的成本与各零部件成本总和之比,即成本系数。

$$成本系数(C_i) = \frac{零部件成本}{各零部件成本之和} \quad (8-3)$$

第三步,以成本系数去除功能系数,即得出每个零部件的价值系数。

$$价值系数(V_i) = \frac{功能系数}{成本系数} \quad (8-4)$$

计算出各零部件的价值系数后,根据价值系数对零部件进行分析评价、选择价值工程对象。当 $V_i = 1$ 时,表明零部件的功能与成本是匹配的,这样的零部件不作为价值工程分析对象;当 $V_i > 1$ 时,表明零部件的成本分配偏低,与其功能不匹配,这种情况下,应该首先分析是否存在功能过剩,并予消除,否则应该适当增加成本,避免质量隐患;当 $V_i < 1$ 时,表明零部件实现的功能所分配的成本偏高,应该把这样的零部件作为价值工程重点分析对象。

下面以一个建筑产品为例,说明这种方法确定 VE 对象的过程。

【例 8-2】 已知组成某一建筑产品的构配件为 A、B、C、D、E。构配件间的功能重要性关系为 C > A > B > E > D,其成本费用分别为 1.8 万元、0.8 万元、0.8

万元、1.1万元、2.5万元，总成本为7万元，试确定价值工程分析对象。

【解】（1）计算功能系数　首先采用01评分法计算各构件重要性得分和修正得分，见表8-5。再计算各构件功能系数。例如，A构配件的功能重要性得分为4分，产品功能总得分为15分，则A构配件的功能系数为（4/15）=0.267，其他构配件的功能系数可用同样方法求出，见表8-5。

表8-5　功能系数计算表

构件名称	一对一比较结果					得分	修正得分	功能系数
	A	B	C	D	E			
A	×	1	0	1	1	3	4	0.267
B	1	×	0	1	1	2	3	0.200
C	1	1	×	1	1	4	5	0.333
D	0	0	0	×	0	0	1	0.067
E	0	0	0	1	×	1	2	0.133
合计						10	15	1.000

从表8-5中可以看出，C构配件的功能系数最高为0.333，说明它在各构配件中最重要；D构配件的功能系数为0.067，说明它是最不重要的，可以考虑它可否取消或者同其他构配件合并。

（2）计算成本系数　成本系数见表8-6之（3）栏所示。

（3）计算价值系数及确定分析对象的顺序　根据表8-6中所列的价值系数偏离1的程度可以确定VE活动对象为C、E。

表8-6　价值系数计算表

构件名称	功能系数 （1）	现实成本 （2）	成本系数 （3）=（2）/7	价值系数 （4）=（1）/（3）	选择对象
A	0.267	1.8	0.257	1.039	
B	0.200	0.8	0.114	1.754	
C	0.333	0.8	0.114	2.921	√
D	0.067	1.1	0.157	0.427	
E	0.133	2.5	0.358	0.372	√
合计	1.000	7	1.000	—	

5. 最合适区域法

这种方法是由日本田中教授提出的，也是一种通过求价值系数来选择VE目标的方法。选择VE目标时提出了一个选用价值系数的最合适区域。这种方法的思路是：价值系数相同的对象，由于各自的成本系数与功能系数的绝对值不同，因而对产品价值的实际影响有很大差异，在选择目标时不应把价值系数相同的对象同等看待，而应优先选择对产品实际影响大的对象，至于对产品影响小的，则可根据必要与可能，决定选择与否。例如，某产品由若干个零件组成，其中A、B、C、D四个零件的有关数据见表8-7。

表 8-7 零件的功能系数、成本系数、价值系数

零件名称	功能系数	目前成本/元	成本系数	价值系数
A	0.090	100	0.10	0.9
B	0.009	10	0.01	0.9
C	0.200	100	0.10	2.0
D	0.020	10	0.01	2.0
…	…	…	…	…
合计	1.000	1000	1.00	—

从表 8-7 中可以看出，A、B 两零件或 C、D 两零件的价值系数虽然相同，但由于它们的功能系数和成本系数的绝对值不同，所以对产品价值改善的实际影响有很大的差异。例如，若零件 A 的价值系数提高 0.1，则成本可降低 10 元；而若零件 B 的价值系数提高 0.1，成本仅降低 1 元。反之，若使零件 C 的价值系数达到 1，则将零件 C 的目前成本提高一倍，即成本增加 100 元；而若使零件 D 的价值系数达到 1，则成本最多只增加 10 元。很明显它们对产品成本或功能的影响是有很大的差异的。当然，功能提高一倍，成本并不一定也增加一倍，但相对说来多增加一些则是肯定的。所以在根据价值系数选择 VE 目标时，还应区别目标的成本系数和功能系数绝对值的大小，分别加以控制。对于成本系数和功能系数大的目标要从严控制，不允许其价值系数对 1 的偏离过大。对 1 偏离稍大时，即应选为 VE 目标。对于功能系数和成本系数小的目标，则可放宽控制，即便其对 1 的偏离较大，也可不列为 VE 的目标。这样既可使 VE 能抓住少数对象开展工作，不被对象过多所困扰，又能保证不漏掉重点对象，使 VE 活动能获得圆满的效果。为了解决选择目标的控制问题，田中教授提出一个最合适区域。

如果以成本系数为横坐标，以功能系数为纵坐标绘制价值系数坐标图，则与 x 轴或 y 轴成 45°夹角的直线即为价值系数 =1 的标准线，再以 $y = \sqrt{x^2 \pm 2S}$ 作两条曲线，这两条曲线所包络的阴影部分为最合适区域（见图 8-4）。图中阴影部分的点（即区域内的一切目标）都被认为其价值系数对于 1 的偏离是可以允许的，因此不再列为 VE 的目标。而在阴影外的点，特别是离阴影远的（即区域外的点），则应优先选为 VE 的目标。

构成最合适区域的两条曲线是这样确定的，即曲线上任意一点 Q_i（x_i，y_i）至标准线 $V=1$ 的垂线 Q_iP_i 即 Q_i 点到标准线的距离 R_i 与 OP_i 即 P_i 点到坐标中心 O 的长度 L_i，R_i 与 L_i 的乘积是一个给定的常数 S（见图 8-5）。$R_1 \times L_1 = R_2 \times L_2 = S$，$L_i$ 大则 R_i 相应要小，L_i 小则 R_i 要大，这样两条曲线能满足最合适区域的需要。

很明显，若给定的 S 较大，则两条曲线与标准线的距离就大，阴影部分的面积也较大，VE 的目标将选择的少一些；反之，若给定的 S 较小，则曲线就更加逼近标准线，选定的 VE 目标就多一些。至于 S 取何值，将视选择目标的需要人为给定。在应用时可以通过试验，代入不同的 S 值直到获得满意结果为止。

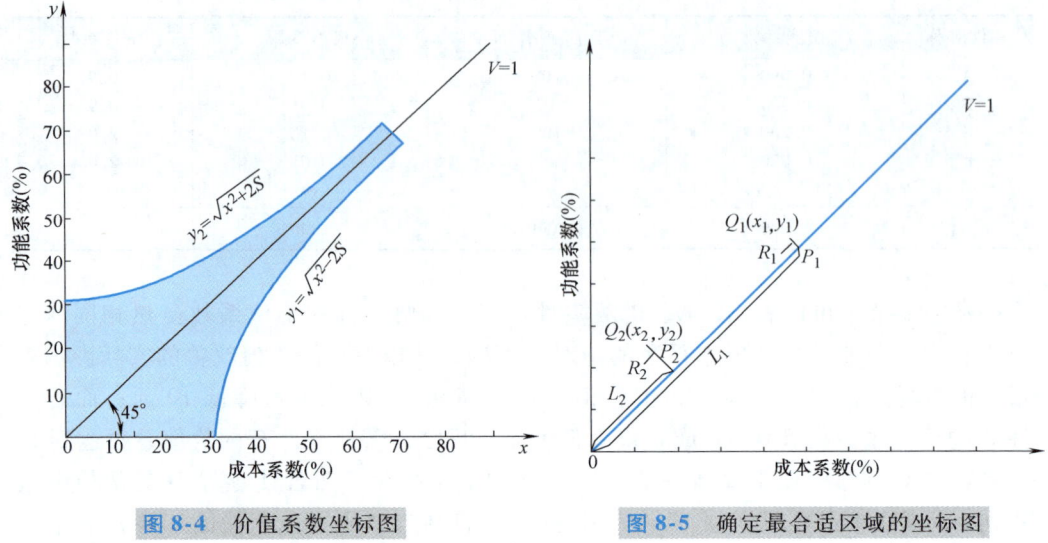

图 8-4 价值系数坐标图　　　　图 8-5 确定最合适区域的坐标图

【例 8-3】 某建筑产品由六个构配件组成，成本系数和功能系数如表 8-8 所示。考虑实际条件和改进效果，取 S 为 0.005。则根据表 8-8 所列资料绘制最合适区域图（见图 8-6）和进行的价值评价如下：

表 8-8　构配件的成本系数、功能系数及价值系数

构配件	成本系数	功能系数	价值系数
A	0.34	0.12	0.35
B	0.07	0.08	1.14
C	0.09	0.23	2.56
D	0.17	0.19	1.12
E	0.05	0.09	1.80
F	0.28	0.29	1.04

根据图 8-6，该建筑产品的 B、D、E、F 构配件落在最合适区域内，可以认为是成本与功能基本合理匹配，不需要改进。构配件 C 落入左上区域，表明成本比重偏低，功能比重相对偏高，是否需要改进应进一步具体分析：若确因采用了新技术、低廉原材料等获得了较高功能比重，则不需要改进；若是因不必要或过剩功能导致高估功能比重，或是实际成本投入不足导致成本比重偏低，则需要改进。构配件 A 落入右下区域，表明成本比重偏高，功能比重相对偏低，可能是实现功能的条件或方法不佳，以致实现功能的成本大于功能的实际需要。从降低产品成本方面考虑，应把构配件 A 列为重点改进对象。

8.2.3　信息与资料的收集

价值工程的工作过程就是提出问题、分析问题、解决问题的决策过程。在此过

程中，为实现提高价值的目标所采取的每个行动和决策，都离不开必要的信息资料。在功能定义阶段，为弄清价值工程对象应具有的必要功能，必须清楚地了解与对象有关的各种信息资料。

在功能评价阶段，为确定功能的目标成本，以及在方案创造阶段，为创造和选择最优改进方案、实现最低寿命周期费用，都需要大量的信息资料。所以，收集、整理信息资料的工作贯穿于价值工程的全过程。价值工

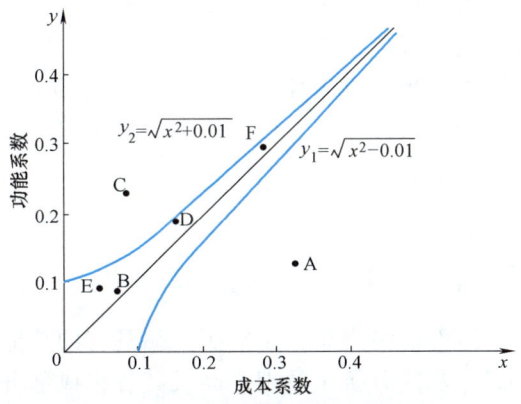

图 8-6　价值系数坐标图

程的工作过程同时也是对信息资料收集、整理和运用的过程。可以说，价值工程成果的大小，在很大程度上取决于占有信息资料的质量、数量和取得的适宜时间。

价值工程所需的信息资料，视具体情况而定，一般包含以下几个方面内容：

（1）使用及销售方面的内容　收集这方面的信息资料是为了充分了解用户对对象产品的期待、要求。例如，用户对产品规格、使用环境、使用条件、耐用寿命、价格、性能、可靠性、服务、操作及美观等方面的要求。

（2）技术方面的内容　收集这方面的信息资料是为了明白如何进行产品的设计改进才能更好地满足用户的要求，根据用户的要求如何进行设计和改进。例如，科技进步方面的有关科研成果、技术发明、专利，新材料、新结构、新工艺、新技术，国内外同类产品的发展趋势和技术资料，标准化要求及发展动态等；设计及制造方面的施工工艺、施工方法、使用的设备、工器具、合格品率、优良品率、外协件供应者、外协方法等。

（3）经济方面的内容　成本是价值计算的依据，是功能成本分析的主要内容。实际产品中，往往由于设计、施工、运营等方面的原因，其成本存在着较大的改善潜力。在广泛占有经济资料（主要是成本资料）的基础上，通过成本的实际与标准的比较，不同企业间比较，揭露矛盾，分析差距，降低成本，提高产品价值，这方面的信息资料是必不可少的。

（4）企业生产经营方面的内容　掌握这方面的资料是为了明白价值工程活动的客观制约条件，使创造出的方案既先进又切实可行。这方面资料包括企业设计研究能力、施工生产能力、质量保证能力、采购、供应、运输能力、资金筹措能力等。

（5）国家和社会方面诸如政策、方针、规定等方面的内容　了解这方面的内容是为了使企业的生产经营活动，包括开展价值工程活动与国民经济的发展方向协调一致。

收集信息资料应遵循目的性、计划性、可靠性、适时性四个方面的原则。目的

性，就是以价值工程的对象为目标，将与其有关的信息资料尽量收集齐全。计划性，就是收集信息资料不能漫无边际，要有明确的范围和内容，编制好计划，并有步骤地实现。可靠性，就是要对信息资料的真伪加以处理，做到去伪存真。适时性，就是只有在需要信息资料的时候保证得到所需的信息资料才有价值，才能适应决策的需要。

8.3 功能分析

顾客购买产品，是购买产品具有的功能。产品只是功能的载体，是功能的实现方式。功能分析正是把产品及其各组成部分抽象成功能，并找出其中内在联系的过程。其目的就是要加强必要功能，剔除多余功能，进行功能载体替代，以便提供价值高的产品，更好地满足用户的需求。功能分析一般分为功能定义、功能整理和功能评价三个步骤。

8.3.1 功能定义

功能定义是对价值工程对象及其组成部分的功能所做的明确表述。这种表述应能明确功能的本质，限定功能的内容，并能与其他功能概念相区别。

用户所需要的产品功能，往往需要许多中间功能或其他功能和手段来实现。所以，功能定义的对象包括两个方面，产品的整体和产品的零部件。对产品功能定义时，既要给产品的总体功能下定义，同时为了更清楚、更全面地了解产品的功能和功能之间的关系，还必须给产品的零部件下定义。

1. 功能分类

产品及其构配件，常常需要有几种功能。由于它们的重要程度和使用性质等方面的不同，因而需要加以分类，以便按其类别进行功能分析。产品的功能类别，可作以下分类：

（1）基本功能和辅助功能　基本功能是决定产品性质和存在的基本因素。辅助功能是为了更有效地实现基本功能而附加的因素。一般来说，基本功能是必要的功能，辅助功能有些是必要的功能，有些有可能是多余的功能。例如，承重外墙的基本功能是承受荷载，室内间壁墙的基本功能是分隔空间，隔声、隔热等则是墙体的辅助功能。

（2）使用功能和美观功能　功能按其性质可分为使用功能和美观功能。建筑产品的使用功能一般包括可靠性、安全性和维修性等。建筑产品的美观功能一般包括造型、色彩、图案等。不论是使用功能还是美观功能，它们都是通过基本功能和辅助功能来实现的。建筑产品构配件的使用功能和美观功能要根据产品的特点而有所侧重。有的产品应突出其使用功能，如地下电缆、地下管道、燃料、能源等；有的应突出其美观功能，如塑料墙纸、陶瓷壁画等；也有一些产品二者功能兼而有之，如家具、灯具。应当特别指出，美观功能由于能直接影响使用者的视觉、感觉和情绪，直接影响产品使用效果，刺激购买，激起消费，提高产品的市场竞争能力，正越来越受到设计人员的重视。

（3）必要功能和不必要功能　必要功能是指对象为满足使用者的需求所必须具备的功能，或者说是用户要求对象具有的功能。不必要功能是指对象所具有的、与满足使用者的需求无关的功能，或者说是用户完全不需要的功能。

2. 功能定义的步骤和方法

功能定义是指用最简洁的语言表达产品（或零部件）或作业的功用和效用。对功能下的定义要说明功能的实质，限定功能的内容，并能与其他功能概念区别开，明确表达出来。下定义的过程就是透过现象看本质的过程。

（1）功能定义的步骤　当然，对于一种简单的产品来讲，功能定义并不需要有特别的前后顺序，可以从任何角度、任何一个方面开始，一般都不会引起混乱。例如，对桌子、椅子、电灯等的定义过程就会很简单。然而，对于一个复杂的 VE 对象、一种复杂的产品，在功能定义时没有一定的技巧则会变得杂乱无章。

1）弄清产品目的，是给功能下定义的前提。所谓产品的目的，也就是用户最基本的需求。

2）明确 VE 对象或产品的整体功能。产品的整体功能实际上也就是产品的最基本的功能，但它与产品的目的又往往是有所区别的。例如，微波炉的产品目的是给食物加热，而产品的基本功能则是产生微波。

3）在产品整体功能定义的基础上，自上而下逐级地给产品的各构成要素明确功能定义。确切地说，也就是给产品的零部件下定义。

最后，找出那些既不属于产品整体功能，又不属于零部件功能，而是由使用条件、使用时间、使用环境所规定的那些功能。例如，暖水瓶的基本功能是保持温度，它的外壳的功能是保护内胆。但是与使用有关的一个功能是放置稳定。当然，它可以归属于外壳的功能，但如果暖水瓶放置地点不同（如桌面和野外），它的这个功能也应有所差异。而保持稳定和保持温度没有因果关系，甚至也可能有时不需要保持稳定（如不需要放置的暖水瓶）。

（2）功能定义的方法　功能定义要求简明扼要，常采用动词加名词的方法定义功能。动词是功能承担体发生的动作，而动作的作用对象就是作为宾语的名词。例如，基础的功能是"承受荷载"，这里基础是功能承担体，"承受"是表示功能承担体（基础）发生动作的动词，"荷载"则是作为动词宾语的名词。功能承担体、功能承担体发出的动作及动作的作用对象，三者构成了主、谓、宾关系。再如，圈梁加固墙体、间壁墙分隔空间、上水管输送自来水等。

给功能下定义应尽可能做到定量化，即尽量使功能换算成数量的词汇来表达功能，这就要求名词部分便于测定。例如，轴的功能定义为"传递扭矩"；变压器的功能定义为"调节电压"；喷漆的功能定义为"保护表面"；煤气炉功能的定义为

"提供热能"。定义中的"扭矩""电压""表面""热能"等都是可测量的,都有测量单位,它们分别是"N·m""V""m^2""J"。

8.3.2 功能整理

功能整理就是对定义出的功能进行系统的分析、整理,明确功能之间的关系,建立功能系统图,为功能评价做准备。功能整理回答和解决"它的功能是什么"这样一个问题。

功能整理的方法和步骤如下:

(1) 分析出产品的基本功能和辅助功能 依据用户对产品的功能需求,挑出基本功能,并把其中最基本的排出来,它就是最上位功能。基本功能一般总是上位功能,它通常可以通过回答如下几个问题来判别:

1) 取消了这个功能,产品本身是不是就没有存在的必要了?

2) 对于功能的主要目的而言,它的作用是否必不可少?

3) 这个功能改变之后,是否要引起其他一连串的工艺和构配件的改变?

如果回答是肯定的,这个功能就是基本功能。除了基本功能,剩下来的功能就是辅助功能了。

(2) 明确功能的上下位和并列之间的关系,作功能系统图 在一个系统中,功能的上下位关系,就是指功能之间的从属关系,上位功能是目的,下位功能是手段;功能的并列关系是指两个功能,谁也不从属于谁,但却同属于一个上位功能的关系。在弄清功能之间的关系以后,就可以着手排列功能系统图,即产品应有的功能结构图。在图中,上位功能在左,下位

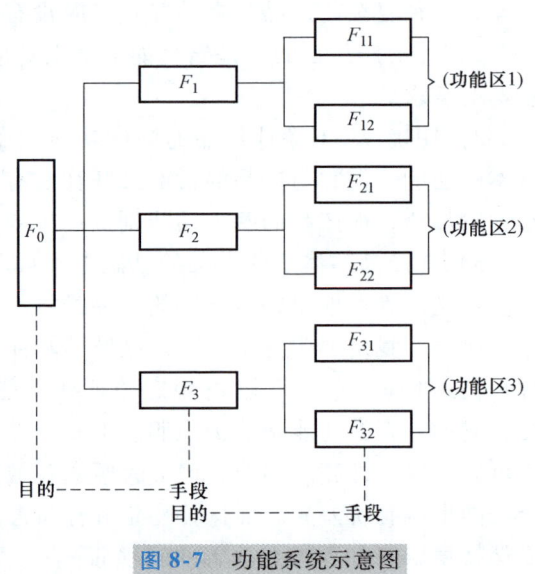

图 8-7 功能系统示意图

功能在右,依次排列,整个图形呈树形由左向右扩展、延伸,如图 8-7 所示。图 8-8 为平屋顶功能系统图。

通过功能的系统分析,准确地掌握了用户的功能要求,剔除了不必要的功能。然后需要根据功能系统图,对各功能进行定量评价,以确定提高价值的重点改进对象。

8.3.3 功能评价

功能评价是功能分析的重要步骤,是整个价值工程活动的中心环节。通过功能

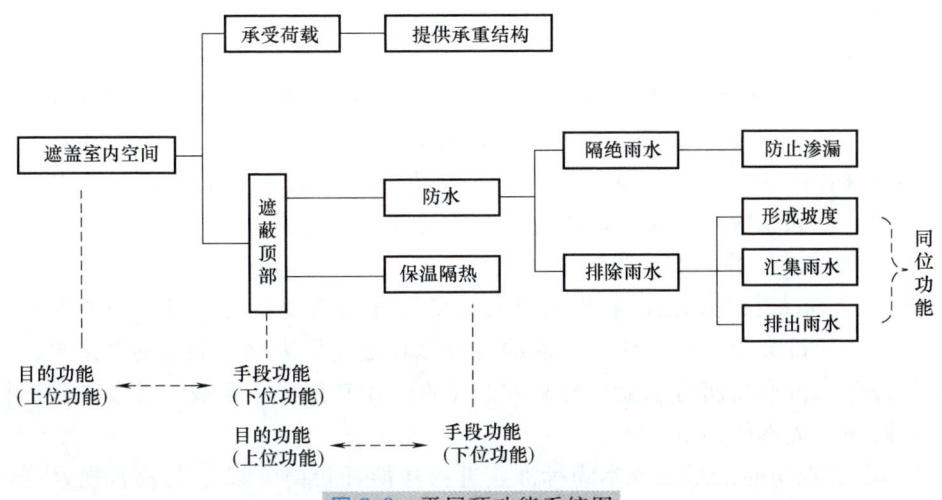

图 8-8　平屋顶功能系统图

定义和功能整理只搞清了功能系统和范围，只是定性地说明了功能是什么，还不能定量地表达功能，也没有确定出哪一个功能区域或零部件应该改进。这些正是功能评价要解决的问题。

1. 功能评价的概念

功能评价是对功能进行评价，而不是对产品进行评价，把产品的结构系统撇开，以功能系统的各个功能区域来进行评价。功能评价的对象是功能，评价的尺度是实现功能的最低成本称为功能评价值，这个功能评价值就是目标成本。"最低成本"是指社会上实现这一功能的最低成本。目标成本确定以后，采用与目标成本相同的尺度来测定现实成本，最后把目标成本与现实成本进行比较，找出价值低的功能区域，作为价值工程开展活动的改进对象。这样以价值的大小来评定功能的工作称为功能评价。

目前国内推行价值工程时，不少企业采取以零部件作为评价的对象。当功能和零部件的划分比较粗时，功能和零部件容易一致；当功能和零部件的划分比较细时，两者就不易一致起来。

（1）功能评价使用的公式

$$V = \frac{F}{C} \tag{8-5}$$

式中　V——功能价值；

　　　F——功能评价值；

　　　C——功能现实成本。

当用式（8-5）对功能进行评价时，会出现下列三种情况：

1）$V=1$，说明 $F=C$，即实现功能的现实成本（功能现实成本）与目标成本（功能评价值）相符合，是理想情况。

2)$V<1$,说明$C>F$,即实现功能的现实成本高于目标成本,应设法降低其功能现实成本,以提高其价值。

3)$V>1$,即$C<F$,遇到这种情况,应先检查功能评价值F是否定得恰当,如果功能评价值F定得太高,应降低功能评价值F值。如果功能评价值F定得合理,再检查功能现实成本C低的原因。如果功能现实成本C低的原因是由功能不足造成的,那么就应提高功能以适应用户的需要。

(2)功能评价的标准

1)以功能系数为标准。根据功能的重要程度或实现难度,对各功能评分,而后以某功能的得分数与产品所有功能的得分总和之比作为该功能的功能系数,即某功能的得分数占产品所有功能得分总和的比重。用功能成本系数与功能系数进行比较,判断现实成本的高低。

2)以实现功能的最低成本为标准。进行功能评价时,以本企业实现这一功能的现实成本与"最低成本"这个标准相比较,以判断现实成本的高低。

2. 功能评价的方法与步骤

与上述两种评价标准相对应,有功能评价系数法和功能成本法两种功能评价方法。

(1)功能评价系数法

$$V_i = \frac{F_i}{C_i} \tag{8-6}$$

式中 V_i——i功能(或零部件)的价值系数;

F_i——i功能(或零部件)的功能系数,即i功能在产品总功能中所占比重;

C_i——i功能(或零部件)的成本系数,即i功能的现实成本占产品现实成本的比重。

当$V_i=1$时,说明零部件功能与成本相当,是合适的。

当$V_i<1$时,说明成本对于所实现的功能来说偏高,应降低成本,这个零部件可以选为改进对象。

当$V_i>1$时,说明零件功能高,成本低,此时应检查这个零部件是否能实现必要功能,或有无多余功能。若未达到,也应作为价值工程的改进对象。

确定功能重要性系数,一般采用的方法有以下几种。

1)直接评分法。对功能数量较少的产品,如暖水瓶、圆珠笔等可以采取这种方法。依靠人们的经验,对各零件功能的重要性打分来表示功能值的大小。具体做法上可以由专家组成若干小组,站在客观立场上分别评分,按不同类别功能取平均值。也可以请用户在企业所发调查表上打分来进行。

2)强制确定法。这种方法即01评分法和04评分法,01评分法前面已经介绍,下面介绍 04 评分法。

04 评分法与第二节的 01 评分法基本相同，它也是采用一对一比较打分，但每两比较对象得分之和为 4 分，下面以 A、B 零件为例说明 04 评分法具体做法：若 A 相对于 B 很重要，则 A 得 4 分，B 得 0 分；若 A 相对于 B 较重要，则 A 得 3 分，B 得 1 分；若 A、B 同样重要，则 A、B 各得 2 分；自身对比不得分。

例如，有 $F_1 \sim F_4$ 四个功能，其功能重要性关系为：F_1 相对于 F_2 较重要，F_1 相对于 F_3 很重要，F_1 与 F_4 同样重要，则用 04 评分法计算的功能评价系数见表 8-9。

表 8-9 功能重要性系数计算表（04 评分表）

评价对象	F_1	F_2	F_3	F_4	得分	功能评价系数
F_1	×	3	4	2	9	0.375
F_2	1	×	3	1	5	0.208
F_3	0	1	×	0	1	0.042
F_4	2	3	4	×	9	0.375
合计					24	1

功能评价系数法的基本思想是：产品的每一个零部件成本应该与该零部件功能的重要性相称。如果某零件的成本很高，但它的功能在产品中却处于很次要的地位，这说明功能与成本的匹配不合理，或者不能实现必需的功能；相反，则说明功能可能有过剩或多余的现象，应予以改进。

具体步骤为，首先进行功能评分，求出功能评价系数 F_i 和功能成本系数 C_i。再根据 F_i 和 C_i 求出功能价值系数 V_i。根据 V_i 确定价值工程的改进对象。

（2）功能成本法　功能成本法是以实现同一功能的最低成本作为功能价值评价的标准，并以此与本企业实现这一功能的目前成本进行比较，这就很容易发现本企业实现这一功能的目前成本是偏高还是偏低，为判断这一功能是否存在过剩或不足提供了依据。功能成本法的计算公式为

$$V_i = \frac{F_i}{C_i} \tag{8-7}$$

$$\Delta C_i = C_i - F_i \tag{8-8}$$

式中　V_i——i 功能的功能价值；

F_i——i 功能的功能评价值（功能的最低成本）；

C_i——i 功能的现实成本；

ΔC_i——i 功能的成本改善期望值（成本降低幅度）。

具体步骤大致为：计算功能的现实成本（目前成本）；确定功能评价值（目标成本）；计算功能价值；计算成本改善期望值；选择功能价值低、成本改善期望值大的功能或功能区域作为重点改进对象。

功能评价的程序如图 8-9 所示。

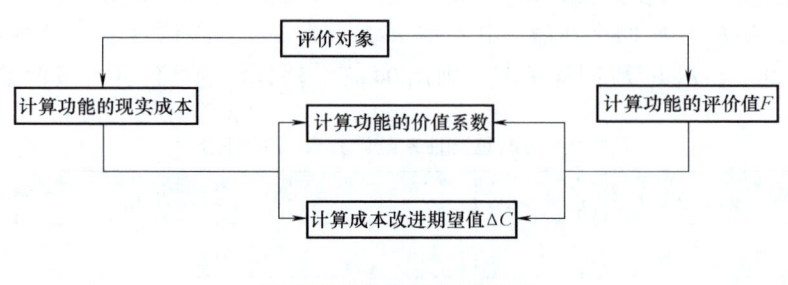

图 8-9 功能评价程序图

1）计算功能现实成本（C）。成本通常是以产品或构配件为对象进行计算的。功能现实成本的计算则与此不同，它是以功能为对象进行计算的。在产品中构配件与功能之间常常呈现一种相互交叉的复杂情况，即一个构配件往往具有几种功能，而一种功能往往通过多个构配件才能实现。因此，计算功能现实成本，就是采用适当方法将构配件成本转移分配到功能中去。

当一个构配件只实现一项功能，且这项功能只由这个构配件实现时，构配件的成本就是功能的现实成本；当一项功能由多个构配件实现，且这多个构配件只为实现这项功能服务时，这多个构配件的成本之和就是该功能的现实成本；当一个构配件实现多项功能，且这多项功能只由这个构配件实现时，则按该构配件实现各功能所起作用的比重将成本分配到各项功能上去，即为各功能的现实成本。

更多的情况是多个构配件交叉实现多项功能，且这多项功能只由这多个构配件交叉的实现。计算各功能的现实成本，可通过填表进行。首先将各构配件成本按该构配件对实现各功能所起作用的比重分配到各项功能上去，然后将各项功能从有关构配件分配到的成本相加，便可得出各功能的现实成本。

构配件对实现功能所起作用的比重，可请几位有经验的人员集体研究确定，或者采用相应评分方法确定。

【例 8-4】 某产品具有 $F_1 \sim F_5$ 共五项功能，由四种构配件实现，功能现实成本计算如表 8-10。

在表 8-10 中，A 构配件对实现 F_2、F_4 两项功能所起的作用分别为 66.6% 和 33.4%，故功能 F_2 分配成本为 66.6% × 150 元 = 100 元，F_4 分配成本为 33.4% × 150 元 = 50 元。按此方法将所有构配件成本分配到有关功能中去，再按功能进行相加，即可得出 $F_1 \sim F_5$ 五种功能的现实成本 $C_{01} \sim C_{05}$。

表 8-10　功能现实成本计算表

构配件			功能或功能区域									
			F_1		F_2		F_3		F_4		F_5	
序号	名称	成本/元	比重	成本/元	比重	成本/元	比重	成本/元	比重	成本/元	比重	成本/元
1	A	150			66.6%	100			33.4%	50		
2	B	250	20%	50			60%	150			20%	50
3	C	500	50%	250	10%	50			40%	200		
4	D	100					100%	100				
合计		C_0 1000		C_{01} 300		C_{02} 150		C_{03} 250		C_{04} 250		C_{05} 50

2）确定功能评价值（F）。功能评价值的确定方法有经验估算法、实际调查法、理论计算法、功能重要程度评价法等。

① 经验估算法。这种方法是邀请一些有经验的人，根据收集到的有关信息资料，构思出几个实现各功能或功能区域的方案，然后每个人对构思出的方案进行成本估算，取其平均值，最后从各方案中取成本最低者。这种方法有时不一定很准确，但对经验丰富的人来说，还是比较实用的，如图 8-10 所示。

对于 F_1 功能，设想出三个方案，其成本分别为 460 元、420 元、370 元。方案 C 的成本为 370 元为最低，则 F_1 功能评价值就是 370 元。同样 F_2、F_3 的功能评价值分别是 80 元和 50 元。

② 实际调查法。这种方法是通过广泛的调查，收集具有同样功能产品的成本，从中选择功能水平相同而成本最低的产品，以这个产品的成本作为功能评价值。如图 8-11 所示，具体步骤如下：

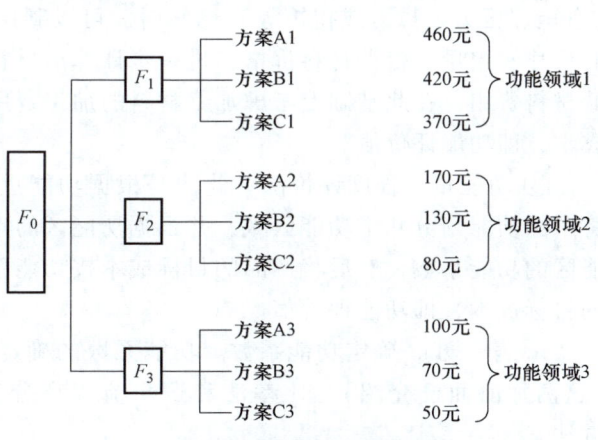

图 8-10　各方案功能成本

a. 广泛收集企业内外完成同样功能的产品资料，包括反映功能水平的各项性能指标和可靠性、安全性、操作性、维修性、外观等。

b. 将收集到的产品资料进行分析整理，按各自功能要求的程度顺序。

c. 绘制坐标图，作出实际最低成本线（一般不为直线）。以横坐标表示功能水平，纵坐标表示成本。按功能水平等级分类，把各产品功能水平等级和成本标在坐标图上，这样在每个等级的功能水平上总有一个产品的成本是最低的。将各功能水平等级的最低成本点连接起来，所形成的线即为最低成本线，因而可以把这条线上的各点作为对应功能的评价值。

实际调查法确定的功能评价值，是已经实现了的成本目标值，它比较可靠，效果明显直观，但应注意到最低成本线是不断变化的，现实产品中难免存在不必要的功能。因此要根据变化情况不断修正，去掉不必要的功能。

③ 理论计算法。这种方法是利用工程上的一些计算方法和某些费用标准（如材料价格等），找出功能与成本之间的关系，从而确定功能评价值。具体步骤如下：

a. 首先分析该功能是否可以利用公式进行定量计算，例如，"支承负荷""传递扭矩""输入电流"等功能，即可利用此方法确定功能评价值。

b. 选择有关公式进行计算。例如，"支承负荷"这个功能，当外力

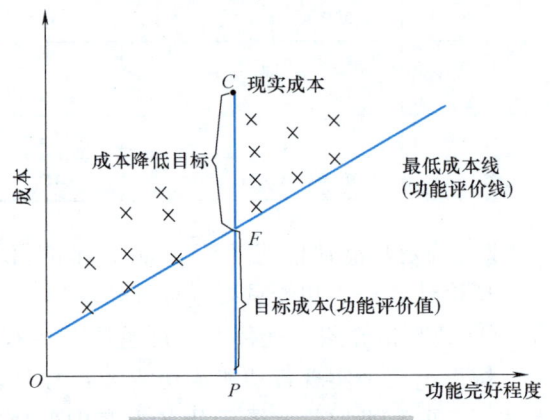

图 8-11 功能评价值图解

（弯矩、压力、拉力或扭矩等）已知时，可以利用材料力学公式，计算出使用材料的尺寸和用量，根据材料价格，进一步计算出材料费用，从而求得实现该功能的最低材料费用，在此基础上考虑加工材料的加工费用和其他费用，以确定功能的最低成本，即功能评价值。

④ 功能重要程度评价法。此法是根据功能重要性程度确定功能评价值。首先将产品功能划分几个功能区域，并根据功能区的重要程度和复杂程度，确定各个功能区的功能系数，然后将产品的目标成本按功能系数分配给各功能区作为该功能区的目标成本，即功能评价值。

A. 第一步，确定功能系数。功能系数的确定可采用直接评分法、强制确定法（这两种前面已介绍）、比率法和逻辑流程评分法等方法。下面主要介绍后两种方法。

a. 比率法（又称 DARE 法）：这种方法利用评价因素之间的相关性进行比较而定出重要性系数，用以选择方案。其具体步骤如下：根据各评价对象的功能重要程度（或实现难度）排序，按上高下低原则排列；从上至下把相邻的两个评价对象根据功能重要程度（或实现难度）进行比较，如表 8-11 中 F_1 是 F_2 的 2 倍，F_2 是

F_3 的 1.5 倍等；令最后一个评价对象得分为 1，再依次从下至上按上述各对象之间的重要性相对比值计算其他对象的得分；计算各评价对象的功能系数。

表 8-11　比率法确定功能系数表

功能	重要度比重	修正重要度	备　注	功能系数 F_i	备　注
F_1	2.0	9.0	$9.0 = 4.5 \times 2.0$	0.51	$0.51 = 9/17.5$
F_2	1.5	4.5	$4.5 = 3.0 \times 1.5$	0.26	$0.26 = 4.5/17.5$
F_3	3.0	3.0	$3.0 = 1.0 \times 3.0$	0.17	$0.17 = 3.0/17.5$
F_4	—	1.0	—	0.06	$0.06 = 1.0/17.5$
合计		17.5		1.00	

这是一种适用范围较大的打分方法，但构成评价对象的各因素之间必须具有相关性，否则不宜采用。

b. 逻辑流程评分法：判断各功能之间的逻辑关系，然后确定各功能重要程度顺序，以某功能为基准对象，并规定其评分值，再以逻辑推断各功能之间的数量关系，进而求功能系数 F_i。逻辑流程评分法是一种相对评分法，适用于逻辑关系明显的情况。

【例 8-5】　某产品有 7 个功能区域，采用逻辑流程评分法评分，具体情况如表 8-12 所示。

表 8-12　逻辑流程评分法评分表

序号	功能代号	逻辑判断（功能重要程度之间数量关系）	评分值
1	F_1	$F_1 > 3F_2$	500
2	F_2	$F_2 > F_3 + F_4 + F_5 + F_6 + F_7$	150
3	F_3	$F_3 > F_5 + F_6 + F_7$	50
4	F_4	$F_4 > F_5 + F_6$	40
5	F_5	$F_5 > F_6$	20
6	F_6	$F_6 > F_7$	15
7	F_7	F_7	10
		合计	785

除了以上几种方法外，还有其他多种评分方法可以确定功能系数。

B. 第二步，确定各功能的功能评价值。在第一步求出功能系数之后，将产品的目标成本按功能系数分摊到各个功能上去。如果产品目标成本为 900 元，根据表 8-11，可求出 $F_1 \sim F_4$ 各功能的评价值如表 8-13 所示。

表 8-13　新产品功能评价值计算表

功能	功能系数	功能评价值/元
F_1	0.51	$0.51 \times 900 = 459$
F_2	0.26	$0.26 \times 900 = 234$
F_3	0.17	$0.17 \times 900 = 153$
F_4	0.06	$0.06 \times 900 = 54$
合计	1.00	900

3）计算功能价值 V_i

$$V_i = \frac{F_i}{C_i}$$

表 8-14 中，功能 F_1 的现实成本为 562 元，则 F_1 的功能价值为

$$V_i = \frac{459}{562} = 0.817$$

4）计算成本改善期望值

$$\Delta C_i = C_i - F_i$$

如已知产品的现实成本为 1129 元。将已知现实成本分摊到各功能上去，再根据各功能的功能评价值和现实成本求成本降低值。具体计算如表 8-14 所示。

5）选择改进对象。选择改进对象时，考虑的因素主要是功能价值大小和成本改善期望值的大小。

当功能价值等于或趋近于 1 时，功能现实成本等于或接近于功能目标成本，说明功能现实成本是合理的，价值最佳，无须改进，如 F_3。

表 8-14　功能评价计算表

功能(1)	现实成本 C_i/元 (2)	功能系数 (3)	功能评价值 F_i/元 (4)	功能价值 V_i (5)=(4)/(2)	成本改善期望值 ΔC_i/元 (6)=(2)-(4)	改善优先次序 (7)
F_1	562	0.51	459	0.817	103	2
F_2	298	0.26	234	0.785	64	3
F_3	153	0.17	153	1.000	0	—
F_4	116	0.06	54	0.466	62	1
合计	1129	1.00	900	—	229	

当功能价值小于 1 时，表明功能现实成本大于功能评价值，说明该功能现实成本偏高，应作为改进对象，如 F_1、F_2、F_4。

当功能价值大于 1 时，表明功能现实成本小于功能评价值，说明功能现实成本偏低。其原因可能是功能不足，满足不了用户要求。在这种情况下，应增加成本，更好地实现用户要求的功能。还有一种可能是功能评价值确定不准确，而以现实成

本就能够可靠实现用户要求的功能,现实成本是比较先进的,此时无须再对功能或功能区域进行改进。

在选择改进对象时,可将功能价值和成本改善期望值两个因素综合起来考虑,即选择功能价值低、成本改善期望值大的功能或功能区域作为重点改进对象。例如,F_1和F_2比较,尽管F_2的功能价值比F_1低,但成本改善期望值F_1大得多,因此,在选择改进对象排序时F_1排在F_2前面。这里要注意的是研究对象改善的优先次序因考虑问题的侧重点不同而有所不同。

8.3.4 改进方案的制订与评价

1. 方案的创造

为了提高产品的功能和降低成本,达到有效地利用资源,因此需要寻求最佳的代替方案。寻求或构思这种最佳方案的过程就是方案的创造过程。创造也可以理解为"组织人们通过对过去经验和知识的分析与综合以实现新的功能"。价值工程活动能否取得成功,关键是功能分析评价之后能否构思出可行的方案,这是一个创造、突破、精制的过程。为了便于大家提方案时解放思想,常采用以下方法:

(1) 头脑风暴法(Brain Storming Method,BS法)　头脑风暴法也叫畅谈会法,是由奥斯本(A. F. Osborn)在1957年提出的,很快得到广泛应用。这种方法是以5~10人的小型会议形式对某个方案进行咨询或讨论,与会者无拘无束地发表自己的见解,不受任何条条框框的限制,其他人员则从发言中得到启示,进而产生联想,提出新的或补充意见。会议始终保持自由、融洽、轻松的气氛。在会议结束时,往往能够得到充满新意的方案。

利用这种方法,与会者瞬间的见解,往往会诱导出创造性的思想火花,因此收到极好的效果。

(2) 模糊目标法(哥顿法)　这种方法是美国人哥顿(Gordon)在1964年提出来的。其方法是召开会议提方案,要解决什么问题,事先并不让与会者知道,只有主持人知道。开会时,主持者只提出一个很抽象的概念,用抽象阶梯的方法把问题抽象化,并不把要解决的问题全部摊开。例如,要研究探讨一种新型屋顶设计方案时,开始时会议主持人只笼统地说,今天讨论的题目是"怎样把东西盖住?",而不具体说出"怎样设计新屋顶?",这样,会上就能提出十分广泛的意见。当会议酝酿出若干可行方案后,会议主持人宣布所研究的主题。针对新型屋顶留下可行方案,舍弃不可行方案。这样就可能提出较好方案。这样做的好处是可以避免与会者受到旧思路的约束。与会者在猜谜似的气氛中,很可能提出既离奇又新颖的创造性方案。为了得到新颖的方案,要求会议主持人机智灵活,提问得当。提问太具体,容易限制思路;提问太抽象,则方案可能离题太远。因此会议主持人必须善于抽象问题和运用各种类比方法提出问题。

(3) 专家函询法(Delphi Method,德尔菲法)　这种方法不采用开会的形式,而是由主管人员或部门把已构思的方案以信函的方式分发给有关的专业人员，征询他们的意见，然后将意见汇总，统计和整理之后再分发下去，希望再次补充修改，如此反复若干次，把原来比较分散的意见在一定程度上成为统一的集体结论，作为新的代替方案。

（4）专家检查法　这种方法是先由设计主管部门提出改进的设计方案。然后将提出的改进设想整理成包括图纸、计算说明书以及技术经济效果等书面材料。按照一定的程序，送给各部门的专家审查，提出具体修改或反对意见。最后由总工程师、总会计师综合各方意见，决定取舍。这种方法的好处是时间充裕，没有顾虑，可以不受约束地从多个角度提出意见。由于提意见的都是专家，业务熟悉，工作效率也高。它的缺点是花费时间较长，缺乏思想交锋和面对面的商讨。

（5）组合法　这种方法是当现有的各方案还不够十分完善时，应采用各方案之长，组成一个新的方案。从不同的角度出发，抽出各方案中符合某一角度的方案，进行重新组合，从而得到符合这一角度的理想方案。比如"最低成本组合"就是把各方案中实现某一功能的最低成本部分抽出来加以组合，就可以得到实现降低成本意图的方案。如表 8-15 所示，表中 A、B、C、D、E 为已有方案，$F_1 \sim F_4$ 为产品应具备的功能。对各方案依照实现某一功能所花成本的高低排序，成本最低者为 1，次低者为 2，依次为 3、4、5。

表　8-15

功能	A	B	C	D	E	最低成本方案
F_1	5	3	4	7	9	B
F_2	13	15	20	18	14	A
F_3	15	14	9	12	11	C
F_4	3	4	2	3	1	E

对实现功能 F_1 来说，成本最低者为 B 方案；对 F_2 来说成本最低者为 A 方案；F_3 为 C 方案；F_4 为 E 方案。我们把 B 中的 F_1，A 中 F_2，C 中的 F_3，E 中的 F_4 抽出来，重新进行组合，就可得到一个降低成本的较好方案。

方案创造的方法很多，在此不一一赘述，总的精神是要充分发挥各有关人员的智慧，集思广益，多提方案，从而为评价方案创造条件。

2. 方案评价

方案评价是在方案创造的基础上对新构思方案的技术、经济和社会效果等进行的评估，以便选择最佳方案。按其做法分为概略评价和详细评价。

（1）概略评价　概略评价是对已创造出来的方案从技术、经济和社会三个方面进行初步研究。其目的是从众多的方案中进行粗略筛选、减少详细评价的工作量，使精力集中于优秀方案的评价。

(2) 详细评价　详细评价，就是对概略评价所得比较抽象的方案进行调查和收集信息资料，使其在材料、结构、功能等方面进一步具体化，然后对它们做最后的审查和评价。

在详细评价阶段，对产品的成本究竟是多少，能否"可靠地实现必要的功能"，都必须得到准确的解答，总之，要证明方案在技术和经济方面是可行的，而且价值必须得到真正的提高。

详细评价又可分为技术评价、经济评价和社会评价三个方面。当然也有将以上三个方面结合起来的综合评价。

方案评价的关系如图 8-12 所示。

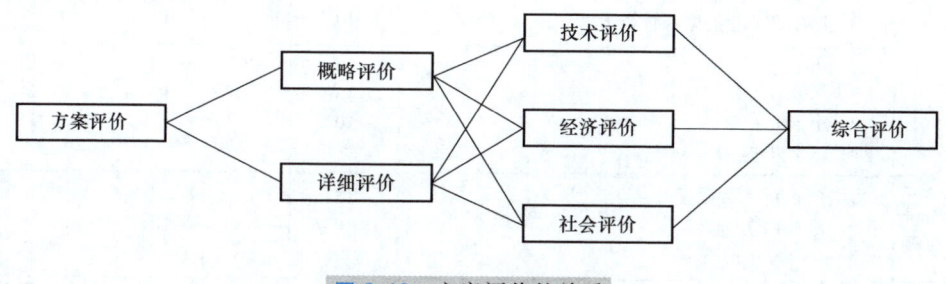

图 8-12　方案评价的关系

方案评价的方法有很多，下面介绍其中四种。

(1) 加法评价法　加法评价法又称等分制评分法，它是对方案的多项评价标准分别打分（百分制或五分制）。打分的依据是方案能满足标准（或使用者要求）的程度，然后将每个评分项目得分加总，所得的总分值最高者为最优方案。

加法评价法的具体步骤如下：

1) 确定评价项目，划分评价等级，制订评分标准。评价项目评价等级、评分标准的内容和粗细程度，均因评价对象而异，可用类比法或经验法确定，一般应包括技术、经济、社会三方面因素。

2) 根据各方案对评价项目的满足程度进行评分。

3) 加总各方案得分值。

4) 以总分最高者作为改善方案。

在确定评价项目时，要注意相互间有无重复交叉部分。要根据产品特性和使用者的要求，正确确定评价项目和评分标准，这是成败的关键。

表 8-16 以某新产品开发的方案评价为例，说明加法评价法的应用。根据表 8-16 的评分结果，选定总分最高的方案甲作为改善方案。

(2) 加权评分法　加权评分法的特点是同时考虑功能与成本两方面的各种因素，并根据其重要程度进行加权计算，以方案评得的综合总分作为择优的定量依据。

表 8-16　加法评价法评价

评价项目	评价等级	评分标准	方案 甲	方案 乙	方案 丙	方案 丁
产品功能	1. 能理想地满足用户需要的功能 2. 虽不很理想，但功能不低于外厂同类产品 3. 虽有缺陷，但尚能满足用户基本功能要求	30 20 15	30	20	15	20
产品销路	1. 大 2. 中 3. 小	15 10 5	15	10	10	5
生产能力	1. 目前已具有充分的生产能力 2. 采取一些措施就能生产 3. 要有较多的措施和投资才能生产	20 15 10	10	15	15	20
盈利率	1. 30% 以上 2. 25% 以上 3. 20% 以上 4. 15% 以上	20 15 10 5	20	15	10	5
全年净节约额	1. 大于 20 万元 2. 大于 10 万元 3. 大于 5 万元	15 10 5	15	10	10	5
总计	总　分	100	90	70	60	55

【例 8-6】　某产品的主要评价因素有三个，现对 A、B、C 三个替代方案作加权评分选择（见表 8-17）。步骤如下：

1）确定评价因素。以影响本产品评价结论的主要因素作为评价因素，如可靠性、成本、外观等技术因素及经济因素。

2）评定各评价因素的重要度系数，以此作为加权系数。加权系数可用前述的 FD 法、DARE 法或其他许多方法求得，也可通过调查、咨询等方法确定。

3）评定方案对评价项目的满足程度（可用分数表示）。

4）加权计算各方案得分，总分高者即为最优方案。

在加权评价法中，方案的满足程度是由评分人员按计算、试验结果或凭经验直接打分评定。除百分制外，也可用五分制或十分制。

表 8-17　加权评分法评价表

评价因素	权数 W_j	满足程度(百分制) S_{ij}			方案评价值 A_i		
		A 方案	B 方案	C 方案	$W_j S_{Aj}$	$W_j S_{Bj}$	$W_j S_{Cj}$
1. 可靠性	0.6	80	90	70	48	54	42
2. 成　本	0.3	80	60	90	24	18	27
3. 外　观	0.1	80	90	80	8	9	8
合　计	1.0	240	240	240	80	81	77

表 8-17 中的权数是在市场调查与预测的基础上得出的，反映了用户首先要求保证可靠性，其次是希望成本要低，再次则是对改善外观造型的愿望。权重的数值，反映着用户的要求程度。在计算中用各要素的权数乘以方案对各评价要素的满足度分数，得到方案的评分权数和，就是各方案的评价值。表中以 B 方案的评价值最高，表示在上述市场情况下，B 方案较能满足用户的需求。

(3) 比较价值法　比较价值法的特点是将技术项目与经济项目分开评价，先单独评价方案的技术性，再对方案的经济性单独评价，最后用比较价值将两者结合起来，综合评价方案的技术、经济效益，从中优选比较价值最高者为改善方案。其基本步骤如下：

1) 确定技术评价项目。
2) 确定方案技术评价项目的权数（W_j）。
3) 评定方案对技术评价项目的满足程度分值（S_{ij}）。
4) 计算方案的评分权数和（A_i）

$$A_i = \sum_j^n W_j S_{ij} \qquad (i = 1, 2, \cdots, m) \tag{8-9}$$

式中　m——方案数；
　　　n——评价项目数；
　　　A_i——i 方案的评分权数和；
　　　W_j——项目的权数；
　　　S_{ij}——i 方案对 j 项目的满足度评分值。

5) 估算方案的成本（C_i）。
6) 计算方案的比较价值（V_i）。

$$V_i = \frac{A_i}{C_i} \tag{8-10}$$

比较价值（V_i）是方案功能分值（A_i）与方案成本（C_i）的比值，意味着单位方案成本所能取得的功能程度（分值）。此处的功能分值（A_i）不是指方案应达到的功能程度，而是反映方案将会达到的功能程度。

用比较价值法评价方案的表格形式见表 8-18。

表 8-18　比较价值法评价表

功能项目	A	B	C	D	E	功能评分权数和 A_i	估算成本 C_i	比较价值 V_i
功能权数 W_j	5	4	3	2	1			
方　案	满足程度分值（S_{ij}）							
甲	10	9	8	6	8	130	270	0.481
乙	10	8	5	8	10	123	220	0.559
丙	8	7	6	8	7	103	190	0.542
丁	9	8	7	7	5	117	200	0.585

功能的评分权数和方案成本的计算，是在前面的评价阶段中对技术项目和经济项目分别进行了单项的计算、测试或检查、评定的基础上进行的，是以前一阶段工作所取得的种种数据和资料为评分依据的，这就使综合评价有足够的依据。一般说，只要项目的确定和评分计算得当，V_i 大的方案就表示价值高，可行性好。但是，在实际应用中，还要根据企业当时的内部条件和外部环境，作具体分析和抉择。

（4）环比评分法　环比评分法（DARE 法）在方案评价中的运用不同于前述。它利用环比评分的方法，确定评价项目的权数和方案对评价项目的满足程度系数，经过加权计算，以方案评分值的高低来判定最优方案。

具体步骤如下：

1）确定评价项目。

2）用 DARE 法求算各评价项目的权数（W_j），权数可通过集体讨论、分析评定。

3）用 DARE 法计算各替代方案对各评价项目的满足程度系数（S_{ij}）；满足程度系数的评定，可通过技术经济指标的对比、评分或按比例推算得到。

4）加权计算各方案的总评分值（A_i）

$$A_i = \sum W_j \times S_{ij} \tag{8-11}$$

5）优选总评分值（A_i）最高的方案为改善方案。

3. 方案的试验研究和提案审批

通过对方案的评价，就可以选择出能够提高价值的新方案，在新的方案中如果对某些环节或因素无把握达到预期要求时，还必须进一步进行必要的试验，以验证其是否可行。

试验通过后，即可着手制订正式的实施方案，提交有关部门审批，获准后便可付诸实施，按计划做出具体安排。在实施过程中，从事价值工程工作的人员应深入实际，随时了解执行情况，并协助解决实施中出现的问题。

4. 价值工程成果评价

价值工程成果评价，就是将改进方案的各项技术经济指标与原设计进行比较，以考查方案所取得的综合效益。成果评价与方案评价不同，方案评价时，是采用改进方案的预计效益与原设计进行比较，成果评价则是采用改进方案的实际效益与原设计进行比较。

一个完整的价值工程成果评价指标体系，一般应包括技术评价指标、经济评价指标和社会评价指标三方面内容。

（1）技术效果评价指标　该指标主要是计算产品功能水平提高率。根据改进后有显著变化的技术性能指标的多少，分为简单型和复合型两种情况。

1）简单型。只有一种主要技术性能指标发生了明显的变化，其功能水平提高率的计算比较简单，可以直接比较改进前后主要技术性能指标的数值而求得。

若主要功能参数是正指标，则有

产品功能水平提高率 = 主要功能参数提高率

$$= \frac{\text{主要功能参数改后值} - \text{主要功能参数原值}}{\text{主要功能参数原值}} \times 100\% \quad (8\text{-}12)$$

若主要功能参数为负指标,则有

产品功能水平提高率 = 主要功能参数降低率

$$= \frac{\text{主要功能参数原值} - \text{主要功能参数改后值}}{\text{主要功能参数原值}} \times 100\% \quad (8\text{-}13)$$

2）复合型。有两个或两个以上主要性能指标同时发生了明显的变化。这类情况,功能水平提高率的计算较复杂,先要计算出每一种技术性能的功能水平提高率,其方法同简单型;再以每种技术性能的重要性系数为权重,计算所有技术性能的功能水平提高率的加权和,这个加权和就是整个产品的功能水平提高率。

（2）企业经济效益评价　可以根据需要计算方案实施后劳动生产率、材料消耗、能源消耗、资金利用、设备利用、产量品种发展、利润及市场占有率等指标值。此外,要进行以下经济效益指标的计算:

1）全年净节约额

全年净节约额 =（改进前的单位成本 - 改进后的单位成本）× 年产量 -

$$\text{价值工程活动费用的年度分摊额} \quad (8\text{-}14)$$

2）节约百分比

$$\text{节约百分比} = \frac{\text{改进前的成本} - \text{改进后的成本}}{\text{改进前的成本}} \times 100\% \quad (8\text{-}15)$$

3）节约倍数

$$\text{节约倍数} = \frac{\text{全年净节约额}}{\text{价值工程活动经费}} \times 100\% \quad (8\text{-}16)$$

4）价值工程活动单位时间节约数

$$\text{价值工程活动单位时间节约数} = \frac{\text{全年净节约额}}{\text{价值工程活动延续时间}} \times 100\% \quad (8\text{-}17)$$

（3）方案实施的社会效果评价　方案实施的社会效果评价包括是否填补国内外科学技术或产品品种的空白,是否满足国家经济发展或国防建设的重点需要,是否节约了贵重稀缺物资材料,是否节约了能源消耗,是否降低了用户购买成本或其他使用成本,以及是否防止或减少了污染公害等。

多数社会效果评价指标是很难准确地进行定量分析的。如改进方案对贵重资源的节约、环境污染的减少等,对此只能做粗略估计。这里,仅列举几个常见的评价指标,以供参考。

1）用户直接经济效益。指由于产品生产效率的提高（如机床加工零件的成品率的提高等）,给用户带来的直接经济效益。

2）使用费用节约额。指由于能耗下降及其他方面而引起的使用费用的节省。

3）投资节约额。指由于产品功能的提高,如产品使用寿命延长或成本下降,引起用户购置费用的减少，或者在完成相同作业量的条件下，所需投资的节约等。

8.4 价值工程在工程设计方案选优中的应用

同一建设项目，同一单项、单位工程可以有不同的设计方案，方案不同，造价也就会有差异，这时，设计人员可通过价值工程活动进行方案的优选。根据功能系统图分析，对上位功能进行分析和改善比对下位功能效果好；对功能领域进行分析和改善比对单个功能效果好。因此，价值工程既可用于工程项目设计方案的分析选择，也可用于单位工程设计方案的分析选择。我们以某建筑设计院在建筑设计中应用价值工程，进行住宅设计方案选优，说明价值工程在工程设计中的应用。

8.4.1 对象选择

对建筑设计单位来说，承担的工程设计的种类繁多，必须运用一定方法选择价值工程的重点研究对象。到底选择哪些项目作为价值工程的分析对象呢？某建筑设计院依据近几年承担的设计项目的建筑面积构成统计数据，运用百分比法来选择价值工程的研究对象。通过分析，价值工程人员决定把该建筑设计院设计面积比重最大的住宅工程作为价值工程的研究对象。该建筑设计院近几年各类设计项目建筑面积统计数据及其比重如表8-19所示。

表8-19 某建筑设计院设计项目情况

工程类别	比重(%)	工程类别	比重(%)
住宅	38	图书馆	1
综合楼	10	商业建筑	2
办公楼	9	体育建筑	2
教学楼	5	影剧院	3
车间	5	医院	5
宾馆	3	其他	17

8.4.2 信息资料

在选择好价值工程分析对象之后，价值工程人员围绕以下几个方面重点进行资料收集：

1) 通过工程回访，收集广大用户对住宅的使用意见。
2) 通过对不同地质情况和基础形式的住宅进行定期的沉降观测，获取地基方面的第一手资料。
3) 了解有关住宅施工方面的情况。
4) 收集有关住宅建设的新工艺及新材料的性能、价格和使用效果等方面资料。

5）分地区按不同地质、基础形式和类型标准，统计分析近年来住宅建筑的各种技术经济指标。

8.4.3 功能分析

功能分析价值工程人员组织设计、施工及建设单位的有关人员共同讨论，对住宅的各种功能进行定义、整理和评价分析。在功能分析中，参与分析人员一致认为住宅功能有如下几方面：从大的方面讲，有适用、安全、美观和其他四方面功能。就适用功能而言，可以具体分为平面布局、采光通风和层高层数等功能。就安全功能而言，可以具体分为牢固、耐用、"三防"设施等功能。就美观功能而言，可以具体分为建筑造型、室外装修、室内装修等功能。就其他功能而言，可以包括环境设计、技术参数、便于施工、容易设计等功能。

在功能分析中，价值工程人员坚持把用户的意见放在第一位，结合设计、施工单位的意见进行综合评分，把用户、设计及施工单位三者意见的权数分别定为70%、20%和10%。住宅功能系数见表8-20。

表 8-20 住宅功能系数

功能		用户评分		设计人员评分		施工人员评分		功能系数 $(0.7F_{\mathrm{I}} + 0.2F_{\mathrm{II}} + 0.1F_{\mathrm{III}})/100$
		得分 F_{I}	$0.7F_{\mathrm{I}}$	得分 F_{II}	$0.2F_{\mathrm{II}}$	得分 F_{III}	$0.1F_{\mathrm{III}}$	
适用	平面布置 F_1	41	28.7	38	7.6	43	4.3	0.406
	采光通风 F_2	16	11.2	17	3.4	15	1.5	0.161
	层高层数 F_3	4	2.8	5	1	4	0.4	0.042
安全	牢固耐用 F_4	20	14	21	4.2	19	1.9	0.201
	（三防设施）F_5	4	2.8	3	0.6	3	0.3	0.037
美观	建筑造型 F_6	3	2.1	5	1	3	0.3	0.034
	室外装修 F_7	2	1.4	3	0.6	2	0.2	0.022
	室内装修 F_8	7	4.9	6	1.2	5	0.5	0.066
其他	环境、便于施工等 F_9	3	2.1	2	0.4	6	0.6	0.031
总 计		100	70	100	20	100	10	1.000

8.4.4 方案设计与评价

以某住宅为例来说明价值工程人员如何进行方案设计与评价。

根据收集的信息资料及上述功能重要程度的分析结果，设计人员集思广益，大胆创新，设计了十几个不同的方案。价值工程人员对创新设计的十几个方案，先采用优缺点列举法进行分析筛选，从而保留下五个较优方案供进一步选优。五个备选方案的主要特征及单方造价见表8-21。

表 8-21 住宅备选方案

方案名称	主要特征	每平方米造价/元
A方案	7层混合,层高3m,240内外砖墙,钢筋混凝土预制桩基础,半地下室作储藏间,外装修一般,内装修较好,室内设备较好	784
B方案	7层混合,层高2.9m,240内外砖墙,(120砖非承重内墙),钢筋混凝土条形基础(地基经过真空预压处理),装修一般,室内设备中等标准	596
C方案	7层混合,层高3m,240内外砖墙,沉管灌注基础,外装修一般,内装修较好,半地下室作储藏间,室内设备中等水平	740
D方案	5层混合,层高3m,空心砖内外墙,钢筋混凝土满堂基础,装修及室内设备一般,屋顶无水箱	604
E方案	层高3m,其他特征同B方案	624

为了从备选的五个方案中选出最佳方案,价值工程人员从技术与经济二者综合的角度来确定最合理的方案。为此,价值工程人员按照下述步骤进行综合评价。

第一步,计算各方案的功能评价系数,其结果见表8-22。

第二步和第三步,计算各方案的成本系数与价值系数,其结果见表8-23。

最后,根据价值系数大小选择最优方案。B方案价值系数最高为1.112,故B方案最优。

表 8-22 功能评价系数计算

功能因素	评价系数 重要系数 φ		方案名称				
			A	B	C	D	E
F_1	0.406	方	10	10	9	9	10
F_2	0.161	案	10	9	10	10	10
F_3	0.042	满	9	8	9	10	9
F_4	0.201	足	9	9	9	8	9
F_5	0.037	分	7	6	7	6	6
F_6	0.034	数	9	7	8	6	7
F_7	0.022	S	7	7	7	7	7
F_8	0.066		9	7	7	7	7
F_9	0.031		9	7	8	7	7
方案总分		$\sum \varphi S$	9.449	8.881	8.912	8.553	8.990
功能评价系数			0.211	0.198	0.199	0.191	0.201

表 8-23　各方案成本系数及价值系数计算

方案名称	单方造价	成本系数	功能评价系数	价值系数	最优方案
A	784	0.2342	0.211	0.901	
B	596	0.1780	0.198	1.112	√
C	740	0.2210	0.199	0.900	
D	604	0.1804	0.191	1.059	
E	624	0.1864	0.201	1.078	
合计	3348	1.0000	1.000	—	

8.5　价值工程案例分析

1. 概述

在某国产手表出口中，外商及用户的评价是：手表的内在质量尚好，外观质量太差，价格无法提高。因此，必须对产品进行更新，以增强竞争能力。主要目标是针对缺点进行改进。

2. 成本分布分析

该手表的零件总数按140个计算，其平均成本为18.78元/个。经ABC分析法将零件按成本从高到低的顺序排列，见表8-24。

表 8-24　成本分布表

零件类别	零件数量/个	占总数量(%)	计算成本/(元/万个)	占成本总值(%)
A	32	22.86	147194.16	78.37
B	25	17.86	27917.88	14.87
C	83	59.28	12698.90	6.76
合计	140	100	187810.94	100

3. 产品功能分析及评价

基本功能：精确计时。

辅助功能：防水、防振、防磁。

使用功能：耐用。

外观功能：美观。

各功能重要性评价：

1) 应用01评分法进行重要性次序评价，见表8-25。

2) 进一步应用百分制评分法评定功能的重要度系数。评定要点是按每人评分的多少进行排列，现将六位专家的评分结果列于表8-26。

表 8-25 各功能重要性评价表

序号	功能	计时	防水	防振	防磁	耐用	美观	评分值	重要性次序
1	计时	×	1	1	1	1	1	5	1
2	防水	0	×	1	1	0	0	2	4
3	防振	0	0	×	1	0	0	1	5
4	防磁	0	0	0	×	0	0	0	6
5	耐用	0	1	1	1	×	0	3	3
6	美观	0	1	1	1	1	×	4	2

表 8-26 评估专家对手表评分表

次序	功能	评分人员 一	二	三	四	五	六	得分总计	功能重要度系数
1	计时	30	30	28	35	32	30	185	0.3083
2	美观	30	25	25	35	30	30	175	0.2917
3	耐用	20	20	20	10	15	15	100	0.1667
4	防水	8	10	12	10	11	10	61	0.1017
5	防振	8	10	10	7	8	10	53	0.0883
6	防磁	4	5	5	3	4	5	26	0.0433

3）再对 A、B 类中 6 个重点零部件进行功能评价。应用定量评分法进行评定，得出的 6 项重点零部件的功能评价系数见表 8-27。

表 8-27 重点零部件功能评价系数表

序号	零部件名称加权系数	计时 0.3083		美观 0.2917		耐用 0.1667		防水 0.1017		防振 0.0883		防磁 0.0433		功能评价系数
1	夹板	15%	0.0462	8%	0.024	30%	0.05	0	0	0	0	0	0	0.1196
2	原动系	25%	0.0771	0	4	0	0	0	0	0	0	0	0	0.0771
3	擒纵调速系	60%	0.1850	0	0	0	0	0	0	0	0	100%	0.0433	0.2283
4	防振器	0	0	2%	0.0058	0	0	0	0	100%	0.0883	0	0	0.0941
5	表盘	0	0	30%	0.0875	0	0	0	0	0	0	0	0	0.0875
6	表壳	0	0	60%	0.1750	70%	0.1167	100%	0.1017	0	0	0	0	0.3934
	合计	100%		100%		100%		100%		100%		100%		1.0000

4）计算 6 项重点零部件的成本系数，如表 8-28 所示。

表 8-28 成本系数表

序号	零部件名称	成本/(元/万只)	成本系数
1	夹板	60426.36	0.3451
2	原动系	12466.40	0.0712
3	擒纵调速系	15451.48	0.0882
4	防振器	29715.00	0.1697
5	表盘	8914.50	0.0509
6	表壳	48138.30	0.2749
	共计	175112.04	1.0000

4. 确定具体目标

根据功能评价系数和成本系数，求出这6项零部件的价值系数，如表8-29所示。应用价值系数判别法来确定具体目标。

表 8-29 价值系数表

序号	零部件名称	功能评价系数	成本系数	价值系数
1	夹板	0.1196	0.3451	0.3465
2	原动系	0.0771	0.0712	1.0828
3	擒纵调速系	0.2283	0.0882	2.5884
4	防振器	0.0941	0.1697	0.5545
5	表盘	0.0875	0.0509	1.7190
6	表壳	0.3934	0.2749	1.4311

由表8-29中可以看出，夹板、防振器的价值系数小于1，故其是主要的改进对象。其他零部件要作具体分析。

1) 原动系价值系数接近于1，说明原动系功能与所花的成本基本上相当，不必作为改进对象。

2) 擒纵调速系价值系数大于1，说明其功能与成本相比成本已较低，在满足使用者需要的条件下，不是价值分析的主要目标，可暂时不分析。

3) 表盘价值系数大于1，说明表盘功能在满足使用者要求的条件下成本已较低，不是价值分析的主要目标。

4) 表壳的价值系数大于1，说明成本偏低，还可适当提高一点成本，以便使表壳外观造型更加新颖美观。这符合用户需要，也是合理的。

5. 改进方案

根据上述分析，该手表完全可以在保证内在功能不变，适当提高外观功能，使成本有所降低的条件下，达到扩大出口积极创汇的目的。

（1）改进方案提出的依据　由于国际市场的发展要求无钻或少钻，如美国在海关法中就明确规定，一些钻数少的手表可获得最优惠进口税率，因此，就必须尽量减少表钻数量，简化夹板结构，不使用防振器，从而简化机芯，达到降低成本扩大出口的目的。

（2）改进方案的要点　简化主夹板结构；条夹板和上夹板合并，中夹板兼做垫块；19 钻改为 7 钻，夹板的孔位坐标不变；表壳改进外观造型，并考虑采用配套表带。经过改进后，整个机芯的零件数量减少，减少的比例为 25%。

6. 产品更新后的预计效果

（1）成本变化内容

1）通过减少夹板钻所节约的成本为 3.94 元/只。

2）采用钢托不用防振器所降低的成本为 2.42 元/只。

3）简化主夹板结构所节约的成本为 0.69 元/只。

4）表壳改进造型和增加表带增加的成本为 2 元/只。

（2）经济效益分析

上述各项成本的降低总数为

$$(3.94 + 2.42 + 0.69 - 2) \text{元/只} = 5.05 \text{元/只}$$

1）每年净节约金额。以年产量 100 万只计算，每万只手表改进前的成本为 187810.94 元，改进后为 137310.94 元，改进后减少 50500 元。整个工艺改进需要增加投资 15000 元。有：

$$\begin{aligned} \text{每年净节约额} &= [(187810.94 - 137310.94) \times 100 - 15000] \text{元/年} \\ &= (50500 \times 100 - 15000) \text{元/年} \\ &= 5035000 \text{元/年} \end{aligned}$$

2）节约百分数为

$$\frac{187810.94 - 137310.94}{187819.94} \times 100\% = 26.89\%$$

（3）技术性能指标对比　根据对样机试制后的实际测试结果可以看出，经过简化后的机芯仍能符合统一机芯各项原有性能指标。

思考题与习题

1. 什么是价值工程？价值工程中的价值含义是什么？提高价值有哪些途径？
2. 什么是寿命周期和寿命周期成本费用？价值工程中为什么要考虑寿命周期成本费用？
3. 价值工程的特点是什么？
4. 价值工程的实施步骤如何？
5. 选择价值分析对象的一般原则是什么？常用哪些方法？
6. ABC 分析法和强制确定法选择分析对象的基本思路和步骤是什么？
7. 什么是功能？功能如何分类？什么是功能定义？怎样进行功能定义？
8. 什么是功能整理？怎样绘制功能系统图？
9. 什么是功能评价？常用的功能评价方法有哪几种？怎样根据功能评价结果选择价值工程的改进对象？

10. 方案的创造有哪些方法？如何进行方案的评价？

11. 某产品由 5 个零部件所组成，各零部件之间的重要性关系为：A＞D＞C＞B＞E。各零部件成本如表 8-30 所示。

表 8-30

零部件	A	B	C	D	E
成本/元	24	4	24	16	2

试分别用价值系数法和最合适区域法（取 $S=0.005$）找出需作价值分析的零部件。

12. 某工程有 A、B 两个设计方案，按表 8-31 中四个指标，用 DARE 法比较两方案的优劣，已知各方案对各指标的满足程度系数（S_{ij}）如下。

表 8-31

方案		1. 预算造价	2. 平面布置	3. 能源消耗	4. 建筑自重
S_{ij}	A	0.4	0.45	0.6	0.65
	B	0.6	0.55	0.4	0.35

各指标的重要性互比值如表 8-32 所示（从左往右比较）。

表 8-32

指标代号	1	2	3	4
重要性互比值	1	0.5	2	—

试列表计算各指标的重要程度系数 W_i，并计算各方案的得分，最后给出结论。

13. 某产品有 A，B，C，D 四个部件和 F_1、F_2、F_3、F_4 四个功能，成本在各功能上的分配及功能系数如表 8-33 所示。若以实际成本降低 20% 为目标成本，要求：（1）计算各功能评价值和成本降低期望值；（2）确定改进目标。

表 8-33

序　号	部件名称	成本在各功能上的分配/元			
		F_1	F_2	F_3	F_4
1	A	50	—	50	50
2	B	50	25	75	100
3	C	—	—	10	25
4	D	25	20	—	25
功能重要系数		0.32	0.05	0.16	0.47

第 9 章

设备更新的经济分析

本章提要

设备更新决策是工程经济学在工程中的重要应用之一。设备更新的方式主要有原型设备更新和新型设备更新,原型设备更新决策实际上就是确定设备的经济寿命,新型设备更新决策则是继续使用旧设备与购置新型设备之间的互斥比选。另外,本章还介绍了设备租赁的决策分析。

9.1 概述

9.1.1 设备更新的概念

随着新工艺、新技术、新机具、新材料的不断涌现,工程施工在更大的深度和广度上实现了机械化,施工机械设备已成为施工企业生产力不可缺少的重要组成部分。施工企业购置施工机械设备后,从投入使用到报废,通常要经历一段较长的时间,在此期间,设备遭受到磨损,逐步丧失其生产能力和使用价值,因而需要对设备整个运行期间的技术经济状况进行分析和研究,以便做出正确的更新决策。

设备更新,狭义上仅指对技术上或经济上不宜继续使用的旧设备,用新设备替代;广义上不仅指用新设备替代旧设备,还指用先进的技术对原有设备进行局部改造。设备更新决策主要研究两个问题:一是决定是否更新,即继续使用旧设备还是更换新设备;二是决定选择什么样的设备来更新,可以是原型设备更新,即用相同结构和效能的设备更换有形磨损严重、不能继续使用的旧设备,这种更新不能促进技术进步,只能解决设备的损坏问题,也可以是用技术更先进、效率更高的新型设备替换技术上或经济上不宜继续使用的旧设备,这种更新不仅能解决设备的损坏问题,而且能解决设备技术落后的问题。可见,设备更新决策实际上是继续使用旧设备与购置新设备之间的互斥选择。

9.1.2 设备的磨损及磨损规律

设备不论在使用还是闲置过程中均会发生磨损，根据磨损的特点，一般分为有形磨损和无形磨损。

1. 有形磨损

有形磨损，又称物理磨损，是指设备在使用和闲置过程中保持原有实物形态，本身由于受到物理、化学等因素的作用而逐渐发生的实体损耗。当有形磨损达到一定程度时，设备即失去使用价值。

马克思说："机器的有形损耗有两种。一种是由于使用，就像铸币由于流通而磨损一样。另一种是由于不使用，就像剑入鞘不用而生锈一样。在后一种情况下，机器的磨损是由于自然作用。前一种磨损或多或少地同机器的使用成正比，后一种磨损在一定程度上同机器的使用成反比。"据此，设备的有形磨损可进一步分为第Ⅰ种有形磨损和第Ⅱ种有形磨损。

第Ⅰ种有形磨损，即使用磨损，是指设备在使用过程中，由于外力的作用使零部件发生摩擦、振动、疲劳等现象，导致设备的实体损坏。此种磨损主要取决于设备的使用情况，通常表现为设备零部件尺寸或形状的改变、零部件的老化乃至损坏等。

第Ⅱ种有形磨损，即自然磨损，是指设备在闲置过程中，由于自然力的作用使设备发生锈蚀、老化等损坏。此种磨损是设备闲置或封存不用时发生的，与生产过程中的使用无关，甚至在一定程度上还与设备的使用程度成反比。

衡量设备有形磨损程度的公式为

$$a_\mathrm{p} = \frac{R}{K_1} \tag{9-1}$$

式中　a_p——设备的有形磨损程度；

　　　R——修复全部磨损零件所需的修理费用；

　　　K_1——在确定设备磨损程度时该种设备再生产的价值。

2. 无形磨损

无形磨损，又称经济磨损，是指由于科学技术进步、社会劳动生产率提高而引起的设备贬值和使用价值降低。影响设备无形磨损的主要因素是技术进步，技术进步越快，设备的无形磨损越大。设备的无形磨损由两种原因引起，从而也有两种不同的形式。

第Ⅰ种无形磨损，是由于技术进步，使得设备制造工艺改进、成本降低和劳动生产率提高，从而生产同样设备所需的社会必要劳动减少，因而设备的市价下降，造成原来购置的设备价值贬值。

第Ⅱ种无形磨损，是由于技术进步，出现了性能更完善、生产能力和效率更高的替代设备，使原有设备由于使用效率相对下降而不得不相应贬值，或者由于不得不提前报废而丧失其残余价值。

衡量无形磨损程度的公式为

$$a_q = \frac{K_0 - K_1}{K_0} = 1 - \frac{K_1}{K_0} \tag{9-2}$$

式中　a_q——设备的无形磨损程度；

　　　K_0——设备的原始价值；

　　　K_1——考虑到第Ⅰ、Ⅱ种无形磨损时设备的再生产价值。

3. 设备的综合磨损

在激烈的市场竞争和科学技术不断进步的条件下，设备不仅客观地存在着有形磨损，而且也客观地存在着无形磨损，故而设备的磨损是双重的、综合的。

衡量设备综合磨损程度的公式为

$$a = 1 - (1 - a_p)(1 - a_q) \tag{9-3}$$

式中　　　　　a——设备综合磨损程度；

　　　　　　　a_p——设备的有形磨损程度；

　　　　　　　a_q——设备的无形磨损程度；

　　　$(1 - a_p)$——设备有形磨损后的残余价值；

　　　$(1 - a_q)$——设备无形磨损后的残余价值；

$(1 - a_p)(1 - a_q)$——设备综合磨损后的残余价值。

9.1.3　设备磨损的补偿方式

设备受到磨损需要补偿，磨损形式不同，补偿方式也不同。补偿方式一般有修理、现代化改装和更新。有形磨损的补偿，可以是修理或更新；无形磨损的补偿可以是现代化改装或更新。补偿分局部补偿和完全补偿。修理、现代化改装属于局部补偿，更新属于完全补偿。

（1）设备修理　设备修理是修复由于正常的或不正常的原因而造成的设备损坏和精度劣化，通过修理更换已经磨损、老化和腐蚀的零部件，使设备性能得到恢复。按修理的程度和工作量的大小，一般分为小修、中修和大修。

（2）设备现代化改装　设备现代化改装即设备的技术改造，就是应用现代化的技术成就和先进经验，根据生产的具体需要，改变旧设备的结构，或增加新装置、新部件，以改善旧设备的技术性能与使用指标，使其局部达到或全部达到目前出现的新设备水平。

（3）设备更新　设备更新主要是以结构更先进、技术更完善、效率更高、性能更好、消耗更低、外观更新颖的设备代替落后、陈旧、遭到第Ⅱ种无形磨损、在经济上不宜继续使用的旧设备。

设备磨损形式与补偿方式之间的关系如图9-1所示。

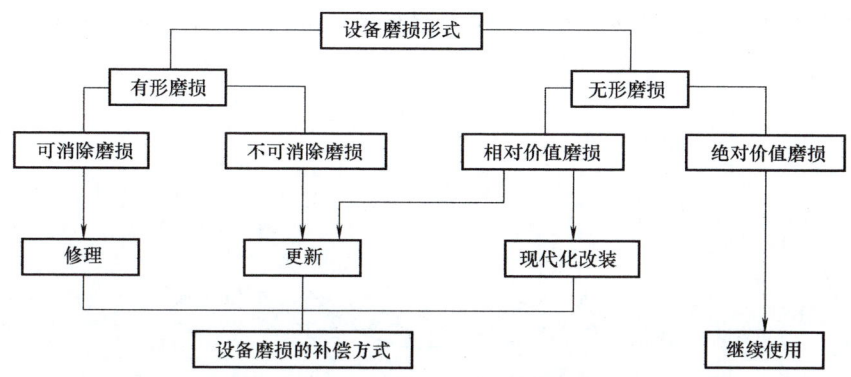

图 9-1　设备磨损形式与补偿方式之间的关系

9.2　设备的经济寿命

9.2.1　设备的寿命形态

由于有形磨损和无形磨损，设备的使用价值和经济价值逐渐消逝，因此设备有一定的寿命。常用的设备寿命有以下四种：

（1）自然寿命　自然寿命又称设备的物理寿命，是设备从投入使用直至不能继续使用而报废为止所经历的时间。决定设备自然寿命长短的主要因素是有形磨损。正确使用、精心维护，可以适当延长设备的自然寿命，但不能从根本上避免有形磨损。

（2）技术寿命　技术寿命又称设备的技术老化周期，是设备从投入使用到因为技术上落后而被淘汰所持续的时间。设备技术寿命是从技术是否先进的角度看设备的合理使用时间，其决定因素是无形磨损，即社会技术进步的速度。通过对设备的现代化改造，可以延长设备的技术寿命。

（3）经济寿命　经济寿命是设备从投入使用到继续使用下去因能耗、维修费用过高而不再经济所经历的时间。经济寿命是从设备年均总使用成本最低的角度来确定的合理使用时间，既考虑了无形磨损又考虑了有形磨损，是工程经济中决策设备更新的主要依据。一般来说，设备的经济寿命比自然寿命短。

在设备的整个寿命期内，其使用成本包括一次性设备投资和经常性的运行成本两部分。设备的使用初期运行成本比较低，以后随着设备逐渐陈旧，性能变差，维护费用、修理费用、能源消耗等年运行成本会逐步增加。与此同时，随着使用年限越长，分摊到各年的设备一次性投资（即年均持有成本）则越少。这样，年均运行成本和年均投资之和即为设备的年均使用成本。随着设备使用时间的递延，年均使用成本呈马鞍形变化，必然存在着一个最低值，此时对应的设备使用年份即是设备的经济寿命 N_0，如图9-2所示。

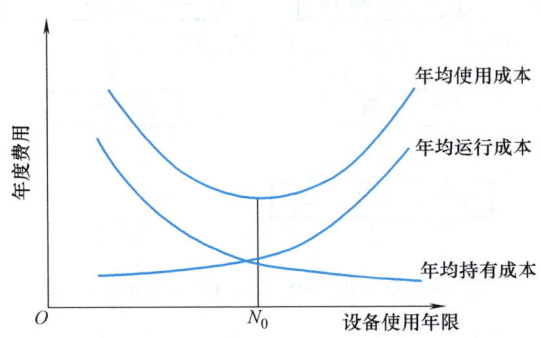

图 9-2 设备的经济寿命

（4）折旧寿命　设备的投资通常是通过折旧的方式逐年回收的。折旧寿命是指设备开始使用到其投资通过折旧的方式全部回收所延续的时间。

9.2.2 不考虑资金时间价值的经济寿命

在不考虑资金时间价值的前提下，设备的年均使用成本为

$$\overline{C}_N = \frac{K - L_N}{N} + \frac{1}{N}\sum_{t=1}^{N} C_t \tag{9-4}$$

式中　$\overline{C}_N$——设备使用 N 年的年均使用成本；

K——设备的原始价值；

L_N——设备第 N 年末的预计净残值；

C_t——设备第 t 年的运行成本；

N——设备使用年数。

根据式（9-4）逐年计算设备各年的年均使用成本，年均使用成本 $\overline{C}_N$ 最低时所对应的使用年限即为设备的经济寿命。

【例 9-1】　某设备的预计可使用年限为 8 年，采用工作量法计提折旧，不考虑资金的时间价值计算该设备的经济寿命 N_0。

【解】　有关数据资料见表 9-1。根据年均使用成本最低可判断，该设备的经济寿命为 5 年。

表 9-1　不考虑资金时间价值设备的经济寿命　　　　　（单位：万元）

使用年限	原始价值	账面净值	年运行成本	年均运行成本	年均持有成本	年均使用成本
1		1000	200	200	400	600
2		760	220	210	320	530
3		600	250	223.33	266.67	490
4	1400	460	290	240	235	475
5		340	340	260	212	472
6		240	400	283.33	193.33	476.66
7		160	450	307.14	177.14	484.28
8		100	500	331.25	162.5	493.75

由于设备使用时间越长，其有形磨损和无形磨损越厉害，从而导致设备的维护修理费用增加值越大，这种逐年递增的费用 ΔC_t 称为设备的低劣化。用低劣化数值表示设备损耗的方法称为低劣化数值法。如果每年设备的劣化增量是均等的，即 $\Delta C_t = \lambda$，每年劣化呈线性增长。据此，可以简化经济寿命的计算。

假设用 Q 表示设备评价基准年（即评价第一年）的运行成本，不计利息，则设备的年均使用成本 $\overline{C}_N$ 可用下式表示

$$\overline{C}_N = \frac{K - L_N}{N} + \frac{1}{N} \sum_{t=1}^{N} C_t$$

$$= \frac{K - L_N}{N} + Q + \frac{1}{N}[\lambda + 2\lambda + \cdots + (N-1)\lambda]$$

$$= \frac{K - L_N}{N} + Q + \frac{1}{2N}[N(N-1)\lambda]$$

$$= \frac{K - L_N}{N} + Q + \frac{1}{2}[(N-1)\lambda]$$

要使 $\overline{C}_N$ 为最小，对上式的 N 求一阶导数，并令此导数为零，可得

$$\frac{dC}{dN} = -\frac{K - L_N}{N^2} + \frac{\lambda}{2} = 0$$

则

$$N_0 = \sqrt{\frac{2(K - L_N)}{\lambda}} \tag{9-5}$$

【例 9-2】 设有一台设备，目前实际价值 $K = 8000$ 元，预计残值 $L_N = 800$ 元，第一年的使用费 $Q = 1000$ 元，每年设备的劣化增量是均等的，年劣化值 $\lambda = 300$ 元，求该设备的经济寿命。

【解】 运用式（9-5）计算得到设备的经济寿命为 7 年

$$N_0 = \sqrt{\frac{2(K - L_N)}{\lambda}} = \sqrt{\frac{2 \times (8000 - 800)}{300}} = 7(年)$$

9.2.3 考虑资金时间价值的经济寿命

在考虑资金时间价值的前提下,设备的年均使用成本为

$$AC_N = K(A/P,i,N) + \left[\sum_{t=1}^{N} C_t(P/F,i,t)\right](A/P,i,N) - L(A/F,i,N) \quad (9-6)$$

式(9-6)中的贴现率 i 视具体情况取为资金成本率或基准收益率。

【例 9-3】 对[例 9-1]中的设备,考虑年贴现率为 8%,计算该设备的经济寿命。

【解】 有关计算数据见表 9-2。设备使用 6 年时的年均使用成本 544.9 万元最低,因此该设备的经济寿命为 6 年。

表 9-2 考虑资金时间价值设备的经济寿命　　　　　　　　　　(单位:万元)

使用年限	原值①	账面净值②	(P/F, 8%, n)③	账面净值现值④	年运行成本⑤	年运行成本现值⑥	更新时运行成本现值⑦	总使用成本现值⑧	(A/P, 8%, n)⑨	年均使用成本⑩
1		1000	0.926	926	200	185	185	659	1.080	711.7
2		760	0.857	651	220	189	374	1123	0.561	629.8
3		600	0.794	476	250	199	573	1497	0.388	580.9
4	1400	460	0.735	338	290	213	786	1848	0.302	558
5		340	0.681	232	340	232	1018	2186	0.250	547.5
6		240	0.630	151	400	252	1270	2519	0.216	544.9
7		160	0.583	93	450	262	1532	2839	0.192	545.3
8		100	0.541	54	500	271	1803	3149	0.174	547.8

注:表中④=②×③,⑥=⑤×③,⑦=∑⑥,⑧=①-④+⑦,⑩=⑧×⑨。

9.3 设备更新决策

无论是原型设备更新,还是新型设备更新,在决策时均应注意:

1)区分相关成本和非相关成本。相关成本是指与设备更新决策有关的、在评价比较时必须加以考虑的成本,如差额成本、未来成本、重置成本、机会成本等;反之,与设备更新决策无关的、在评价比较时不必加以考虑的成本是非相关成本,如沉没成本、原始成本等。

2)决策者在对新、旧设备的经济效益进行比较分析时,应站在一个客观的立场上正确地描述新、旧设备各自的现金流量,而不应在旧设备的原有状态上进行主观分析。

3)逐年滚动比较。在确定最佳更新时机时,应首先计算现有设备的剩余经济寿命和新设备的经济寿命,然后利用逐年滚动计算方法进行比较。

如果不遵循上述原则，方案比选结果或更新时机的确定可能会发生错误。

9.3.1 原型设备更新决策

企业的有些设备在其整个使用期内并不过时，即没有技术上更先进、经济上更合理的新型设备出现，设备在使用过程中存在的主要是有形磨损以及第Ⅰ种无形磨损，设备更新则属于原型设备更新决策问题。此类决策主要解决的是更新时点，即要决定应该在旧设备使用多少年后以新的原型设备替换，超过这一时点继续使用旧设备在经济上就不合算了。显然，原型设备更新是简单更新，不具有更新技术的性质，此时所谓的更新时点正是上一节中我们已经熟悉的设备经济寿命 N_0，这里不再赘述。

9.3.2 新型设备更新决策

由于第Ⅱ种无形磨损的作用，不少设备在尚未达到经济寿命、需要以原型设备更新以前，市场上出现了性能更好、经济效益更高的新型设备，这时就需要决策是继续使用旧设备还是购置新设备更经济合理。在科学技术日新月异的今天，通常所说的设备更新主要是指新型设备更新，它是技术发展的基础。

新型设备更新决策的方法主要是比较继续使用旧设备至其经济寿命 N_j 的年均使用成本 AC_j 和使用新型设备至其经济寿命 N_x 的年均使用成本 AC_x。

1) 若 $AC_j > AC_x$，应立即更换新型设备。

2) 若 $AC_j = AC_x$，可推迟对旧设备的更新，直至旧设备的经济寿命或更好的新型设备出现。

3) 若 $AC_j < AC_x$，则继续使用旧设备，至旧设备的年均使用成本高于新型设备的年均使用成本 AC_x 时更新。

新型设备更新决策时，根据实际情况和决策者的需要，可以不考虑资金的时间价值，也可以考虑资金的时间价值。

【例 9-4】 某企业有一台旧设备，工程技术人员提出更换新设备的要求，有关数据见表 9-3。决策是否应更新设备。

表 9-3 新、旧设备相关数据表

项　　目	旧　设　备	新　设　备
原始价值/元	22000	24000
预计使用年限/年	10	10
已使用年限/年	4	0
最终残值/元	2000	3000
变现价值/元	6000	24000
年运行成本/元	7000	4000

【解】 继续使用旧设备和更换新设备的现金流量见图 9-3。

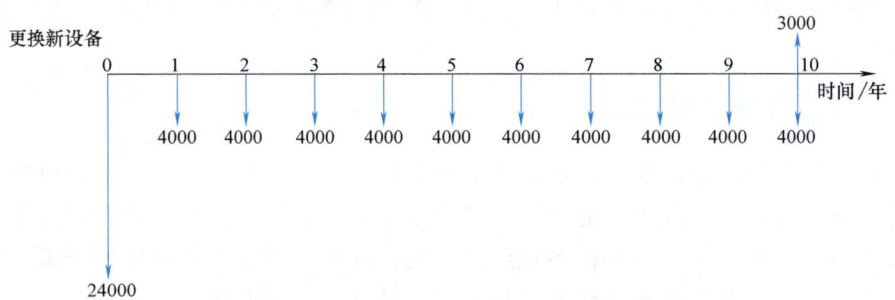

图 9-3 现金流量图（单位：元）

注意，旧设备的原始价值 22000 元是决策时的非相关成本，变现价值 6000 元才是相关成本。决策者在绘制现金流量图时，继续使用旧设备可以理解为是花 6000 元购置一台旧设备。

不考虑资金的时间价值，则

继续使用旧设备年均使用成本 $AC_j = \dfrac{6000 + 7000 \times 6 - 2000}{6}$ 元 $= 7670$ 元

更换新设备年均使用成本 $AC_x = \dfrac{24000 + 4000 \times 10 - 3000}{10}$ 元 $= 6100$ 元

可见，应更换新设备，平均每年可节约费用 1570 元。

设若企业要求以贴现率 15% 考虑资金的时间价值，则

$AC_j = 6000$ 元 $\times (A/P, 15\%, 6) + 7000$ 元 $- 2000$ 元 $\times (A/F, 15\%, 6) = 8360$ 元

$AC_x = 24000$ 元 $\times (A/P, 15\%, 10) + 4000$ 元 $- 3000$ 元 $\times (A/F, 15\%, 10) = 8630$ 元

可见，应继续使用旧设备。

【例 9-5】 某设备当前的净残值为 8000 元，还能继续使用 5 年，继续使用的具体情况见表 9-4。市场上现有一种新型设备，购置费用 35000 元，经济寿命 10 年，10 年末净残值为 4000 元，平均年运行成本 500 元。若企业要求的基准贴现率为 12%，旧设备是否应被新型设备更新？如需更新，何时更新最合理？

表 9-4　旧设备继续使用的经济数据　　　　　　　　　　（单位：元）

继续使用年数	年末净残值	年运行成本
1	6500	3000
2	5000	4000
3	3500	5000
4	2000	6000
5	500	7000

【解】

新设备 $AC_x = 35000 \text{元} \times (A/P, 12\%, 10) + 500 \text{元} - 4000 \text{元} \times (A/F, 12\%, 10)$
$\qquad\qquad = 6467 \text{元}$

继续使用旧设备 $AC_j = 8000 \text{元} \times (A/P, 12\%, 5) - 500 \text{元} \times (A/F, 12\%, 5) +$
$\qquad\qquad [3000 \text{元} \times (F/P, 12\%, 4) + 4000 \text{元} \times (F/P, 12\%, 3) +$
$\qquad\qquad 5000 \text{元} \times (F/P, 12\%, 2) + 6000 \text{元} \times (F/P, 12\%, 1) +$
$\qquad\qquad 7000 \text{元}] \times (A/F, 12\%, 5)$
$\qquad\qquad \approx 6915 \text{元}$

$AC_j > AC_x$，应以新型设备更新旧设备。再计算何时更新。

若旧设备保留使用 1 年

$C_j(1) = 8000 \text{元} \times (A/P, 12\%, 1) + 3000 \text{元} - 6500 \text{元} \approx 5460 \text{元} < 6467 \text{元}$

应继续使用旧设备。

若旧设备保留使用 2 年

$C_j(2) = 6500 \text{元} \times (A/P, 12\%, 1) + 4000 \text{元} - 5000 \text{元} \approx 6280 \text{元} < 6467 \text{元}$

应继续使用旧设备。

若旧设备保留使用 3 年

$C_j(3) = 5000 \text{元} \times (A/P, 12\%, 1) + 5000 \text{元} - 3500 \text{元} \approx 7100 \text{元} > 6467 \text{元}$

可见应在旧设备继续使用 2 年末更换新型设备。

9.4　设备租赁决策

在一般情况下，企业所需要的设备大都是以自有资金或借入资金自行购置或研制的，但在资金紧张、筹资困难的情况下，也可以通过租赁方式取得设备。

9.4.1　设备租赁及其形式

1. 设备租赁的概念

设备租赁，是指承租人按租赁合同的约定在一定期间内向出租人支付租金而取得设备使用权的一种方式。对于承租人而言，租赁设备较购买设备有如下优点：

1）缓解购置设备的资金投入。租赁可以适当降低企业购置设备的资金占用量，也可以使得企业在短缺购置设备资金的情况下仍然能正常使用设备。

2）提高设备的有效利用率。尤其对于季节性或临时性需用的设备，企业可考虑在需要使用时短期租赁，从而避免设备的闲置。

3）避免设备技术落后的风险。当今科技的迅猛发展，设备更新换代的速度明显加快，租赁能使企业使用的设备始终保持技术上的先进性而无须疲于设备更新。

4）规避税收。购置设备不能给企业带来税收上的任何好处，而租金则构成企业的当期费用之一，从而能减少企业所得税的支出。

5）获得良好的技术服务。租赁公司往往为承租人提供租期维修、操作培训等一系列技术服务。

租赁设备的不足之处在于：

1）在租赁期间承租人对租用设备无所有权，只有使用权，故承租人无权随意对设备进行改造，不能处置设备，也不能用于担保、抵押贷款。

2）承租人在租赁期间所交的租金总额一般比直接购买设备的费用高，即资金成本较高。

3）常年支付租金，形成承租人的长期负债。

4）租赁合同规定严格，若承租人毁约则要赔偿出租人的损失，罚金较重。

由于租赁有利有弊，所以在租赁前要慎重决策。

2. 设备租赁的形式

设备租赁常见的方式有经营租赁和融资租赁两种。

（1）**经营租赁** 经营租赁是指承租人以取得设备使用权为主要目的的租赁。在租赁期间，承租人按租赁合同支付租金，租赁期满，不转让有关设备的所有权。租赁期内，承租人不得计提折旧。

（2）**融资租赁** 融资租赁是指承租人以融通资金作为主要目的的租赁。在租赁期间，承租人按租赁合同支付租金，租赁期满，有关设备的所有权将由出租人转让给承租人。融资租赁实质上是一种分期付款购买的形式，转移了与设备所有权有关的全部风险和报酬，我国企业利用租赁引进国外设备时常采用这种方式。承租人对融资租入设备视同自有设备管理，因此，租赁期内，承租人应计提折旧。

9.4.2 设备租赁费用

1. 设备租赁费用的构成

设备租赁费用主要包括：租赁保证金、租金、担保费。

（1）**租赁保证金** 租赁保证金是承租人为了确认租赁合同并保证其执行而交纳的，当租赁合同到期，出租人将其退还承租人或在最后一期租金中抵减。租赁保证金一般为合同金额的 5%，或为某一基期数的金额（如一个月的租金额）。

（2）租金　租金是租赁合同的一项重要内容，直接关系到出租人和承租人双方的经济利益。出租人要从租金收入中得到出租资产的补偿和收益，即要收回租赁资产的购进原价、贷款利息、营业费用和一定的利润。承租人则要比照租金核算成本，即租赁资产所生产的产品收入除了抵偿租金外，还要取得一定的利润。影响租金的因素很多，如设备的价格、融资的利息及费用、各种税金、运费、各种费用的支付时间，以及租金采用的计算公式等。

（3）担保费　出租人可以要求承租人请担保人对该租赁交易进行担保，当承租人由于财务危机付不起租金时，由担保人代为支付租金。一般情况下，承租人需要付给担保人一定数目的担保费。

2. 租金的计算

对于租金的支付主要有附加率法和年金法两种计算方式。

（1）附加率法　附加率法是在租赁设备的价格基础上再加一个特定比率的费用来计算租金。每期租金 R 表达式为

$$R = \frac{P}{N} + P \cdot i + P \cdot r \tag{9-7}$$

式中　P——租赁设备的价格；

　　　N——租赁期数，可按月、季、半年、年计；

　　　i——与还款期数对应的折现率；

　　　r——附加率。

【例 9-6】　某企业从设备租赁公司租借一台设备。设备的价格为 68 万元，租期为 5 年，每年年末支付租金，折现率为 10%，附加率为 4%。试计算每年末应支付多少租金。

【解】

$$R = \frac{68}{5} 万元 + 68 万元 \times 10\% + 68 万元 \times 4\% = 23.12 万元$$

（2）年金法　年金法是将一项租赁设备的价格按相同比率分摊到未来各租赁期间内的租金计算方法。年金法计算有期末支付和期初支付租金之分。

1）期末支付。期末支付租金方式是在每期期末等额支付租金。每期租金 R_a 表达式为

$$R_a = P(A/P, i, N) \tag{9-8}$$

2）期初支付。期初支付租金方式是在每期期初等额支付租金。每期租金 R_b 表达式为

$$R_b = \frac{R_a}{1+i} = \frac{P(A/P, i, N)}{1+i} \tag{9-9}$$

【例 9-7】　折现率为 12%，其余数据同 [例 9-6]，分别按每年年末、每年年初支付方式计算租金。

【解】

1）按每年年末支付

$$R = 68 \text{ 万元} \times (A/P, 12\%, 5) = 18.86 \text{ 万元}$$

2）按每年年初支付

$$R = \frac{68 \text{ 万元} \times (A/P, 12\%, 5)}{1 + 12\%} = \frac{18.86 \text{ 万元}}{1.12} = 16.84 \text{ 万元}$$

9.4.3 设备租赁决策分析

对于设备使用人而言，往往要决策设备是购买还是租赁。假设设备给企业带来的收入相同，则决策者只需比较租赁费用和购买费用。决策时，一般均要考虑资金的时间价值，首先要决定采用净现值还是费用年值指标做比选，设备寿命期相同既可用净现值还可用费用年值；设备寿命期不同，则用费用年值指标做比选。

尤其要注意的是，在设备租赁决策分析时，税收抵减额（主要是指合理少纳的企业所得税额）对费用的影响往往不能忽视。实际上，在设备经济寿命以及设备更新决策中，严格说来，均应考虑税收的影响，只不过，在前面几节的学习中，为使问题简化，我们没有将税金纳入决策考虑之列。

经营租赁，其租赁费用不仅有租金支出，还有租赁期内设备的正常运行成本，以及考虑租金和年运行成本的抵税额；融资租赁，除了要将以上因素列入现金流量图中，还要注意考虑设备折旧的抵税作用。

购买设备，一样要考虑设备运行成本和折旧的抵税作用。若是用借款资金购置设备，则要以贷款利率为决策时的贴现率，同时不能忽略利息支出的抵税作用。

【例 9-8】 某企业需用一台设备，设备的购置费 220000 元，使用寿命为 10 年，期末预计净残值 10000 元。这种设备可以从租赁公司经营租赁租到，每年租赁费 35000 元。无论购买还是租赁，设备年运行成本均为 12000 元。企业要求的贴现率为 10%，以年限平均法计提设备折旧，企业所得税税率 25%。决策设备应租赁还是购买。

【解】 无论租赁还是购买，设备的年运行成本均是 12000 元，因而将之视为非相关成本，不纳入决策考虑之列。

1）若购买设备

年折旧额 = (220000 元 − 10000 元) ÷ 10 = 21000 元

年折旧抵减所得税额 = 21000 元 × 25% = 5250 元

费用年值 AC_1 = 220000 元 × (A/P, 10%, 10) − 5250 元 − 10000 元 × (A/F, 10%, 10) = 29917 元

2）若经营租赁设备

年租金抵减所得税额 = 35000 元 × 25% = 8750 元

费用年值 $AC_2 = 35000$ 元 $- 8750$ 元 $= 26250$ 元

显然应租赁设备。

【例 9-9】 企业急需一台新型专用设备，现有融资租赁和贷款购买两个备选方案。若融资租赁方案，租期 3 年，每年租赁费 55000 元，每年维修费 3000 元；若自行购买，设备买价 120000 元，需要向银行贷款，银行贷款年利率 12%，每年末等额归还本金并支付当年利息，设备购入后预计可使用 3 年，每年维修费 2500 元，3 年后预计净残值收入 9000 元。企业以年限平均法计提折旧，企业所得税税率 25%。要求决策设备应融资租赁还是借款购买。

【解】 租赁或购买的设备给企业带来的收入均相同，故仅比较两个方案的现金流出量；无论租赁还是购买，应注意考虑对所得税的抵税作用；租赁或购买设备的寿命相同，故既可用净现值也可用净年成本指标。

首先，计算融资租赁租入设备的现金流量：年租金 55000 元，年维修费用 3000 元，年折旧额 37000 元

年抵减所得税额 $= (55000$ 元 $+ 3000$ 元 $+ 37000$ 元$) \times 25\% = 23750$ 元

年净现金流量 $= -55000$ 元 $- 3000$ 元 $+ 23750$ 元 $= -34250$ 元

净现值 $NPV_1 = -34250$ 元 $\times (P/A, 12\%, 3) + 9000$ 元 $\times (P/F, 12\%, 3)$
$\qquad\qquad\quad = -75855.45$ 元

其次，计算借款购买设备的现金流量，具体计算结果见表 9-5。

表 9-5 贷款购买设备现金流量表 （单位：元）

年末	贷款余额 ①	还款额			维修费 ⑤	年折旧额 ⑥	抵减所得税 ⑦	年净现金流出 ⑧
		还本 ②	付息 ③	合计 ④				
0	120000							
1	80000	40000	14400	54400	2500	37000	13475	43425
2	40000	40000	9600	49600	2500	37000	12275	39825
3		40000	4800	44800	2500	37000	11075	36225

注：表中 ⑦ $= (③ + ⑤ + ⑥) \times 25\%$，⑧ $= ④ + ⑤ - ⑦$。

净现值 $NPV_2 = -43425$ 元 $\times (P/F, 12\%, 1) - 39825$ 元 $\times (P/F, 12\%, 2) - 36225$ 元 $\times (P/F, 12\%, 3) + 9000$ 元 $\times (P/F, 12\%, 3) = -89901$ 元

租入设备比贷款购买设备现金流出量的净现值少，故企业应选择融资租赁租入设备。

思考题与习题

1. 设备的磨损有哪几种主要形式？
2. 简述设备自然寿命、技术寿命、经济寿命和折旧寿命的区别。
3. 设备租赁主要有哪几种形式？区别何在？

4. 比较表 9-6 所示两台设备的优劣，年利率 10%，设备经济寿命均为 10 年。

表 9-6

设备	初始投资/元	年费用/元	年收入/元
A	15000	6500	11000
B	23000	8250	15700

5. 某厂有一台生产设备，购置成本 6000 元。第 1 年的使用费用为 1000 元，以后每年逐年递增 300 元。第 1 年末设备净残值为 3600 元，以后每年逐年递减 400 元。该设备的最长使用年限为 10 年。设贴现率为 15%，试求该设备的经济寿命。

6. 企业现有的一台旧设备当前价值为 9000 元，若保留使用 3 年，各年年末净残值及年运行成本见表 9-7。现市场上出现一种新型设备，买价 15000 元，寿命 5 年，最终净残值 2500 元，年运行成本 1900 元。企业取贴现率 10%，问设备是否应更新？如更新，何时更新最佳？

表 9-7

保留使用年数	年末净残值/元	年运行成本/元
1	6000	3000
2	3000	5000
3	0	7000

附录

附录 A 复利系数表

表 A-1 复利系数表（$i=1\%$）

N	$(F/P,i,n)$	$(P/F,i,n)$	$(F/A,i,n)$	$(A/F,i,n)$	$(P/A,i,n)$	$(A/P,i,n)$	$(A/G,i,n)$	$(F/G,i,n)$
1	1.0100	0.9901	1.0000	1.0000	0.9901	1.0100	0.0000	0.0000
2	1.0201	0.9803	2.0100	0.4975	1.9704	0.5075	0.4975	1.0000
3	1.0303	0.9706	3.0301	0.3300	2.9410	0.3400	0.9934	3.0100
4	1.0406	0.9610	4.0604	0.2463	3.9020	0.2563	1.4876	6.0401
5	1.0510	0.9515	5.1010	0.1960	4.8534	0.2060	1.9801	10.1005
6	1.0615	0.9420	6.1520	0.1625	5.7955	0.1725	2.4710	15.2015
7	1.0721	0.9327	7.2135	0.1386	6.7282	0.1486	2.9602	21.3535
8	1.0829	0.9235	8.2857	0.1207	7.6517	0.1307	3.4478	28.5671
9	1.0937	0.9143	9.3685	0.1067	8.5660	0.1167	3.9337	36.8527
10	1.1046	0.9053	10.4622	0.0956	9.4713	0.1056	4.4179	46.2213
11	1.1157	0.8963	11.5668	0.0865	10.3676	0.0965	4.9005	56.6835
12	1.1268	0.8874	12.6825	0.0788	11.2551	0.0888	5.3815	68.2503
13	1.1381	0.8787	13.8093	0.0724	12.1337	0.0824	5.8607	80.9328
14	1.1495	0.8700	14.9474	0.0669	13.0037	0.0769	6.3384	94.7421
15	1.1610	0.8613	16.0969	0.0621	13.8651	0.0721	6.8143	109.6896
16	1.1726	0.8528	17.2579	0.0579	14.7179	0.0679	7.2886	125.7864
17	1.1843	0.8444	18.4304	0.0543	15.5623	0.0643	7.7613	143.0443
18	1.1961	0.8360	19.6147	0.0510	16.3983	0.0610	8.2323	161.4748
19	1.2081	0.8277	20.8109	0.0481	17.2260	0.0581	8.7017	181.0895
20	1.2202	0.8195	22.0190	0.0454	18.0456	0.0554	9.1694	201.9004
21	1.2324	0.8114	23.2392	0.0430	18.8570	0.0530	9.6354	223.9194
22	1.2447	0.8034	24.4716	0.0409	19.6604	0.0509	10.0998	247.1586
23	1.2572	0.7954	25.7163	0.0389	20.4558	0.0489	10.5626	271.6302
24	1.2697	0.7876	26.9735	0.0371	21.2434	0.0471	11.0237	297.3465
25	1.2824	0.7798	28.2432	0.0354	22.0232	0.0454	11.4831	324.3200
26	1.2953	0.7720	29.5256	0.0339	22.7952	0.0439	11.9409	352.5631
27	1.3082	0.7644	30.8209	0.0324	23.5596	0.0424	12.3971	382.0888
28	1.3213	0.7568	32.1291	0.0311	24.3164	0.0411	12.8516	412.9097
29	1.3345	0.7493	33.4504	0.0299	25.0658	0.0399	13.3044	445.0388
30	1.3478	0.7419	34.7849	0.0287	25.8077	0.0387	13.7557	478.4892

(续)

表 A-1 复利系数表($i=1\%$)

N	$(F/P,i,n)$	$(P/F,i,n)$	$(F/A,i,n)$	$(A/F,i,n)$	$(P/A,i,n)$	$(A/P,i,n)$	$(A/G,i,n)$	$(F/G,i,n)$
31	1.3613	0.7346	36.1327	0.0277	26.5423	0.0377	14.2052	513.2740
32	1.3749	0.7273	37.4941	0.0267	27.2696	0.0367	14.6532	549.4068
33	1.3887	0.7201	38.8690	0.0257	27.9897	0.0357	15.0995	586.9009
34	1.4026	0.7130	40.2577	0.0248	28.7027	0.0348	15.5441	625.7699
35	1.4166	0.7059	41.6603	0.0240	29.4086	0.0340	15.9871	666.0276
36	1.4308	0.6989	43.0769	0.0232	30.1075	0.0332	16.4285	707.6878
37	1.4451	0.6920	44.5076	0.0225	30.7995	0.0325	16.8682	750.7647
38	1.4595	0.6852	45.9527	0.0218	31.4847	0.0318	17.3063	795.2724
39	1.4741	0.6784	47.4123	0.0211	32.1630	0.0311	17.7428	841.2251
40	1.4889	0.6717	48.8864	0.0205	32.8347	0.0305	18.1776	888.6373
41	1.5038	0.6650	50.3752	0.0199	33.4997	0.0299	18.6108	937.5237
42	1.5188	0.6584	51.8790	0.0193	34.1581	0.0293	19.0424	987.8989
43	1.5340	0.6519	53.3978	0.0187	34.8100	0.0287	19.4723	1039.7779
44	1.5493	0.6454	54.9318	0.0182	35.4555	0.0282	19.9006	1093.1757
45	1.5648	0.6391	56.4811	0.0177	36.0945	0.0277	20.3273	1148.1075
46	1.5805	0.6327	58.0459	0.0172	36.7272	0.0272	20.7524	1204.5885
47	1.5963	0.6265	59.6263	0.0168	37.3537	0.0268	21.1758	1262.6344
48	1.6122	0.6203	61.2226	0.0163	37.9740	0.0263	21.5976	1322.2608
49	1.6283	0.6141	62.8348	0.0159	38.5881	0.0259	22.0178	1383.4834
50	1.6446	0.6080	64.4632	0.0155	39.1961	0.0255	22.4363	1446.3182

表 A-2 复利系数表($i=2\%$)

N	$(F/P,i,n)$	$(P/F,i,n)$	$(F/A,i,n)$	$(A/F,i,n)$	$(P/A,i,n)$	$(A/P,i,n)$	$(A/G,i,n)$	$(F/G,i,n)$
1	1.0200	0.9804	1.0000	1.0000	0.9804	1.0200	0.0000	0.0000
2	1.0404	0.9612	2.0200	0.4950	1.9416	0.5150	0.4950	1.0000
3	1.0612	0.9423	3.0604	0.3268	2.8839	0.3468	0.9868	3.0200
4	1.0824	0.9238	4.1216	0.2426	3.8077	0.2626	1.4752	6.0804
5	1.1041	0.9057	5.2040	0.1922	4.7135	0.2122	1.9604	10.2020
6	1.1262	0.8880	6.3081	0.1585	5.6014	0.1785	2.4423	15.4060
7	1.1487	0.8706	7.4343	0.1345	6.4720	0.1545	2.9208	21.7142
8	1.1717	0.8535	8.5830	0.1165	7.3255	0.1365	3.3961	29.1485
9	1.1951	0.8368	9.7546	0.1025	8.1622	0.1225	3.8681	37.7314
10	1.2190	0.8203	10.9497	0.0913	8.9826	0.1113	4.3367	47.4860
11	1.2434	0.8043	12.1687	0.0822	9.7868	0.1022	4.8021	58.4358
12	1.2682	0.7885	13.4121	0.0746	10.5753	0.0946	5.2642	70.6045
13	1.2936	0.7730	14.6803	0.0681	11.3484	0.0881	5.7231	84.0166
14	1.3195	0.7579	15.9739	0.0626	12.1062	0.0826	6.1786	98.6969
15	1.3459	0.7430	17.2934	0.0578	12.8493	0.0778	6.6309	114.6708
16	1.3728	0.7284	18.6393	0.0537	13.5777	0.0737	7.0799	131.9643
17	1.4002	0.7142	20.0121	0.0500	14.2919	0.0700	7.5256	150.6035
18	1.4282	0.7002	21.4123	0.0467	14.9920	0.0667	7.9681	170.6156
19	1.4568	0.6864	22.8406	0.0438	15.6785	0.0638	8.4073	192.0279

表 A-2　复利系数表（$i=2\%$）

N	$(F/P,i,n)$	$(P/F,i,n)$	$(F/A,i,n)$	$(A/F,i,n)$	$(P/A,i,n)$	$(A/P,i,n)$	$(A/G,i,n)$	$(F/G,i,n)$
20	1.4859	0.6730	24.2974	0.0412	16.3514	0.0612	8.8433	214.8685
21	1.5157	0.6598	25.7833	0.0388	17.0112	0.0588	9.2760	239.1659
22	1.5460	0.6468	27.2990	0.0366	17.6580	0.0566	9.7055	264.9492
23	1.5769	0.6342	28.8450	0.0347	18.2922	0.0547	10.1317	292.2482
24	1.6084	0.6217	30.4219	0.0329	18.9139	0.0529	10.5547	321.0931
25	1.6406	0.6095	32.0303	0.0312	19.5235	0.0512	10.9745	351.5150
26	1.6734	0.5976	33.6709	0.0297	20.1210	0.0497	11.3910	383.5453
27	1.7069	0.5859	35.3443	0.0283	20.7069	0.0483	11.8043	417.2162
28	1.7410	0.5744	37.0512	0.0270	21.2813	0.0470	12.2145	452.5605
29	1.7758	0.5631	38.7922	0.0258	21.8444	0.0458	12.6214	489.6117
30	1.8114	0.5521	40.5681	0.0246	22.3965	0.0446	13.0251	528.4040
31	1.8476	0.5412	42.3794	0.0236	22.9377	0.0436	13.4257	568.9720
32	1.8845	0.5306	44.2270	0.0226	23.4683	0.0426	13.8230	611.3515
33	1.9222	0.5202	46.1116	0.0217	23.9886	0.0417	14.2172	655.5785
34	1.9607	0.5100	48.0338	0.0208	24.4986	0.0408	14.6083	701.6901
35	1.9999	0.5000	49.9945	0.0200	24.9986	0.0400	14.9961	749.7239
36	2.0399	0.4902	51.9944	0.0192	25.4888	0.0392	15.3809	799.7184
37	2.0807	0.4806	54.0343	0.0185	25.9695	0.0385	15.7625	851.7127
38	2.1223	0.4712	56.1149	0.0178	26.4406	0.0378	16.1409	905.7470
39	2.1647	0.4619	58.2372	0.0172	26.9026	0.0372	16.5163	961.8619
40	2.2080	0.4529	60.4020	0.0166	27.3555	0.0366	16.8885	1020.0992
41	2.2522	0.4440	62.6100	0.0160	27.7995	0.0360	17.2576	1080.5011
42	2.2972	0.4353	64.8622	0.0154	28.2348	0.0354	17.6237	1143.1112
43	2.3432	0.4268	67.1595	0.0149	28.6616	0.0349	17.9866	1207.9734
44	2.3901	0.4184	69.5027	0.0144	29.0800	0.0344	18.3465	1275.1329
45	2.4379	0.4102	71.8927	0.0139	29.4902	0.0339	18.7034	1344.6355
46	2.4866	0.4022	74.3306	0.0135	29.8923	0.0335	19.0571	1416.5282
47	2.5363	0.3943	76.8172	0.0130	30.2866	0.0330	19.4079	1490.8588
48	2.5871	0.3865	79.3535	0.0126	30.6731	0.0326	19.7556	1567.6760
49	2.6388	0.3790	81.9406	0.0122	31.0521	0.0322	20.1003	1647.0295
50	2.6916	0.3715	84.5794	0.0118	31.4236	0.0318	20.4420	1728.9701

表 A-3　复利系数表（$i=3\%$）

N	$(F/P,i,n)$	$(P/F,i,n)$	$(F/A,i,n)$	$(A/F,i,n)$	$(P/A,i,n)$	$(A/P,i,n)$	$(A/G,i,n)$	$(F/G,i,n)$
1	1.0300	0.9709	1.0000	1.0000	0.9709	1.0300	0.0000	0.0000
2	1.0609	0.9426	2.0300	0.4926	1.9135	0.5226	0.4926	1.0000
3	1.0927	0.9151	3.0909	0.3235	2.8286	0.3535	0.9803	3.0300
4	1.1255	0.8885	4.1836	0.2390	3.7171	0.2690	1.4631	6.1209
5	1.1593	0.8626	5.3091	0.1884	4.5797	0.2184	1.9409	10.3045
6	1.1941	0.8375	6.4684	0.1546	5.4172	0.1846	2.4138	15.6137
7	1.2299	0.8131	7.6625	0.1305	6.2303	0.1605	2.8819	22.0821
8	1.2668	0.7894	8.8923	0.1125	7.0197	0.1425	3.3450	29.7445

(续)

表 A-3 复利系数表（$i=3\%$）

N	$(F/P,i,n)$	$(P/F,i,n)$	$(F/A,i,n)$	$(A/F,i,n)$	$(P/A,i,n)$	$(A/P,i,n)$	$(A/G,i,n)$	$(F/G,i,n)$
9	1.3048	0.7664	10.1591	0.0984	7.7861	0.1284	3.8032	38.6369
10	1.3439	0.7441	11.4639	0.0872	8.5302	0.1172	4.2565	48.7960
11	1.3842	0.7224	12.8078	0.0781	9.2526	0.1081	4.7049	60.2599
12	1.4258	0.7014	14.1920	0.0705	9.9540	0.1005	5.1485	73.0677
13	1.4685	0.6810	15.6178	0.0640	10.6350	0.0940	5.5872	87.2597
14	1.5126	0.6611	17.0863	0.0585	11.2961	0.0885	6.0210	102.8775
15	1.5580	0.6419	18.5989	0.0538	11.9379	0.0838	6.4500	119.9638
16	1.6047	0.6232	20.1569	0.0496	12.5611	0.0796	6.8742	138.5627
17	1.6528	0.6050	21.7616	0.0460	13.1661	0.0760	7.2936	158.7196
18	1.7024	0.5874	23.4144	0.0427	13.7535	0.0727	7.7081	180.4812
19	1.7535	0.5703	25.1169	0.0398	14.3238	0.0698	8.1179	203.8956
20	1.8061	0.5537	26.8704	0.0372	14.8775	0.0672	8.5229	229.0125
21	1.8603	0.5375	28.6765	0.0349	15.4150	0.0649	8.9231	255.8829
22	1.9161	0.5219	30.5368	0.0327	15.9369	0.0627	9.3186	284.5593
23	1.9736	0.5067	32.4529	0.0308	16.4436	0.0608	9.7093	315.0961
24	2.0328	0.4919	34.4265	0.0290	16.9355	0.0590	10.0954	347.5490
25	2.0938	0.4776	36.4593	0.0274	17.4131	0.0574	10.4768	381.9755
26	2.1566	0.4637	38.5530	0.0259	17.8768	0.0559	10.8535	418.4347
27	2.2213	0.4502	40.7096	0.0246	18.3270	0.0546	11.2255	456.9878
28	2.2879	0.4371	42.9309	0.0233	18.7641	0.0533	11.5930	497.6974
29	2.3566	0.4243	45.2189	0.0221	19.1885	0.0521	11.9558	540.6283
30	2.4273	0.4120	47.5754	0.0210	19.6004	0.0510	12.3141	585.8472
31	2.5001	0.4000	50.0027	0.0200	20.0004	0.0500	12.6678	633.4226
32	2.5751	0.3883	52.5028	0.0190	20.3888	0.0490	13.0169	683.4253
33	2.6523	0.3770	55.0778	0.0182	20.7658	0.0482	13.3616	735.9280
34	2.7319	0.3660	57.7302	0.0173	21.1318	0.0473	13.7018	791.0059
35	2.8139	0.3554	60.4621	0.0165	21.4872	0.0465	14.0375	848.7361
36	2.8983	0.3450	63.2759	0.0158	21.8323	0.0458	14.3688	909.1981
37	2.9852	0.3350	66.1742	0.0151	22.1672	0.0451	14.6957	972.4741
38	3.0748	0.3252	69.1594	0.0145	22.4925	0.0445	15.0182	1038.6483
39	3.1670	0.3158	72.2342	0.0138	22.8082	0.0438	15.3363	1107.8078
40	3.2620	0.3066	75.4013	0.0133	23.1148	0.0433	15.6502	1180.0420
41	3.3599	0.2976	78.6633	0.0127	23.4124	0.0427	15.9597	1255.4433
42	3.4607	0.2890	82.0232	0.0122	23.7014	0.0422	16.2650	1334.1065
43	3.5645	0.2805	85.4839	0.0117	23.9819	0.0417	16.5660	1416.1297
44	3.6715	0.2724	89.0484	0.0112	24.2543	0.0412	16.8629	1501.6136
45	3.7816	0.2644	92.7199	0.0108	24.5187	0.0408	17.1556	1590.6620
46	3.8950	0.2567	96.5015	0.0104	24.7754	0.0404	17.4441	1683.3819
47	4.0119	0.2493	100.3965	0.0100	25.0247	0.0400	17.7285	1779.8834
48	4.1323	0.2420	104.4084	0.0096	25.2667	0.0396	18.0089	1880.2799
49	4.2562	0.2350	108.5406	0.0092	25.5017	0.0392	18.2852	1984.6883
50	4.3839	0.2281	112.7969	0.0089	25.7298	0.0389	18.5575	2093.2289

表 A-4　复利系数表（$i=4\%$）

N	$(F/P,i,n)$	$(P/F,i,n)$	$(F/A,i,n)$	$(A/F,i,n)$	$(P/A,i,n)$	$(A/P,i,n)$	$(A/G,i,n)$	$(F/G,i,n)$
1	1.0400	0.9615	1.0000	1.0000	0.9615	1.0400	0.0000	0.0000
2	1.0816	0.9246	2.0400	0.4902	1.8861	0.5302	0.4902	1.0000
3	1.1249	0.8890	3.1216	0.3203	2.7751	0.3603	0.9739	3.0400
4	1.1699	0.8548	4.2465	0.2355	3.6299	0.2755	1.4510	6.1616
5	1.2167	0.8219	5.4163	0.1846	4.4518	0.2246	1.9216	10.4081
6	1.2653	0.7903	6.6330	0.1508	5.2421	0.1908	2.3857	15.8244
7	1.3159	0.7599	7.8983	0.1266	6.0021	0.1666	2.8433	22.4574
8	1.3686	0.7307	9.2142	0.1085	6.7327	0.1485	3.2944	30.3557
9	1.4233	0.7026	10.5828	0.0945	7.4353	0.1345	3.7391	39.5699
10	1.4802	0.6756	12.0061	0.0833	8.1109	0.1233	4.1773	50.1527
11	1.5395	0.6496	13.4864	0.0741	8.7605	0.1141	4.6090	62.1588
12	1.6010	0.6246	15.0258	0.0666	9.3851	0.1066	5.0343	75.6451
13	1.6651	0.6006	16.6268	0.0601	9.9856	0.1001	5.4533	90.6709
14	1.7317	0.5775	18.2919	0.0547	10.5631	0.0947	5.8659	107.2978
15	1.8009	0.5553	20.0236	0.0499	11.1184	0.0899	6.2721	125.5897
16	1.8730	0.5339	21.8245	0.0458	11.6523	0.0858	6.6720	145.6133
17	1.9479	0.5134	23.6975	0.0422	12.1657	0.0822	7.0656	167.4378
18	2.0258	0.4936	25.6454	0.0390	12.6593	0.0790	7.4530	191.1353
19	2.1068	0.4746	27.6712	0.0361	13.1339	0.0761	7.8342	216.7807
20	2.1911	0.4564	29.7781	0.0336	13.5903	0.0736	8.2091	244.4520
21	2.2788	0.4388	31.9692	0.0313	14.0292	0.0713	8.5779	274.2300
22	2.3699	0.4220	34.2480	0.0292	14.4511	0.0692	8.9407	306.1992
23	2.4647	0.4057	36.6179	0.0273	14.8568	0.0673	9.2973	340.4472
24	2.5633	0.3901	39.0826	0.0256	15.2470	0.0656	9.6479	377.0651
25	2.6658	0.3751	41.6459	0.0240	15.6221	0.0640	9.9925	416.1477
26	2.7725	0.3607	44.3117	0.0226	15.9828	0.0626	10.3312	457.7936
27	2.8834	0.3468	47.0842	0.0212	16.3296	0.0612	10.6640	502.1054
28	2.9987	0.3335	49.9676	0.0200	16.6631	0.0600	10.9909	549.1896
29	3.1187	0.3207	52.9663	0.0189	16.9837	0.0589	11.3120	599.1572
30	3.2434	0.3083	56.0849	0.0178	17.2920	0.0578	11.6274	652.1234
31	3.3731	0.2965	59.3283	0.0169	17.5885	0.0569	11.9371	708.2084
32	3.5081	0.2851	62.7015	0.0159	17.8736	0.0559	12.2411	767.5367
33	3.6484	0.2741	66.2095	0.0151	18.1476	0.0551	12.5396	830.2382
34	3.7943	0.2636	69.8579	0.0143	18.4112	0.0543	12.8324	896.4477
35	3.9461	0.2534	73.6522	0.0136	18.6646	0.0536	13.1198	966.3056
36	4.1039	0.2437	77.5983	0.0129	18.9083	0.0529	13.4018	1039.9578
37	4.2681	0.2343	81.7022	0.0122	19.1426	0.0522	13.6784	1117.5562
38	4.4388	0.2253	85.9703	0.0116	19.3679	0.0516	13.9497	1199.2584
39	4.6164	0.2166	90.4091	0.0111	19.5845	0.0511	14.2157	1285.2287
40	4.8010	0.2083	95.0255	0.0105	19.7928	0.0505	14.4765	1375.6379
41	4.9931	0.2003	99.8265	0.0100	19.9931	0.0500	14.7322	1470.6634
42	5.1928	0.1926	104.8196	0.0095	20.1856	0.0495	14.9828	1570.4899

（续）

表 A-4 复利系数表（$i=4\%$）

N	$(F/P,i,n)$	$(P/F,i,n)$	$(F/A,i,n)$	$(A/F,i,n)$	$(P/A,i,n)$	$(A/P,i,n)$	$(A/G,i,n)$	$(F/G,i,n)$
43	5.4005	0.1852	110.0124	0.0091	20.3708	0.0491	15.2284	1675.3095
44	5.6165	0.1780	115.4129	0.0087	20.5488	0.0487	15.4690	1785.3219
45	5.8412	0.1712	121.0294	0.0083	20.7200	0.0483	15.7047	1900.7348
46	6.0748	0.1646	126.8706	0.0079	20.8847	0.0479	15.9356	2021.7642
47	6.3178	0.1583	132.9454	0.0075	21.0429	0.0475	16.1618	2148.6348
48	6.5705	0.1522	139.2632	0.0072	21.1951	0.0472	16.3832	2281.5802
49	6.8333	0.1463	145.8337	0.0069	21.3415	0.0469	16.6000	2420.8434
50	7.1067	0.1407	152.6671	0.0066	21.4822	0.0466	16.8122	2566.6771

表 A-5 复利系数表（$i=5\%$）

N	$(F/P,i,n)$	$(P/F,i,n)$	$(F/A,i,n)$	$(A/F,i,n)$	$(P/A,i,n)$	$(A/P,i,n)$	$(A/G,i,n)$	$(F/G,i,n)$
1	1.0500	0.9524	1.0000	1.0000	0.9524	1.0500	0.0000	0.0000
2	1.1025	0.9070	2.0500	0.4878	1.8594	0.5378	0.4878	1.0000
3	1.1576	0.8638	3.1525	0.3172	2.7232	0.3672	0.9675	3.0500
4	1.2155	0.8227	4.3101	0.2320	3.5460	0.2820	1.4391	6.2025
5	1.2763	0.7835	5.5256	0.1810	4.3295	0.2310	1.9025	10.5126
6	1.3401	0.7462	6.8019	0.1470	5.0757	0.1970	2.3579	16.0383
7	1.4071	0.7107	8.1420	0.1228	5.7864	0.1728	2.8052	22.8402
8	1.4775	0.6768	9.5491	0.1047	6.4632	0.1547	3.2445	30.9822
9	1.5513	0.6446	11.0266	0.0907	7.1078	0.1407	3.6758	40.5313
10	1.6289	0.6139	12.5779	0.0795	7.7217	0.1295	4.0991	51.5579
11	1.7103	0.5847	14.2068	0.0704	8.3064	0.1204	4.5144	64.1357
12	1.7959	0.5568	15.9171	0.0628	8.8633	0.1128	4.9219	78.3425
13	1.8856	0.5303	17.7130	0.0565	9.3936	0.1065	5.3215	94.2597
14	1.9799	0.5051	19.5986	0.0510	9.8986	0.1010	5.7133	111.9726
15	2.0789	0.4810	21.5786	0.0463	10.3797	0.0963	6.0973	131.5713
16	2.1829	0.4581	23.6575	0.0423	10.8378	0.0923	6.4736	153.1498
17	2.2920	0.4363	25.8404	0.0387	11.2741	0.0887	6.8423	176.8073
18	2.4066	0.4155	28.1324	0.0355	11.6896	0.0855	7.2034	202.6477
19	2.5270	0.3957	30.5390	0.0327	12.0853	0.0827	7.5569	230.7801
20	2.6533	0.3769	33.0660	0.0302	12.4622	0.0802	7.9030	261.3191
21	2.7860	0.3589	35.7193	0.0280	12.8212	0.0780	8.2416	294.3850
22	2.9253	0.3418	38.5052	0.0260	13.1630	0.0760	8.5730	330.1043
23	3.0715	0.3256	41.4305	0.0241	13.4886	0.0741	8.8971	368.6095
24	3.2251	0.3101	44.5020	0.0225	13.7986	0.0725	9.2140	410.0400
25	3.3864	0.2953	47.7271	0.0210	14.0939	0.0710	9.5238	454.5420
26	3.5557	0.2812	51.1135	0.0196	14.3752	0.0696	9.8266	502.2691
27	3.7335	0.2678	54.6691	0.0183	14.6430	0.0683	10.1224	553.3825
28	3.9201	0.2551	58.4026	0.0171	14.8981	0.0671	10.4114	608.0517
29	4.1161	0.2429	62.3227	0.0160	15.1411	0.0660	10.6936	666.4542
30	4.3219	0.2314	66.4388	0.0151	15.3725	0.0651	10.9691	728.7770
31	4.5380	0.2204	70.7608	0.0141	15.5928	0.0641	11.2381	795.2158

表 A-5 复利系数表（$i=5\%$）

N	$(F/P,i,n)$	$(P/F,i,n)$	$(F/A,i,n)$	$(A/F,i,n)$	$(P/A,i,n)$	$(A/P,i,n)$	$(A/G,i,n)$	$(F/G,i,n)$
32	4.7649	0.2099	75.2988	0.0133	15.8027	0.0633	11.5005	865.9766
33	5.0032	0.1999	80.0638	0.0125	16.0025	0.0625	11.7566	941.2754
34	5.2533	0.1904	85.0670	0.0118	16.1929	0.0618	12.0063	1021.3392
35	5.5160	0.1813	90.3203	0.0111	16.3742	0.0611	12.2498	1106.4061
36	5.7918	0.1727	95.8363	0.0104	16.5469	0.0604	12.4872	1196.7265
37	6.0814	0.1644	101.6281	0.0098	16.7113	0.0598	12.7186	1292.5628
38	6.3855	0.1566	107.7095	0.0093	16.8679	0.0593	12.9440	1394.1909
39	6.7048	0.1491	114.0950	0.0088	17.0170	0.0588	13.1636	1501.9005
40	7.0400	0.1420	120.7998	0.0083	17.1591	0.0583	13.3775	1615.9955
41	7.3920	0.1353	127.8398	0.0078	17.2944	0.0578	13.5857	1736.7953
42	7.7616	0.1288	135.2318	0.0074	17.4232	0.0574	13.7884	1864.6350
43	8.1497	0.1227	142.9933	0.0070	17.5459	0.0570	13.9857	1999.8668
44	8.5572	0.1169	151.1430	0.0066	17.6628	0.0566	14.1777	2142.8601
45	8.9850	0.1113	159.7002	0.0063	17.7741	0.0563	14.3644	2294.0031
46	9.4343	0.1060	168.6852	0.0059	17.8801	0.0559	14.5461	2453.7033
47	9.9060	0.1009	178.1194	0.0056	17.9810	0.0556	14.7226	2622.3884
48	10.4013	0.0961	188.0254	0.0053	18.0772	0.0553	14.8943	2800.5079
49	10.9213	0.0916	198.4267	0.0050	18.1687	0.0550	15.0611	2988.5333
50	11.4674	0.0872	209.3480	0.0048	18.2559	0.0548	15.2233	3186.9599

表 A-6 复利系数表（$i=6\%$）

N	$(F/P,i,n)$	$(P/F,i,n)$	$(F/A,i,n)$	$(A/F,i,n)$	$(P/A,i,n)$	$(A/P,i,n)$	$(A/G,i,n)$	$(F/G,i,n)$
1	1.0600	0.9434	1.0000	1.0000	0.9434	1.0600	0.0000	0.0000
2	1.1236	0.8900	2.0600	0.4854	1.8334	0.5454	0.4854	1.0000
3	1.1910	0.8396	3.1836	0.3141	2.6730	0.3741	0.9612	3.0600
4	1.2625	0.7921	4.3746	0.2286	3.4651	0.2886	1.4272	6.2436
5	1.3382	0.7473	5.6371	0.1774	4.2124	0.2374	1.8836	10.6182
6	1.4185	0.7050	6.9753	0.1434	4.9173	0.2034	2.3304	16.2553
7	1.5036	0.6651	8.3938	0.1191	5.5824	0.1791	2.7676	23.2306
8	1.5938	0.6274	9.8975	0.1010	6.2098	0.1610	3.1952	31.6245
9	1.6895	0.5919	11.4913	0.0870	6.8017	0.1470	3.6133	41.5219
10	1.7908	0.5584	13.1808	0.0759	7.3601	0.1359	4.0220	53.0132
11	1.8983	0.5268	14.9716	0.0668	7.8869	0.1268	4.4213	66.1940
12	2.0122	0.4970	16.8699	0.0593	8.3838	0.1193	4.8113	81.1657
13	2.1329	0.4688	18.8821	0.0530	8.8527	0.1130	5.1920	98.0356
14	2.2609	0.4423	21.0151	0.0476	9.2950	0.1076	5.5635	116.9178
15	2.3966	0.4173	23.2760	0.0430	9.7122	0.1030	5.9260	137.9328
16	2.5404	0.3936	25.6725	0.0390	10.1059	0.0990	6.2794	161.2088
17	2.6928	0.3714	28.2129	0.0354	10.4773	0.0954	6.6240	186.8813
18	2.8543	0.3503	30.9057	0.0324	10.8276	0.0924	6.9597	215.0942
19	3.0256	0.3305	33.7600	0.0296	11.1581	0.0896	7.2867	245.9999
20	3.2071	0.3118	36.7856	0.0272	11.4699	0.0872	7.6051	279.7599

（续）

表 A-6　复利系数表（$i=6\%$）

N	$(F/P,i,n)$	$(P/F,i,n)$	$(F/A,i,n)$	$(A/F,i,n)$	$(P/A,i,n)$	$(A/P,i,n)$	$(A/G,i,n)$	$(F/G,i,n)$
21	3.3996	0.2942	39.9927	0.0250	11.7641	0.0850	7.9151	316.5454
22	3.6035	0.2775	43.3923	0.0230	12.0416	0.0830	8.2166	356.5382
23	3.8197	0.2618	46.9958	0.0213	12.3034	0.0813	8.5099	399.9305
24	4.0489	0.2470	50.8156	0.0197	12.5504	0.0797	8.7951	446.9263
25	4.2919	0.2330	54.8645	0.0182	12.7834	0.0782	9.0722	497.7419
26	4.5494	0.2198	59.1564	0.0169	13.0032	0.0769	9.3414	552.6064
27	4.8223	0.2074	63.7058	0.0157	13.2105	0.0757	9.6029	611.7628
28	5.1117	0.1956	68.5281	0.0146	13.4062	0.0746	9.8568	675.4685
29	5.4184	0.1846	73.6398	0.0136	13.5907	0.0736	10.1032	743.9966
30	5.7435	0.1741	79.0582	0.0126	13.7648	0.0726	10.3422	817.6364
31	6.0881	0.1643	84.8017	0.0118	13.9291	0.0718	10.5740	896.6946
32	6.4534	0.1550	90.8898	0.0110	14.0840	0.0710	10.7988	981.4963
33	6.8406	0.1462	97.3432	0.0103	14.2302	0.0703	11.0166	1072.3861
34	7.2510	0.1379	104.1838	0.0096	14.3681	0.0696	11.2276	1169.7292
35	7.6861	0.1301	111.4348	0.0090	14.4982	0.0690	11.4319	1273.9130
36	8.1473	0.1227	119.1209	0.0084	14.6210	0.0684	11.6298	1385.3478
37	8.6361	0.1158	127.2681	0.0079	14.7368	0.0679	11.8213	1504.4686
38	9.1543	0.1092	135.9042	0.0074	14.8460	0.0674	12.0065	1631.7368
39	9.7035	0.1031	145.0585	0.0069	14.9491	0.0669	12.1857	1767.6410
40	10.2857	0.0972	154.7620	0.0065	15.0463	0.0665	12.3590	1912.6994
41	10.9029	0.0917	165.0477	0.0061	15.1380	0.0661	12.5264	2067.4614
42	11.5570	0.0865	175.9505	0.0057	15.2245	0.0657	12.6883	2232.5091
43	12.2505	0.0816	187.5076	0.0053	15.3062	0.0653	12.8446	2408.4596
44	12.9855	0.0770	199.7580	0.0050	15.3832	0.0650	12.9956	2595.9672
45	13.7646	0.0727	212.7435	0.0047	15.4558	0.0647	13.1413	2795.7252
46	14.5905	0.0685	226.5081	0.0044	15.5244	0.0644	13.2819	3008.4687
47	15.4659	0.0647	241.0986	0.0041	15.5890	0.0641	13.4177	3234.9769
48	16.3939	0.0610	256.5645	0.0039	15.6500	0.0639	13.5485	3476.0755
49	17.3775	0.0575	272.9584	0.0037	15.7076	0.0637	13.6748	3732.6400
50	18.4202	0.0543	290.3359	0.0034	15.7619	0.0634	13.7964	4005.5984

表 A-7　复利系数表（$i=7\%$）

N	$(F/P,i,n)$	$(P/F,i,n)$	$(F/A,i,n)$	$(A/F,i,n)$	$(P/A,i,n)$	$(A/P,i,n)$	$(A/G,i,n)$	$(F/G,i,n)$
1	1.0700	0.9346	1.0000	1.0000	0.9346	1.0700	0.0000	0.0000
2	1.1449	0.8734	2.0700	0.4831	1.8080	0.5531	0.4831	1.0000
3	1.2250	0.8163	3.2149	0.3111	2.6243	0.3811	0.9549	3.0700
4	1.3108	0.7629	4.4399	0.2252	3.3872	0.2952	1.4155	6.2849
5	1.4026	0.7130	5.7507	0.1739	4.1002	0.2439	1.8650	10.7248
6	1.5007	0.6663	7.1533	0.1398	4.7665	0.2098	2.3032	16.4756
7	1.6058	0.6227	8.6540	0.1156	5.3893	0.1856	2.7304	23.6289
8	1.7182	0.5820	10.2598	0.0975	5.9713	0.1675	3.1465	32.2829
9	1.8385	0.5439	11.9780	0.0835	6.5152	0.1535	3.5517	42.5427

表 A-7 复利系数表($i=7\%$)

N	$(F/P,i,n)$	$(P/F,i,n)$	$(F/A,i,n)$	$(A/F,i,n)$	$(P/A,i,n)$	$(A/P,i,n)$	$(A/G,i,n)$	$(F/G,i,n)$
10	1.9672	0.5083	13.8164	0.0724	7.0236	0.1424	3.9461	54.5207
11	2.1049	0.4751	15.7836	0.0634	7.4987	0.1334	4.3296	68.3371
12	2.2522	0.4440	17.8885	0.0559	7.9427	0.1259	4.7025	84.1207
13	2.4098	0.4150	20.1406	0.0497	8.3577	0.1197	5.0648	102.0092
14	2.5785	0.3878	22.5505	0.0443	8.7455	0.1143	5.4167	122.1498
15	2.7590	0.3624	25.1290	0.0398	9.1079	0.1098	5.7583	144.7003
16	2.9522	0.3387	27.8881	0.0359	9.4466	0.1059	6.0897	169.8293
17	3.1588	0.3166	30.8402	0.0324	9.7632	0.1024	6.4110	197.7174
18	3.3799	0.2959	33.9990	0.0294	10.0591	0.0994	6.7225	228.5576
19	3.6165	0.2765	37.3790	0.0268	10.3356	0.0968	7.0242	262.5566
20	3.8697	0.2584	40.9955	0.0244	10.5940	0.0944	7.3163	299.9356
21	4.1406	0.2415	44.8652	0.0223	10.8355	0.0923	7.5990	340.9311
22	4.4304	0.2257	49.0057	0.0204	11.0612	0.0904	7.8725	385.7963
23	4.7405	0.2109	53.4361	0.0187	11.2722	0.0887	8.1369	434.8020
24	5.0724	0.1971	58.1767	0.0172	11.4693	0.0872	8.3923	488.2382
25	5.4274	0.1842	63.2490	0.0158	11.6536	0.0858	8.6391	546.4148
26	5.8074	0.1722	68.6765	0.0146	11.8258	0.0846	8.8773	609.6639
27	6.2139	0.1609	74.4838	0.0134	11.9867	0.0834	9.1072	678.3403
28	6.6488	0.1504	80.6977	0.0124	12.1371	0.0824	9.3289	752.8242
29	7.1143	0.1406	87.3465	0.0114	12.2777	0.0814	9.5427	833.5218
30	7.6123	0.1314	94.4608	0.0106	12.4090	0.0806	9.7487	920.8684
31	8.1451	0.1228	102.0730	0.0098	12.5318	0.0798	9.9471	1015.3292
32	8.7153	0.1147	110.2182	0.0091	12.6466	0.0791	10.1381	1117.4022
33	9.3253	0.1072	118.9334	0.0084	12.7538	0.0784	10.3219	1227.6204
34	9.9781	0.1002	128.2588	0.0078	12.8540	0.0778	10.4987	1346.5538
35	10.6766	0.0937	138.2369	0.0072	12.9477	0.0772	10.6687	1474.8125
36	11.4239	0.0875	148.9135	0.0067	13.0352	0.0767	10.8321	1613.0494
37	12.2236	0.0818	160.3374	0.0062	13.1170	0.0762	10.9891	1761.9629
38	13.0793	0.0765	172.5610	0.0058	13.1935	0.0758	11.1398	1922.3003
39	13.9948	0.0715	185.6403	0.0054	13.2649	0.0754	11.2845	2094.8613
40	14.9745	0.0668	199.6351	0.0050	13.3317	0.0750	11.4233	2280.5016
41	16.0227	0.0624	214.6096	0.0047	13.3941	0.0747	11.5565	2480.1367
42	17.1443	0.0583	230.6322	0.0043	13.4524	0.0743	11.6842	2694.7463
43	18.3444	0.0545	247.7765	0.0040	13.5070	0.0740	11.8065	2925.3785
44	19.6285	0.0509	266.1209	0.0038	13.5579	0.0738	11.9237	3173.1550
45	21.0025	0.0476	285.7493	0.0035	13.6055	0.0735	12.0360	3439.2759
46	22.4726	0.0445	306.7518	0.0033	13.6500	0.0733	12.1435	3725.0252
47	24.0457	0.0416	329.2244	0.0030	13.6916	0.0730	12.2463	4031.7769
48	25.7289	0.0389	353.2701	0.0028	13.7305	0.0728	12.3447	4361.0013
49	27.5299	0.0363	378.9990	0.0026	13.7668	0.0726	12.4387	4714.2714
50	29.4570	0.0339	406.5289	0.0025	13.8007	0.0725	12.5287	5093.2704

表 A-8　复利系数表（$i=8\%$）

N	$(F/P,i,n)$	$(P/F,i,n)$	$(F/A,i,n)$	$(A/F,i,n)$	$(P/A,i,n)$	$(A/P,i,n)$	$(A/G,i,n)$	$(F/G,i,n)$
1	1.0800	0.9259	1.0000	1.0000	0.9259	1.0800	0.0000	0.0000
2	1.1664	0.8573	2.0800	0.4808	1.7833	0.5608	0.4808	1.0000
3	1.2597	0.7938	3.2464	0.3080	2.5771	0.3880	0.9487	3.0800
4	1.3605	0.7350	4.5061	0.2219	3.3121	0.3019	1.4040	6.3264
5	1.4693	0.6806	5.8666	0.1705	3.9927	0.2505	1.8465	10.8325
6	1.5869	0.6302	7.3359	0.1363	4.6229	0.2163	2.2763	16.6991
7	1.7138	0.5835	8.9228	0.1121	5.2064	0.1921	2.6937	24.0350
8	1.8509	0.5403	10.6366	0.0940	5.7466	0.1740	3.0985	32.9578
9	1.9990	0.5002	12.4876	0.0801	6.2469	0.1601	3.4910	43.5945
10	2.1589	0.4632	14.4866	0.0690	6.7101	0.1490	3.8713	56.0820
11	2.3316	0.4289	16.6455	0.0601	7.1390	0.1401	4.2395	70.5686
12	2.5182	0.3971	18.9771	0.0527	7.5361	0.1327	4.5957	87.2141
13	2.7196	0.3677	21.4953	0.0465	7.9038	0.1265	4.9402	106.1912
14	2.9372	0.3405	24.2149	0.0413	8.2442	0.1213	5.2731	127.6865
15	3.1722	0.3152	27.1521	0.0368	8.5595	0.1168	5.5945	151.9014
16	3.4259	0.2919	30.3243	0.0330	8.8514	0.1130	5.9046	179.0535
17	3.7000	0.2703	33.7502	0.0296	9.1216	0.1096	6.2037	209.3778
18	3.9960	0.2502	37.4502	0.0267	9.3719	0.1067	6.4920	243.1280
19	4.3157	0.2317	41.4463	0.0241	9.6036	0.1041	6.7697	280.5783
20	4.6610	0.2145	45.7620	0.0219	9.8181	0.1019	7.0369	322.0246
21	5.0338	0.1987	50.4229	0.0198	10.0168	0.0998	7.2940	367.7865
22	5.4365	0.1839	55.4568	0.0180	10.2007	0.0980	7.5412	418.2094
23	5.8715	0.1703	60.8933	0.0164	10.3711	0.0964	7.7786	473.6662
24	6.3412	0.1577	66.7648	0.0150	10.5288	0.0950	8.0066	534.5595
25	6.8485	0.1460	73.1059	0.0137	10.6748	0.0937	8.2254	601.3242
26	7.3964	0.1352	79.9544	0.0125	10.8100	0.0925	8.4352	674.4302
27	7.9881	0.1252	87.3508	0.0114	10.9352	0.0914	8.6363	754.3846
28	8.6271	0.1159	95.3388	0.0105	11.0511	0.0905	8.8289	841.7354
29	9.3173	0.1073	103.9659	0.0096	11.1584	0.0896	9.0133	937.0742
30	10.0627	0.0994	113.2832	0.0088	11.2578	0.0888	9.1897	1041.0401
31	10.8677	0.0920	123.3459	0.0081	11.3498	0.0881	9.3584	1154.3234
32	11.7371	0.0852	134.2135	0.0075	11.4350	0.0875	9.5197	1277.6692
33	12.6760	0.0789	145.9506	0.0069	11.5139	0.0869	9.6737	1411.8828
34	13.6901	0.0730	158.6267	0.0063	11.5869	0.0863	9.8208	1557.8334
35	14.7853	0.0676	172.3168	0.0058	11.6546	0.0858	9.9611	1716.4600
36	15.9682	0.0626	187.1021	0.0053	11.7172	0.0853	10.0949	1888.7768
37	17.2456	0.0580	203.0703	0.0049	11.7752	0.0849	10.2225	2075.8790
38	18.6253	0.0537	220.3159	0.0045	11.8289	0.0845	10.3440	2278.9493
39	20.1153	0.0497	238.9412	0.0042	11.8786	0.0842	10.4597	2499.2653
40	21.7245	0.0460	259.0565	0.0039	11.9246	0.0839	10.5699	2738.2065
41	23.4625	0.0426	280.7810	0.0036	11.9672	0.0836	10.6747	2997.2630
42	25.3395	0.0395	304.2435	0.0033	12.0067	0.0833	10.7744	3278.0440

表 A-8 复利系数表（$i=8\%$）

N	$(F/P,i,n)$	$(P/F,i,n)$	$(F/A,i,n)$	$(A/F,i,n)$	$(P/A,i,n)$	$(A/P,i,n)$	$(A/G,i,n)$	$(F/G,i,n)$
43	27.3666	0.0365	329.5830	0.0030	12.0432	0.0830	10.8692	3582.2876
44	29.5560	0.0338	356.9496	0.0028	12.0771	0.0828	10.9592	3911.8706
45	31.9204	0.0313	386.5056	0.0026	12.1084	0.0826	11.0447	4268.8202
46	34.4741	0.0290	418.4261	0.0024	12.1374	0.0824	11.1258	4655.3258
47	37.2320	0.0269	452.9002	0.0022	12.1643	0.0822	11.2028	5073.7519
48	40.2106	0.0249	490.1322	0.0020	12.1891	0.0820	11.2758	5526.6521
49	43.4274	0.0230	530.3427	0.0019	12.2122	0.0819	11.3451	6016.7842
50	46.9016	0.0213	573.7702	0.0017	12.2335	0.0817	11.4107	6547.1270

表 A-9 复利系数表（$i=9\%$）

N	$(F/P,i,n)$	$(P/F,i,n)$	$(F/A,i,n)$	$(A/F,i,n)$	$(P/A,i,n)$	$(A/P,i,n)$	$(A/G,i,n)$	$(F/G,i,n)$
1	1.0900	0.9174	1.0000	1.0000	0.9174	1.0900	0.0000	0.0000
2	1.1881	0.8417	2.0900	0.4785	1.7591	0.5685	0.4785	1.0000
3	1.2950	0.7722	3.2781	0.3051	2.5313	0.3951	0.9426	3.0900
4	1.4116	0.7084	4.5731	0.2187	3.2397	0.3087	1.3925	6.3681
5	1.5386	0.6499	5.9847	0.1671	3.8897	0.2571	1.8282	10.9412
6	1.6771	0.5963	7.5233	0.1329	4.4859	0.2229	2.2498	16.9259
7	1.8280	0.5470	9.2004	0.1087	5.0330	0.1987	2.6574	24.4493
8	1.9926	0.5019	11.0285	0.0907	5.5348	0.1807	3.0512	33.6497
9	2.1719	0.4604	13.0210	0.0768	5.9952	0.1668	3.4312	44.6782
10	2.3674	0.4224	15.1929	0.0658	6.4177	0.1558	3.7978	57.6992
11	2.5804	0.3875	17.5603	0.0569	6.8052	0.1469	4.1510	72.8921
12	2.8127	0.3555	20.1407	0.0497	7.1607	0.1397	4.4910	90.4524
13	3.0658	0.3262	22.9534	0.0436	7.4869	0.1336	4.8182	110.5932
14	3.3417	0.2992	26.0192	0.0384	7.7862	0.1284	5.1326	133.5465
15	3.6425	0.2745	29.3609	0.0341	8.0607	0.1241	5.4346	159.5657
16	3.9703	0.2519	33.0034	0.0303	8.3126	0.1203	5.7245	188.9267
17	4.3276	0.2311	36.9737	0.0270	8.5436	0.1170	6.0024	221.9301
18	4.7171	0.2120	41.3013	0.0242	8.7556	0.1142	6.2687	258.9038
19	5.1417	0.1945	46.0185	0.0217	8.9501	0.1117	6.5236	300.2051
20	5.6044	0.1784	51.1601	0.0195	9.1285	0.1095	6.7674	346.2236
21	6.1088	0.1637	56.7645	0.0176	9.2922	0.1076	7.0006	397.3837
22	6.6586	0.1502	62.8733	0.0159	9.4424	0.1059	7.2232	454.1482
23	7.2579	0.1378	69.5319	0.0144	9.5802	0.1044	7.4357	517.0215
24	7.9111	0.1264	76.7898	0.0130	9.7066	0.1030	7.6384	586.5535
25	8.6231	0.1160	84.7009	0.0118	9.8226	0.1018	7.8316	663.3433
26	9.3992	0.1064	93.3240	0.0107	9.9290	0.1007	8.0156	748.0442
27	10.2451	0.0976	102.7231	0.0097	10.0266	0.0997	8.1906	841.3682
28	11.1671	0.0895	112.9682	0.0089	10.1161	0.0989	8.3571	944.0913
29	12.1722	0.0822	124.1354	0.0081	10.1983	0.0981	8.5154	1057.0595
30	13.2677	0.0754	136.3075	0.0073	10.2737	0.0973	8.6657	1181.1949
31	14.4618	0.0691	149.5752	0.0067	10.3428	0.0967	8.8083	1317.5024

(续)

表 A-9　复利系数表（$i=9\%$）

N	$(F/P,i,n)$	$(P/F,i,n)$	$(F/A,i,n)$	$(A/F,i,n)$	$(P/A,i,n)$	$(A/P,i,n)$	$(A/G,i,n)$	$(F/G,i,n)$
32	15.7633	0.0634	164.0370	0.0061	10.4062	0.0961	8.9436	1467.0776
33	17.1820	0.0582	179.8003	0.0056	10.4644	0.0956	9.0718	1631.1146
34	18.7284	0.0534	196.9823	0.0051	10.5178	0.0951	9.1933	1810.9149
35	20.4140	0.0490	215.7108	0.0046	10.5668	0.0946	9.3083	2007.8973
36	22.2512	0.0449	236.1247	0.0042	10.6118	0.0942	9.4171	2223.6080
37	24.2538	0.0412	258.3759	0.0039	10.6530	0.0939	9.5200	2459.7328
38	26.4367	0.0378	282.6298	0.0035	10.6908	0.0935	9.6172	2718.1087
39	28.8160	0.0347	309.0665	0.0032	10.7255	0.0932	9.7090	3000.7385
40	31.4094	0.0318	337.8824	0.0030	10.7574	0.0930	9.7957	3309.8049
41	34.2363	0.0292	369.2919	0.0027	10.7866	0.0927	9.8775	3647.6874
42	37.3175	0.0268	403.5281	0.0025	10.8134	0.0925	9.9546	4016.9793
43	40.6761	0.0246	440.8457	0.0023	10.8380	0.0923	10.0273	4420.5074
44	44.3370	0.0226	481.5218	0.0021	10.8605	0.0921	10.0958	4861.3531
45	48.3273	0.0207	525.8587	0.0019	10.8812	0.0919	10.1603	5342.8748
46	52.6767	0.0190	574.1860	0.0017	10.9002	0.0917	10.2210	5868.7336
47	57.4176	0.0174	626.8628	0.0016	10.9176	0.0916	10.2780	6442.9196
48	62.5852	0.0160	684.2804	0.0015	10.9336	0.0915	10.3317	7069.7823
49	68.2179	0.0147	746.8656	0.0013	10.9482	0.0913	10.3821	7754.0628
50	74.3575	0.0134	815.0836	0.0012	10.9617	0.0912	10.4295	8500.9284

表 A-10　复利系数表（$i=10\%$）

N	$(F/P,i,n)$	$(P/F,i,n)$	$(F/A,i,n)$	$(A/F,i,n)$	$(P/A,i,n)$	$(A/P,i,n)$	$(A/G,i,n)$	$(F/G,i,n)$
1	1.1000	0.9091	1.0000	1.0000	0.9091	1.1000	0.0000	0.0000
2	1.2100	0.8264	2.1000	0.4762	1.7355	0.5762	0.4762	1.0000
3	1.3310	0.7513	3.3100	0.3021	2.4869	0.4021	0.9366	3.1000
4	1.4641	0.6830	4.6410	0.2155	3.1699	0.3155	1.3812	6.4100
5	1.6105	0.6209	6.1051	0.1638	3.7908	0.2638	1.8101	11.0510
6	1.7716	0.5645	7.7156	0.1296	4.3553	0.2296	2.2236	17.1561
7	1.9487	0.5132	9.4872	0.1054	4.8684	0.2054	2.6216	24.8717
8	2.1436	0.4665	11.4359	0.0874	5.3349	0.1874	3.0045	34.3589
9	2.3579	0.4241	13.5795	0.0736	5.7590	0.1736	3.3724	45.7948
10	2.5937	0.3855	15.9374	0.0627	6.1446	0.1627	3.7255	59.3742
11	2.8531	0.3505	18.5312	0.0540	6.4951	0.1540	4.0641	75.3117
12	3.1384	0.3186	21.3843	0.0468	6.8137	0.1468	4.3884	93.8428
13	3.4523	0.2897	24.5227	0.0408	7.1034	0.1408	4.6988	115.2271
14	3.7975	0.2633	27.9750	0.0357	7.3667	0.1357	4.9955	139.7498
15	4.1772	0.2394	31.7725	0.0315	7.6061	0.1315	5.2789	167.7248
16	4.5950	0.2176	35.9497	0.0278	7.8237	0.1278	5.5493	199.4973
17	5.0545	0.1978	40.5447	0.0247	8.0216	0.1247	5.8071	235.4470
18	5.5599	0.1799	45.5992	0.0219	8.2014	0.1219	6.0526	275.9917
19	6.1159	0.1635	51.1591	0.0195	8.3649	0.1195	6.2861	321.5909
20	6.7275	0.1486	57.2750	0.0175	8.5136	0.1175	6.5081	372.7500

表 A-10 复利系数表（$i=10\%$）

N	$(F/P,i,n)$	$(P/F,i,n)$	$(F/A,i,n)$	$(A/F,i,n)$	$(P/A,i,n)$	$(A/P,i,n)$	$(A/G,i,n)$	$(F/G,i,n)$
21	7.4002	0.1351	64.0025	0.0156	8.6487	0.1156	6.7189	430.0250
22	8.1403	0.1228	71.4027	0.0140	8.7715	0.1140	6.9189	494.0275
23	8.9543	0.1117	79.5430	0.0126	8.8832	0.1126	7.1085	565.4302
24	9.8497	0.1015	88.4973	0.0113	8.9847	0.1113	7.2881	644.9733
25	10.8347	0.0923	98.3471	0.0102	9.0770	0.1102	7.4580	733.4706
26	11.9182	0.0839	109.1818	0.0092	9.1609	0.1092	7.6186	831.8177
27	13.1100	0.0763	121.0999	0.0083	9.2372	0.1083	7.7704	940.9994
28	14.4210	0.0693	134.2099	0.0075	9.3066	0.1075	7.9137	1062.0994
29	15.8631	0.0630	148.6309	0.0067	9.3696	0.1067	8.0489	1196.3093
30	17.4494	0.0573	164.4940	0.0061	9.4269	0.1061	8.1762	1344.9402
31	19.1943	0.0521	181.9434	0.0055	9.4790	0.1055	8.2962	1509.4342
32	21.1138	0.0474	201.1378	0.0050	9.5264	0.1050	8.4091	1691.3777
33	23.2252	0.0431	222.2515	0.0045	9.5694	0.1045	8.5152	1892.5154
34	25.5477	0.0391	245.4767	0.0041	9.6086	0.1041	8.6149	2114.7670
35	28.1024	0.0356	271.0244	0.0037	9.6442	0.1037	8.7086	2360.2437
36	30.9127	0.0323	299.1268	0.0033	9.6765	0.1033	8.7965	2631.2681
37	34.0039	0.0294	330.0395	0.0030	9.7059	0.1030	8.8789	2930.3949
38	37.4043	0.0267	364.0434	0.0027	9.7327	0.1027	8.9562	3260.4343
39	41.1448	0.0243	401.4478	0.0025	9.7570	0.1025	9.0285	3624.4778
40	45.2593	0.0221	442.5926	0.0023	9.7791	0.1023	9.0962	4025.9256
41	49.7852	0.0201	487.8518	0.0020	9.7991	0.1020	9.1596	4468.5181
42	54.7637	0.0183	537.6370	0.0019	9.8174	0.1019	9.2188	4956.3699
43	60.2401	0.0166	592.4007	0.0017	9.8340	0.1017	9.2741	5494.0069
44	66.2641	0.0151	652.6408	0.0015	9.8491	0.1015	9.3258	6086.4076
45	72.8905	0.0137	718.9048	0.0014	9.8628	0.1014	9.3740	6739.0484
46	80.1795	0.0125	791.7953	0.0013	9.8753	0.1013	9.4190	7457.9532
47	88.1975	0.0113	871.9749	0.0011	9.8866	0.1011	9.4610	8249.7485
48	97.0172	0.0103	960.1723	0.0010	9.8969	0.1010	9.5001	9121.7234
49	106.7190	0.0094	1057.1896	0.0009	9.9063	0.1009	9.5365	10081.8957
50	117.3909	0.0085	1163.9085	0.0009	9.9148	0.1009	9.5704	11139.0853

表 A-11 复利系数表（$i=12\%$）

N	$(F/P,i,n)$	$(P/F,i,n)$	$(F/A,i,n)$	$(A/F,i,n)$	$(P/A,i,n)$	$(A/P,i,n)$	$(A/G,i,n)$	$(F/G,i,n)$
1	1.1200	0.8929	1.0000	1.0000	0.8929	1.1200	0.0000	0.0000
2	1.2544	0.7972	2.1200	0.4717	1.6901	0.5917	0.4717	1.0000
3	1.4049	0.7118	3.3744	0.2963	2.4018	0.4163	0.9246	3.1200
4	1.5735	0.6355	4.7793	0.2092	3.0373	0.3292	1.3589	6.4944
5	1.7623	0.5674	6.3528	0.1574	3.6048	0.2774	1.7746	11.2737
6	1.9738	0.5066	8.1152	0.1232	4.1114	0.2432	2.1720	17.6266
7	2.2107	0.4523	10.0890	0.0991	4.5638	0.2191	2.5515	25.7418
8	2.4760	0.4039	12.2997	0.0813	4.9676	0.2013	2.9131	35.8308
9	2.7731	0.3606	14.7757	0.0677	5.3282	0.1877	3.2574	48.1305

(续)

表 A-11　复利系数表（$i = 12\%$）

N	$(F/P,i,n)$	$(P/F,i,n)$	$(F/A,i,n)$	$(A/F,i,n)$	$(P/A,i,n)$	$(A/P,i,n)$	$(A/G,i,n)$	$(F/G,i,n)$
10	3.1058	0.3220	17.5487	0.0570	5.6502	0.1770	3.5847	62.9061
11	3.4785	0.2875	20.6546	0.0484	5.9377	0.1684	3.8953	80.4549
12	3.8960	0.2567	24.1331	0.0414	6.1944	0.1614	4.1897	101.1094
13	4.3635	0.2292	28.0291	0.0357	6.4235	0.1557	4.4683	125.2426
14	4.8871	0.2046	32.3926	0.0309	6.6282	0.1509	4.7317	153.2717
15	5.4736	0.1827	37.2797	0.0268	6.8109	0.1468	4.9803	185.6643
16	6.1304	0.1631	42.7533	0.0234	6.9740	0.1434	5.2147	222.9440
17	6.8660	0.1456	48.8837	0.0205	7.1196	0.1405	5.4353	265.6973
18	7.6900	0.1300	55.7497	0.0179	7.2497	0.1379	5.6427	314.5810
19	8.6128	0.1161	63.4397	0.0158	7.3658	0.1358	5.8375	370.3307
20	9.6463	0.1037	72.0524	0.0139	7.4694	0.1339	6.0202	433.7704
21	10.8038	0.0926	81.6987	0.0122	7.5620	0.1322	6.1913	505.8228
22	12.1003	0.0826	92.5026	0.0108	7.6446	0.1308	6.3514	587.5215
23	13.5523	0.0738	104.6029	0.0096	7.7184	0.1296	6.5010	680.0241
24	15.1786	0.0659	118.1552	0.0085	7.7843	0.1285	6.6406	784.6270
25	17.0001	0.0588	133.3339	0.0075	7.8431	0.1275	6.7708	902.7823
26	19.0401	0.0525	150.3339	0.0067	7.8957	0.1267	6.8921	1036.1161
27	21.3249	0.0469	169.3740	0.0059	7.9426	0.1259	7.0049	1186.4501
28	23.8839	0.0419	190.6989	0.0052	7.9844	0.1252	7.1098	1355.8241
29	26.7499	0.0374	214.5828	0.0047	8.0218	0.1247	7.2071	1546.5229
30	29.9599	0.0334	241.3327	0.0041	8.0552	0.1241	7.2974	1761.1057
31	33.5551	0.0298	271.2926	0.0037	8.0850	0.1237	7.3811	2002.4384
32	37.5817	0.0266	304.8477	0.0033	8.1116	0.1233	7.4586	2273.7310
33	42.0915	0.0238	342.4294	0.0029	8.1354	0.1229	7.5302	2578.5787
34	47.1425	0.0212	384.5210	0.0026	8.1566	0.1226	7.5965	2921.0082
35	52.7996	0.0189	431.6635	0.0023	8.1755	0.1223	7.6577	3305.5291
36	59.1356	0.0169	484.4631	0.0021	8.1924	0.1221	7.7141	3737.1926
37	66.2318	0.0151	543.5987	0.0018	8.2075	0.1218	7.7661	4221.6558
38	74.1797	0.0135	609.8305	0.0016	8.2210	0.1216	7.8141	4765.2544
39	83.0812	0.0120	684.0102	0.0015	8.2330	0.1215	7.8582	5375.0850
40	93.0510	0.0107	767.0914	0.0013	8.2438	0.1213	7.8988	6059.0952
41	104.2171	0.0096	860.1424	0.0012	8.2534	0.1212	7.9361	6826.1866
42	116.7231	0.0086	964.3595	0.0010	8.2619	0.1210	7.9704	7686.3290
43	130.7299	0.0076	1081.0826	0.0009	8.2696	0.1209	8.0019	8650.6885
44	146.4175	0.0068	1211.8125	0.0008	8.2764	0.1208	8.0308	9731.7711
45	163.9876	0.0061	1358.2300	0.0007	8.2825	0.1207	8.0572	10943.5836
46	183.6661	0.0054	1522.2176	0.0007	8.2880	0.1207	8.0815	12301.8136
47	205.7061	0.0049	1705.8838	0.0006	8.2928	0.1206	8.1037	13824.0313
48	230.3908	0.0043	1911.5898	0.0005	8.2972	0.1205	8.1241	15529.9150
49	258.0377	0.0039	2141.9806	0.0005	8.3010	0.1205	8.1427	17441.5048
50	289.0022	0.0035	2400.0182	0.0004	8.3045	0.1204	8.1597	19583.4854

表 A-12　复利系数表（$i=15\%$）

N	$(F/P,i,n)$	$(P/F,i,n)$	$(F/A,i,n)$	$(A/F,i,n)$	$(P/A,i,n)$	$(A/P,i,n)$	$(A/G,i,n)$	$(F/G,i,n)$
1	1.1500	0.8696	1.0000	1.0000	0.8696	1.1500	0.0000	0.0000
2	1.3225	0.7561	2.1500	0.4651	1.6257	0.6151	0.4651	1.0000
3	1.5209	0.6575	3.4725	0.2880	2.2832	0.4380	0.9071	3.1500
4	1.7490	0.5718	4.9934	0.2003	2.8550	0.3503	1.3263	6.6225
5	2.0114	0.4972	6.7424	0.1483	3.3522	0.2983	1.7228	11.6159
6	2.3131	0.4323	8.7537	0.1142	3.7845	0.2642	2.0972	18.3583
7	2.6600	0.3759	11.0668	0.0904	4.1604	0.2404	2.4498	27.1120
8	3.0590	0.3269	13.7268	0.0729	4.4873	0.2229	2.7813	38.1788
9	3.5179	0.2843	16.7858	0.0596	4.7716	0.2096	3.0922	51.9056
10	4.0456	0.2472	20.3037	0.0493	5.0188	0.1993	3.3832	68.6915
11	4.6524	0.2149	24.3493	0.0411	5.2337	0.1911	3.6549	88.9952
12	5.3503	0.1869	29.0017	0.0345	5.4206	0.1845	3.9082	113.3444
13	6.1528	0.1625	34.3519	0.0291	5.5831	0.1791	4.1438	142.3461
14	7.0757	0.1413	40.5047	0.0247	5.7245	0.1747	4.3624	176.6980
15	8.1371	0.1229	47.5804	0.0210	5.8474	0.1710	4.5650	217.2027
16	9.3576	0.1069	55.7175	0.0179	5.9542	0.1679	4.7522	264.7831
17	10.7613	0.0929	65.0751	0.0154	6.0472	0.1654	4.9251	320.5006
18	12.3755	0.0808	75.8364	0.0132	6.1280	0.1632	5.0843	385.5757
19	14.2318	0.0703	88.2118	0.0113	6.1982	0.1613	5.2307	461.4121
20	16.3665	0.0611	102.4436	0.0098	6.2593	0.1598	5.3651	549.6239
21	18.8215	0.0531	118.8101	0.0084	6.3125	0.1584	5.4883	652.0675
22	21.6447	0.0462	137.6316	0.0073	6.3587	0.1573	5.6010	770.8776
23	24.8915	0.0402	159.2764	0.0063	6.3988	0.1563	5.7040	908.5092
24	28.6252	0.0349	184.1678	0.0054	6.4338	0.1554	5.7979	1067.7856
25	32.9190	0.0304	212.7930	0.0047	6.4641	0.1547	5.8834	1251.9534
26	37.8568	0.0264	245.7120	0.0041	6.4906	0.1541	5.9612	1464.7465
27	43.5353	0.0230	283.5688	0.0035	6.5135	0.1535	6.0319	1710.4584
28	50.0656	0.0200	327.1041	0.0031	6.5335	0.1531	6.0960	1994.0272
29	57.5755	0.0174	377.1697	0.0027	6.5509	0.1527	6.1541	2321.1313
30	66.2118	0.0151	434.7451	0.0023	6.5660	0.1523	6.2066	2698.3010
31	76.1435	0.0131	500.9569	0.0020	6.5791	0.1520	6.2541	3133.0461
32	87.5651	0.0114	577.1005	0.0017	6.5905	0.1517	6.2970	3634.0030
33	100.6998	0.0099	664.6655	0.0015	6.6005	0.1515	6.3357	4211.1035
34	115.8048	0.0086	765.3654	0.0013	6.6091	0.1513	6.3705	4875.7690
35	133.1755	0.0075	881.1702	0.0011	6.6166	0.1511	6.4019	5641.1344
36	153.1519	0.0065	1014.3457	0.0010	6.6231	0.1510	6.4301	6522.3045
37	176.1246	0.0057	1167.4975	0.0009	6.6288	0.1509	6.4554	7536.6502
38	202.5433	0.0049	1343.6222	0.0007	6.6338	0.1507	6.4781	8704.1477
39	232.9248	0.0043	1546.1655	0.0006	6.6380	0.1506	6.4985	10047.7699
40	267.8635	0.0037	1779.0903	0.0006	6.6418	0.1506	6.5168	11593.9354
41	308.0431	0.0032	2046.9539	0.0005	6.6450	0.1505	6.5331	13373.0257

表 A-12　复利系数表（$i=15\%$）

N	$(F/P,i,n)$	$(P/F,i,n)$	$(F/A,i,n)$	$(A/F,i,n)$	$(P/A,i,n)$	$(A/P,i,n)$	$(A/G,i,n)$	$(F/G,i,n)$
42	354.2495	0.0028	2354.9969	0.0004	6.6478	0.1504	6.5478	15419.9796
43	407.3870	0.0025	2709.2465	0.0004	6.6503	0.1504	6.5609	17774.9765
44	468.4950	0.0021	3116.6334	0.0003	6.6524	0.1503	6.5725	20484.2230
45	538.7693	0.0019	3585.1285	0.0003	6.6543	0.1503	6.5830	23600.8564
46	619.5847	0.0016	4123.8977	0.0002	6.6559	0.1502	6.5923	27185.9849
47	712.5224	0.0014	4743.4824	0.0002	6.6573	0.1502	6.6006	31309.8826
48	819.4007	0.0012	5456.0047	0.0002	6.6585	0.1502	6.6080	36053.3650
49	942.3108	0.0011	6275.4055	0.0002	6.6596	0.1502	6.6146	41509.3697
50	1083.6574	0.0009	7217.7163	0.0001	6.6605	0.1501	6.6205	47784.7752

表 A-13　复利系数表（$i=20\%$）

N	$(F/P,i,n)$	$(P/F,i,n)$	$(F/A,i,n)$	$(A/F,i,n)$	$(P/A,i,n)$	$(A/P,i,n)$	$(A/G,i,n)$	$(F/G,i,n)$
1	1.2000	0.8333	1.0000	1.0000	0.8333	1.2000	0.0000	0.0000
2	1.4400	0.6944	2.2000	0.4545	1.5278	0.6545	0.4545	1.0000
3	1.7280	0.5787	3.6400	0.2747	2.1065	0.4747	0.8791	3.2000
4	2.0736	0.4823	5.3680	0.1863	2.5887	0.3863	1.2742	6.8400
5	2.4883	0.4019	7.4416	0.1344	2.9906	0.3344	1.6405	12.2080
6	2.9860	0.3349	9.9299	0.1007	3.3255	0.3007	1.9788	19.6496
7	3.5832	0.2791	12.9159	0.0774	3.6046	0.2774	2.2902	29.5795
8	4.2998	0.2326	16.4991	0.0606	3.8372	0.2606	2.5756	42.4954
9	5.1598	0.1938	20.7989	0.0481	4.0310	0.2481	2.8364	58.9945
10	6.1917	0.1615	25.9587	0.0385	4.1925	0.2385	3.0739	79.7934
11	7.4301	0.1346	32.1504	0.0311	4.3271	0.2311	3.2893	105.7521
12	8.9161	0.1122	39.5805	0.0253	4.4392	0.2253	3.4841	137.9025
13	10.6993	0.0935	48.4966	0.0206	4.5327	0.2206	3.6597	177.4830
14	12.8392	0.0779	59.1959	0.0169	4.6106	0.2169	3.8175	225.9796
15	15.4070	0.0649	72.0351	0.0139	4.6755	0.2139	3.9588	285.1755
16	18.4884	0.0541	87.4421	0.0114	4.7296	0.2114	4.0851	357.2106
17	22.1861	0.0451	105.9306	0.0094	4.7746	0.2094	4.1976	444.6528
18	26.6233	0.0376	128.1167	0.0078	4.8122	0.2078	4.2975	550.5833
19	31.9480	0.0313	154.7400	0.0065	4.8435	0.2065	4.3861	678.7000
20	38.3376	0.0261	186.6880	0.0054	4.8696	0.2054	4.4643	833.4400
21	46.0051	0.0217	225.0256	0.0044	4.8913	0.2044	4.5334	1020.1280
22	55.2061	0.0181	271.0307	0.0037	4.9094	0.2037	4.5941	1245.1536
23	66.2474	0.0151	326.2369	0.0031	4.9245	0.2031	4.6475	1516.1843
24	79.4968	0.0126	392.4842	0.0025	4.9371	0.2025	4.6943	1842.4212
25	95.3962	0.0105	471.9811	0.0021	4.9476	0.2021	4.7352	2234.9054
26	114.4755	0.0087	567.3773	0.0018	4.9563	0.2018	4.7709	2706.8865
27	137.3706	0.0073	681.8528	0.0015	4.9636	0.2015	4.8020	3274.2638
28	164.8447	0.0061	819.2233	0.0012	4.9697	0.2012	4.8291	3956.1166
29	197.8136	0.0051	984.0680	0.0010	4.9747	0.2010	4.8527	4775.3399
30	237.3763	0.0042	1181.8816	0.0008	4.9789	0.2008	4.8731	5759.4078

（续）

表 A-13 复利系数表（$i=20\%$）

N	$(F/P,i,n)$	$(P/F,i,n)$	$(F/A,i,n)$	$(A/F,i,n)$	$(P/A,i,n)$	$(A/P,i,n)$	$(A/G,i,n)$	$(F/G,i,n)$
31	284.8516	0.0035	1419.2579	0.0007	4.9824	0.2007	4.8908	6941.2894
32	341.8219	0.0029	1704.1095	0.0006	4.9854	0.2006	4.9061	8360.5473
33	410.1863	0.0024	2045.9314	0.0005	4.9878	0.2005	4.9194	10064.6568
34	492.2235	0.0020	2456.1176	0.0004	4.9898	0.2004	4.9308	12110.5881
35	590.6682	0.0017	2948.3411	0.0003	4.9915	0.2003	4.9406	14566.7057
36	708.8019	0.0014	3539.0094	0.0003	4.9929	0.2003	4.9491	17515.0469
37	850.5622	0.0012	4247.8112	0.0002	4.9941	0.2002	4.9564	21054.0562
38	1020.6747	0.0010	5098.3735	0.0002	4.9951	0.2002	4.9627	25301.8675
39	1224.8096	0.0008	6119.0482	0.0002	4.9959	0.2002	4.9681	30400.2410
40	1469.7716	0.0007	7343.8578	0.0001	4.9966	0.2001	4.9728	36519.2892
41	1763.7259	0.0006	8813.6294	0.0001	4.9972	0.2001	4.9767	43863.1470
42	2116.4711	0.0005	10577.3553	0.0001	4.9976	0.2001	4.9801	52676.7764
43	2539.7653	0.0004	12693.8263	0.0001	4.9980	0.2001	4.9831	63254.1317
44	3047.7183	0.0003	15233.5916	0.0001	4.9984	0.2001	4.9856	75947.9581
45	3657.2620	0.0003	18281.3099	0.0001	4.9986	0.2001	4.9877	91181.5497
46	4388.7144	0.0002	21938.5719	0.0000	4.9989	0.2000	4.9895	109462.8596
47	5266.4573	0.0002	26327.2863	0.0000	4.9991	0.2000	4.9911	131401.4316
48	6319.7487	0.0002	31593.7436	0.0000	4.9992	0.2000	4.9924	157728.7179
49	7583.6985	0.0001	37913.4923	0.0000	4.9993	0.2000	4.9935	189322.4615
50	9100.4382	0.0001	45497.1908	0.0000	4.9995	0.2000	4.9945	227235.9538

表 A-14 复利系数表（$i=25\%$）

N	$(F/P,i,n)$	$(P/F,i,n)$	$(F/A,i,n)$	$(A/F,i,n)$	$(P/A,i,n)$	$(A/P,i,n)$	$(A/G,i,n)$	$(F/G,i,n)$
1	1.2500	0.8000	1.0000	1.0000	0.8000	1.2500	0.0000	0.0000
2	1.5625	0.6400	2.2500	0.4444	1.4400	0.6944	0.4444	1.0000
3	1.9531	0.5120	3.8125	0.2623	1.9520	0.5123	0.8525	3.2500
4	2.4414	0.4096	5.7656	0.1734	2.3616	0.4234	1.2249	7.0625
5	3.0518	0.3277	8.2070	0.1218	2.6893	0.3718	1.5631	12.8281
6	3.8147	0.2621	11.2588	0.0888	2.9514	0.3388	1.8683	21.0352
7	4.7684	0.2097	15.0735	0.0663	3.1611	0.3163	2.1424	32.2939
8	5.9605	0.1678	19.8419	0.0504	3.3289	0.3004	2.3872	47.3674
9	7.4506	0.1342	25.8023	0.0388	3.4631	0.2888	2.6048	67.2093
10	9.3132	0.1074	33.2529	0.0301	3.5705	0.2801	2.7971	93.0116
11	11.6415	0.0859	42.5661	0.0235	3.6564	0.2735	2.9663	126.2645
12	14.5519	0.0687	54.2077	0.0184	3.7251	0.2684	3.1145	168.8306
13	18.1899	0.0550	68.7596	0.0145	3.7801	0.2645	3.2437	223.0383
14	22.7374	0.0440	86.9495	0.0115	3.8241	0.2615	3.3559	291.7979
15	28.4217	0.0352	109.6868	0.0091	3.8593	0.2591	3.4530	378.7474
16	35.5271	0.0281	138.1085	0.0072	3.8874	0.2572	3.5366	488.4342
17	44.4089	0.0225	173.6357	0.0058	3.9099	0.2558	3.6084	626.5427
18	55.5112	0.0180	218.0446	0.0046	3.9279	0.2546	3.6698	800.1784
19	69.3889	0.0144	273.5558	0.0037	3.9424	0.2537	3.7222	1018.2230

(续)

表 A-14 复利系数表（$i=25\%$）

N	$(F/P,i,n)$	$(P/F,i,n)$	$(F/A,i,n)$	$(A/F,i,n)$	$(P/A,i,n)$	$(A/P,i,n)$	$(A/G,i,n)$	$(F/G,i,n)$
20	86.7362	0.0115	342.9447	0.0029	3.9539	0.2529	3.7667	1291.7788
21	108.4202	0.0092	429.6809	0.0023	3.9631	0.2523	3.8045	1634.7235
22	135.5253	0.0074	538.1011	0.0019	3.9705	0.2519	3.8365	2064.4043
23	169.4066	0.0059	673.6264	0.0015	3.9764	0.2515	3.8634	2602.5054
24	211.7582	0.0047	843.0329	0.0012	3.9811	0.2512	3.8861	3276.1318
25	264.6978	0.0038	1054.7912	0.0009	3.9849	0.2509	3.9052	4119.1647
26	330.8722	0.0030	1319.4890	0.0008	3.9879	0.2508	3.9212	5173.9559
27	413.5903	0.0024	1650.3612	0.0006	3.9903	0.2506	3.9346	6493.4449
28	516.9879	0.0019	2063.9515	0.0005	3.9923	0.2505	3.9457	8143.8061
29	646.2349	0.0015	2580.9394	0.0004	3.9938	0.2504	3.9551	10207.7577
30	807.7936	0.0012	3227.1743	0.0003	3.9950	0.2503	3.9628	12788.6971
31	1009.7420	0.0010	4034.9678	0.0002	3.9960	0.2502	3.9693	16015.8713
32	1262.1774	0.0008	5044.7098	0.0002	3.9968	0.2502	3.9746	20050.8392
33	1577.7218	0.0006	6306.8872	0.0002	3.9975	0.2502	3.9791	25095.5490
34	1972.1523	0.0005	7884.6091	0.0001	3.9980	0.2501	3.9828	31402.4362
35	2465.1903	0.0004	9856.7613	0.0001	3.9984	0.2501	3.9858	39287.0453
36	3081.4879	0.0003	12321.9516	0.0001	3.9987	0.2501	3.9883	49143.8066
37	3851.8599	0.0003	15403.4396	0.0001	3.9990	0.2501	3.9904	61465.7582
38	4814.8249	0.0002	19255.2994	0.0001	3.9992	0.2501	3.9921	76869.1978
39	6018.5311	0.0002	24070.1243	0.0000	3.9993	0.2500	3.9935	96124.4972
40	7523.1638	0.0001	30088.6554	0.0000	3.9995	0.2500	3.9947	120194.6215
41	9403.9548	0.0001	37611.8192	0.0000	3.9996	0.2500	3.9956	150283.2769
42	11754.9435	0.0001	47015.7740	0.0000	3.9997	0.2500	3.9964	187895.0961
43	14693.6794	0.0001	58770.7175	0.0000	3.9997	0.2500	3.9971	234910.8702
44	18367.0992	0.0001	73464.3969	0.0000	3.9998	0.2500	3.9976	293681.5877
45	22958.8740	0.0000	91831.4962	0.0000	3.9998	0.2500	3.9980	367145.9846
46	28698.5925	0.0000	114790.3702	0.0000	3.9999	0.2500	3.9984	458977.4808
47	35873.2407	0.0000	143488.9627	0.0000	3.9999	0.2500	3.9987	573767.8510
48	44841.5509	0.0000	179362.2034	0.0000	3.9999	0.2500	3.9989	717256.8137
49	56051.9386	0.0000	224203.7543	0.0000	3.9999	0.2500	3.9991	896619.0172
50	70064.9232	0.0000	280255.6929	0.0000	3.9999	0.2500	3.9993	1120822.7715

表 A-15 复利系数表（$i=30\%$）

N	$(F/P,i,n)$	$(P/F,i,n)$	$(F/A,i,n)$	$(A/F,i,n)$	$(P/A,i,n)$	$(A/P,i,n)$	$(A/G,i,n)$	$(F/G,i,n)$
1	1.3000	0.7692	1.0000	1.0000	0.7692	1.3000	0.0000	0.0000
2	1.6900	0.5917	2.3000	0.4348	1.3609	0.7348	0.4348	1.0000
3	2.1970	0.4552	3.9900	0.2506	1.8161	0.5506	0.8271	3.3000
4	2.8561	0.3501	6.1870	0.1616	2.1662	0.4616	1.1783	7.2900
5	3.7129	0.2693	9.0431	0.1106	2.4356	0.4106	1.4903	13.4770
6	4.8268	0.2072	12.7560	0.0784	2.6427	0.3784	1.7654	22.5201
7	6.2749	0.1594	17.5828	0.0569	2.8021	0.3569	2.0063	35.2761
8	8.1573	0.1226	23.8577	0.0419	2.9247	0.3419	2.2156	52.8590

(续)

表 A-15 复利系数表（$i=30\%$）

N	$(F/P,i,n)$	$(P/F,i,n)$	$(F/A,i,n)$	$(A/F,i,n)$	$(P/A,i,n)$	$(A/P,i,n)$	$(A/G,i,n)$	$(F/G,i,n)$
9	10.6045	0.0943	32.0150	0.0312	3.0190	0.3312	2.3963	76.7167
10	13.7858	0.0725	42.6195	0.0235	3.0915	0.3235	2.5512	108.7317
11	17.9216	0.0558	56.4053	0.0177	3.1473	0.3177	2.6833	151.3512
12	23.2981	0.0429	74.3270	0.0135	3.1903	0.3135	2.7952	207.7565
13	30.2875	0.0330	97.6250	0.0102	3.2233	0.3102	2.8895	282.0835
14	39.3738	0.0254	127.9125	0.0078	3.2487	0.3078	2.9685	379.7085
15	51.1859	0.0195	167.2863	0.0060	3.2682	0.3060	3.0344	507.6210
16	66.5417	0.0150	218.4722	0.0046	3.2832	0.3046	3.0892	674.9073
17	86.5042	0.0116	285.0139	0.0035	3.2948	0.3035	3.1345	893.3795
18	112.4554	0.0089	371.5180	0.0027	3.3037	0.3027	3.1718	1178.3934
19	146.1920	0.0068	483.9734	0.0021	3.3105	0.3021	3.2025	1549.9114
20	190.0496	0.0053	630.1655	0.0016	3.3158	0.3016	3.2275	2033.8849
21	247.0645	0.0040	820.2151	0.0012	3.3198	0.3012	3.2480	2664.0503
22	321.1839	0.0031	1067.2796	0.0009	3.3230	0.3009	3.2646	3484.2654
23	417.5391	0.0024	1388.4635	0.0007	3.3254	0.3007	3.2781	4551.5450
24	542.8008	0.0018	1806.0026	0.0006	3.3272	0.3006	3.2890	5940.0086
25	705.6410	0.0014	2348.8033	0.0004	3.3286	0.3004	3.2979	7746.0111
26	917.3333	0.0011	3054.4443	0.0003	3.3297	0.3003	3.3050	10094.8145
27	1192.5333	0.0008	3971.7776	0.0003	3.3305	0.3003	3.3107	13149.2588
28	1550.2933	0.0006	5164.3109	0.0002	3.3312	0.3002	3.3153	17121.0364
29	2015.3813	0.0005	6714.6042	0.0001	3.3317	0.3001	3.3189	22285.3474
30	2619.9956	0.0004	8729.9855	0.0001	3.3321	0.3001	3.3219	28999.9516
31	3405.9943	0.0003	11349.9811	0.0001	3.3324	0.3001	3.3242	37729.9371
32	4427.7926	0.0002	14755.9755	0.0001	3.3326	0.3001	3.3261	49079.9182
33	5756.1304	0.0002	19183.7681	0.0001	3.3328	0.3001	3.3276	63835.8937
34	7482.9696	0.0001	24939.8985	0.0000	3.3329	0.3000	3.3288	83019.6618
35	9727.8604	0.0001	32422.8681	0.0000	3.3330	0.3000	3.3297	107959.5603
36	12646.2186	0.0001	42150.7285	0.0000	3.3331	0.3000	3.3305	140382.4284
37	16440.0841	0.0001	54796.9471	0.0000	3.3331	0.3000	3.3311	182533.1569
38	21372.1094	0.0000	71237.0312	0.0000	3.3332	0.3000	3.3316	237330.1039
39	27783.7422	0.0000	92609.1405	0.0000	3.3332	0.3000	3.3319	308567.1351
40	36118.8648	0.0000	120392.8827	0.0000	3.3332	0.3000	3.3322	401176.2756
41	46954.5243	0.0000	156511.7475	0.0000	3.3333	0.3000	3.3325	521569.1583
42	61040.8815	0.0000	203466.2718	0.0000	3.3333	0.3000	3.3326	678080.9058
43	79353.1460	0.0000	264507.1533	0.0000	3.3333	0.3000	3.3328	881547.1776
44	103159.0898	0.0000	343860.2993	0.0000	3.3333	0.3000	3.3329	1146054.3309
45	134106.8167	0.0000	447019.3890	0.0000	3.3333	0.3000	3.3330	1489914.6301
46	174338.8617	0.0000	581126.2058	0.0000	3.3333	0.3000	3.3331	1936934.0192
47	226640.5202	0.0000	755465.0675	0.0000	3.3333	0.3000	3.3331	2518060.2249
48	294632.6763	0.0000	982105.5877	0.0000	3.3333	0.3000	3.3332	3273525.2924
49	383022.4792	0.0000	1276738.2640	0.0000	3.3333	0.3000	3.3332	4255630.8802
50	497929.2230	0.0000	1659760.7433	0.0000	3.3333	0.3000	3.3332	5532369.1442

表 A-16　复利系数表（$i=35\%$）

N	$(F/P,i,n)$	$(P/F,i,n)$	$(F/A,i,n)$	$(A/F,i,n)$	$(P/A,i,n)$	$(A/P,i,n)$	$(A/G,i,n)$	$(F/G,i,n)$
1	1.3500	0.7407	1.0000	1.0000	0.7407	1.3500	0.0000	0.0000
2	1.8225	0.5487	2.3500	0.4255	1.2894	0.7755	0.4255	1.0000
3	2.4604	0.4064	4.1725	0.2397	1.6959	0.5897	0.8029	3.3500
4	3.3215	0.3011	6.6329	0.1508	1.9969	0.5008	1.1341	7.5225
5	4.4840	0.2230	9.9544	0.1005	2.2200	0.4505	1.4220	14.1554
6	6.0534	0.1652	14.4384	0.0693	2.3852	0.4193	1.6698	24.1098
7	8.1722	0.1224	20.4919	0.0488	2.5075	0.3988	1.8811	38.5482
8	11.0324	0.0906	28.6640	0.0349	2.5982	0.3849	2.0597	59.0400
9	14.8937	0.0671	39.6964	0.0252	2.6653	0.3752	2.2094	87.7040
10	20.1066	0.0497	54.5902	0.0183	2.7150	0.3683	2.3338	127.4005
11	27.1439	0.0368	74.6967	0.0134	2.7519	0.3634	2.4364	181.9906
12	36.6442	0.0273	101.8406	0.0098	2.7792	0.3598	2.5205	256.6873
13	49.4697	0.0202	138.4848	0.0072	2.7994	0.3572	2.5889	358.5279
14	66.7841	0.0150	187.9544	0.0053	2.8144	0.3553	2.6443	497.0127
15	90.1585	0.0111	254.7385	0.0039	2.8255	0.3539	2.6889	684.9671
16	121.7139	0.0082	344.8970	0.0029	2.8337	0.3529	2.7246	939.7056
17	164.3138	0.0061	466.6109	0.0021	2.8398	0.3521	2.7530	1284.6025
18	221.8236	0.0045	630.9247	0.0016	2.8443	0.3516	2.7756	1751.2134
19	299.4619	0.0033	852.7483	0.0012	2.8476	0.3512	2.7935	2382.1381
20	404.2736	0.0025	1152.2103	0.0009	2.8501	0.3509	2.8075	3234.8864

表 A-17　复利系数表（$i=40\%$）

N	$(F/P,i,n)$	$(P/F,i,n)$	$(F/A,i,n)$	$(A/F,i,n)$	$(P/A,i,n)$	$(A/P,i,n)$	$(A/G,i,n)$	$(F/G,i,n)$
1	1.4000	0.7143	1.0000	1.0000	0.7143	1.4000	0.0000	0.0000
2	1.9600	0.5102	2.4000	0.4167	1.2245	0.8167	0.4167	1.0000
3	2.7440	0.3644	4.3600	0.2294	1.5889	0.6294	0.7798	3.4000
4	3.8416	0.2603	7.1040	0.1408	1.8492	0.5408	1.0923	7.7600
5	5.3782	0.1859	10.9456	0.0914	2.0352	0.4914	1.3580	14.8640
6	7.5295	0.1328	16.3238	0.0613	2.1680	0.4613	1.5811	25.8096
7	10.5414	0.0949	23.8534	0.0419	2.2628	0.4419	1.7664	42.1334
8	14.7579	0.0678	34.3947	0.0291	2.3306	0.4291	1.9185	65.9868
9	20.6610	0.0484	49.1526	0.0203	2.3790	0.4203	2.0422	100.3815
10	28.9255	0.0346	69.8137	0.0143	2.4136	0.4143	2.1419	149.5342
11	40.4957	0.0247	98.7391	0.0101	2.4383	0.4101	2.2215	219.3478
12	56.6939	0.0176	139.2348	0.0072	2.4559	0.4072	2.2845	318.0870
13	79.3715	0.0126	195.9287	0.0051	2.4685	0.4051	2.3341	457.3217
14	111.1201	0.0090	275.3002	0.0036	2.4775	0.4036	2.3729	653.2504
15	155.5681	0.0064	386.4202	0.0026	2.4839	0.4026	2.4030	928.5506
16	217.7953	0.0046	541.9883	0.0018	2.4885	0.4018	2.4262	1314.9708
17	304.9135	0.0033	759.7837	0.0013	2.4918	0.4013	2.4441	1856.9592
18	426.8789	0.0023	1064.6971	0.0009	2.4941	0.4009	2.4577	2616.7428
19	597.6304	0.0017	1491.5760	0.0007	2.4958	0.4007	2.4682	3681.4400
20	836.6826	0.0012	2089.2064	0.0005	2.4970	0.4005	2.4761	5173.0160

附录 B 建设项目融资前税前财务基准收益率取值表

序号	行业名称	融资前税前财务基准收益率（%）	序号	行业名称	融资前税前财务基准收益率（%）	序号	行业名称	融资前税前财务基准收益率（%）
01	农业		052	初级形态的塑料及合成树脂制造	13	0813	核能发电	7
011	种植业	6	053	合成纤维单（聚合）体制造	14	0814	风力发电	5
012	畜牧业	7	054	乙烯联合装置	12	0815	垃圾发电	5
013	渔业	7	055	纤维素纤维原料及纤维制造	14	0816	其他能源发电（潮汐、地热等）	5
014	农副食品加工	8	06	化工		0817	热电站	8
02	林业		061	氯碱及氯化物制造	11	0818	抽水蓄能电站	8
021	林产加工	11	062	无机化学原料制造	10	082	电网工程	
022	森林工业	12	063	有机化学原料及中间体制造	11	0821	送电工程	7
023	林纸林化	12	064	化肥	9	0822	联网工程	7
024	营造林	8	065	农药	12	0823	城网工程	7
03	建材		066	橡胶制品制造	12	0824	农网工程	6
031	水泥制造业	11	067	化工新型材料	12	0825	区内或省内电网工程	7
032	玻璃制造业	13	068	专用化学品制造（含精细化工）	13	09	水利	
04	石油		07	信息产业		091	水库发电工程	7
041	陆上油田开采	13	071	固定通信	5	092	调水、供水工程	4
042	陆上气田开采	12	072	移动通信	10	10	铁路	
043	国家原油存储设施	8	073	邮政通信	3	101	铁路网既有线改造	6
044	长距离输油管道	12	08	电力		102	铁路网新线建设	3
045	长距离输气管道	12	081	电源工程		11	民航	
05	石化		0811	火力发电	8	111	大中型（干线）机场建设	5
051	原油加工及石油制品制造	12	0812	天然气发电	9	112	小型（支线）机场建设	1

附录 C 建设项目资本金税后财务基准收益率取值表

序号	行业名称	资本金税后财务基准收益率（%）	序号	行业名称	资本金税后财务基准收益率（%）	序号	行业名称	资本金税后财务基准收益率（%）
01	农业		052	初级形态的塑料及合成树脂制造	15	0813	核能发电	9
011	种植业	6	053	合成纤维单（聚合）体制造	16	0814	风力发电	8
012	畜牧业	9	054	乙烯联合装置	15	0815	垃圾发电	8
013	渔业	8	055	纤维素纤维原料及纤维制造	16	0816	其他能源发电（潮汐、地热等）	8
014	农副食品加工	8	06	化工		0817	热电站	10
02	林业		061	氯碱及氯化物制造	13	0818	抽水蓄能电站	10
021	林产加工	11	062	无机化学原料制造	11	082	电网工程	
022	森林工业	13	063	有机化学原料及中间体制造	12	0821	送电工程	9
023	林纸林化	12	064	化肥	9	0822	联网工程	10
024	营造林	9	065	农药	14	0823	城网工程	10
03	建材		066	橡胶制品制造	12	0824	农网工程	9
031	水泥制造业	12	067	化工新型材料	13	0825	区内或省内电网工程	9
032	玻璃制造业	14	068	专用化学品制造（含精细化工）	15	09	水利	
04	石油		07	信息产业		091	水库发电工程	10
041	陆上油田开采	15	071	固定通信	5	092	调水、供水工程	6
042	陆上气田开采	15	072	移动通信	12	10	铁路	
043	国家原油存储设施	8	073	邮政通信	3	101	铁路网既有线改造	6
044	长距离输油管道	13	08	电力		102	铁路网新线建设	3
045	长距离输气管道	13	081	电源工程		11	民航	
05	石化		0811	火力发电	10	111	大中型（干线）机场建设	4
051	原油加工及石油制品制造	13	0812	天然气发电	12	112	小型（支线）机场建设	—

附录 D 建设项目财务评价指标一览表

分类	编号	指标名称	政府	银行	投资方	备注
一、项目盈利能力评价指标	1	投资回收期	☆	☆	☆	息税前（全部投资）盈利能力分析指标
	2	息税前净现值	☆		☆	
	3	息税前净年值				
	4	息税前费用现值				
	5	息税前费用年值				
	6	息税前净现值率				
	7	息税前内部收益率	☆		☆	
	8	修正内部收益率				
	9	外部收益率				
	10	息税后净现值		☆	☆	息税后（权益资金）盈利能力分析指标
	11	息税后内部收益率		☆	☆	
二、效益比率评价指标	12	经济增加值	◇		◇	其他类型
	13	年折算费用				
	14	年平均投资利润率			◇	
	15	销售利润率	☆			收益（成本）利润率型
	16	销售净利润率		☆	☆	
	17	成本费用利润率			◇	
	18	收益成本比	◇		◇	
	19	净收益投资比				
	20	投资收益率				投入资源报酬率型
	21	投资利润率		◇	◇	
	22	投资利税率	◇			
	23	已占用资本回报率		◇	☆	
	24	总资产报酬率		◇		
	25	权益资金收益率				
	26	净资产收益率	☆	☆	☆	
三、项目偿债能力评价指标	27	借款偿还期	☆	☆	☆	资金来源对债务保障程度比率
	28	利息备付率		☆		
	29	偿债备付率	☆	☆		
	30	债务承受率		◇		
	31	资源收益覆盖率				
	32	贷款利税率		◇		
	33	资产负债率	☆	☆	☆	资本结构对债务保障程度比率
	34	负债权益比率	◇		◇	
	35	齿轮比率		☆		
	36	长期资金(负债)对固定资产比率		◇	◇	
	37	流动比率		☆	☆	
	38	速动比率		☆		
	39	现金比率		◇		

（续）

分类	编号	指标名称	指标对各方的重要程度			备注
			政府	银行	投资方	
四、投资方盈利能力评价指标	40	投资方投资回收期			☆	通过制作投资方现金流量表计算成本
	41	投资方净现值			☆	
	42	投资方内部收益率			☆	
	43	投资方投资股利率				
	44	现金流量可分配利润比			◇	
五、项目生存发展能力评价指标	45	资金来源满足率	☆	☆	☆	
	46	项目利润平均增长率				
	47	权益资金平均增长率			◇	
六、项目经营风险评价指标	48	营运杠杆系数	◇	◇		
七、非盈利项目评价指标	49	效果成本比				

注：☆—相对重要的基本指标；◇—相对常用的辅助指标。

附录 E "工程经济学"课程知识单元及知识点

知识单元		知识点		
序号	描述	序号	描述	要求
1	工程经济学引论	1-1	工程经济学的性质	了解
		1-2	产生与发展及研究对象	了解
		1-3	工程经济学分析的基本原则和步骤	熟悉
2	现金流量的构成与资金时间价值理论	2-1	现金流量的概念及其构成	掌握
		2-2	资金时间价值	掌握
		2-3	名义利率与实际利率	熟悉
3	工程技术方案经济效果评价方法	3-1	工程技术方案经济效果评价指标体系	掌握
		3-2	时间性经济评价指标的计算与评价方法	掌握
		3-3	价值性评价指标与评价方法	掌握
		3-4	比率性评价指标与评价方法	掌握
		3-5	互斥方案的选优方法	掌握
		3-6	独立方案的选优方法	掌握
		3-7	混合方案的选优方法	掌握
4	风险与不确定性分析	4-1	不确定性分析的内容	熟悉
		4-2	盈亏平衡分析的含义及作用	熟悉
		4-3	盈亏平衡分析的方法	掌握
		4-4	敏感性分析的方法	掌握
		4-5	风险分析方法	熟悉
5	项目的财务评价	5-1	项目财务评价的指标体系和步骤	熟悉
		5-2	项目财务评价的方法	掌握
		5-3	项目财务评价的基本报表	掌握
6	项目国民经济评价	6-1	项目国民经济评价的指标体系和步骤	掌握
		6-2	项目国民经济评价的方法	掌握
		6-3	项目社会评价	了解
7	设备更新	7-1	设备磨损与设备大修理	了解
		7-2	设备更新的条件与时机选择	了解
		7-3	更新方案的选择方法	了解
		7-4	设备租赁与购置的方案比较	熟悉
8	价值工程与价值分析	8-1	价值工程的概念	了解
		8-2	价值工程对象的选择	了解
		8-3	价值分析的步骤	了解
		8-4	功能分析与研究的方法	掌握
		8-5	价值工程方案评价与实施	熟悉
9	项目后评价	9-1	项目后评价的基本概念、内容	了解
		9-2	项目后评价的基本方法	掌握

参 考 文 献

[1] 国家发展改革委,建设部. 建设项目经济评价方法与参数[M]. 3版. 北京:中国计划出版社,2006.
[2] 《投资项目可行性研究指南》编写组. 投资项目可行性研究指南:试用版[M]. 北京:中国电力出版社,2002.
[3] 邵颖红,黄渝祥,邢爱芳,等. 工程经济学[M]. 5版. 上海:同济大学出版社,2015.
[4] 黄有亮,徐向阳,谈飞,等. 工程经济学[M]. 3版. 南京:东南大学出版社,2015.
[5] 刘长滨. 建筑工程技术经济学[M]. 3版. 北京:中国建筑工业出版社,2007.
[6] 赵国杰. 工程经济学[M]. 天津:天津大学出版社,2003.
[7] 全国监理工程师培训教材编写委员会. 建设工程投资控制[M]. 北京:知识产权出版社,2003.
[8] 张传吉. 建筑业价值工程[M]. 北京:中国建筑工业出版社,1993.
[9] 谭浩邦,杨明. 新编价值工程[M]. 广州:暨南大学出版社,1996.
[10] 刘亚臣. 工程经济学[M]. 大连:大连理工大学出版社,1999.
[11] 刘晓君. 建筑技术经济学[M]. 北京:中国建筑工业出版社,1998.
[12] 全国造价工程师考试培训教材编审委员会. 建设工程计价:2014修订版[M]. 北京:中国计划出版社,2015.
[13] 全国造价工程师考试培训教材编审委员会. 工程造价案例分析[M]. 北京:中国城市出版社,2000.
[14] 里格斯. 工程经济学[M]. 吕薇,等译. 北京:中国财政经济出版社,1989.
[15] 刘晓君. 工程经济学[M]. 北京:中国建筑工业出版社,2003.
[16] 何亚伯,张海涛,杨海红. 工程经济学[M]. 北京:机械工业出版社,2008.
[17] 陈锡璞. 工程经济[M]. 北京:机械工业出版社,2000.
[18] 全国一级建造师执业资格考试用书编写委员会. 建设工程经济[M]. 4版. 北京:中国建筑工业出版社,2015.
[19] 郑连庆. 建筑工程经济与管理[M]. 广州:华南理工大学出版社,1996.
[20] 郭献芳. 工程经济学[M]. 北京:中国电力出版社,2004.
[21] 傅家骥. 工业技术经济学[M]. 北京:清华大学出版社,1986.
[22] 王丽萍. 水利工程经济学[M]. 武汉:武汉大学出版社,2002.
[23] 斯坦纳. 工程经济原理[M]. 张芳,等译. 北京:经济科学出版社,1996.
[24] 冯文权. 经济预测与决策技术[M]. 4版. 武汉:武汉大学出版社,2002.
[25] 建设部标准定额研究所. 房地产开发项目经济评价案例[M]. 北京:中国计划出版社,2002.
[26] 财政部注册会计师考试委员会办公室. 财务成本管理[M]. 北京:经济科学出版社,2015.
[27] 周银河,等. 建筑经济与企业管理[M]. 北京:中国建筑工业出版社,1996.
[28] 李南. 工程经济学[M]. 北京:科学出版社,2000.
[29] 吴添祖,等. 技术经济学概论[M]. 北京:清华大学出版社,2004.
[30] 胡珑瑛. 技术经济学[M]. 哈尔滨:哈尔滨工业大学出版社,2004.
[31] 徐莉. 技术经济学[M]. 武汉:武汉大学出版社,2003.
[32] 唐菁菁. 建筑工程施工项目成本管理[M]. 北京:机械工业出版社,2001.
[33] 财政部注册会计师考试委员会办公室. 会计[M]. 北京:中国财政经济出版社,2015.
[34] 建设部标准定额研究所. 建设项目经济评价参数研究[M]. 北京:中国计划出版社,2004.
[35] 王勇,方志达. 项目可行性研究与评估[M]. 北京:中国建筑工业出版社,2004.
[36] 注册咨询工程师(投资)考试教材编写委员会. 现代咨询方法与实务[M]. 北京:中国计划出版社,2003.
[37] 陈文晖. 工程项目后评价[M]. 北京:中国经济出版社,2009.
[38] 周惠珍. 投资项目评估案例[M]. 北京:中国计划出版社,2003.

信息反馈表

尊敬的老师：您好！

  感谢您对机械工业出版社的支持和厚爱！为了进一步提高我社教材的出版质量，更好地为我国高等教育发展服务，欢迎您对我社的教材多提宝贵意见和建议。另外，如果您在教学中选用了《工程经济学　第 2 版》（杜春艳、唐菁菁、周迎编），欢迎您提出修改建议和意见。索取课件的授课教师，请填写下面的信息，发送邮件即可。

一、基本信息

姓　名：_____　　性别：_____　　职称：_____　　职务：_____

邮　编：_____　　地址：_____

学　校：_____

任 教 课 程：_____　电　话：_____-_____（H）_____（O）

电子邮件：_____　QQ：_____　手机：_____

二、您对本书的意见和建议

（欢迎您指出本书的疏误之处）

三、您对我们的其他意见和建议

请与我们联系：

100037　北京百万庄大街 22 号

机械工业出版社·高等教育分社　　林辉　收

Tel：15201348223

E-mail：365170580@ qq. com

http：//www. cmpedu. com（机械工业出版社·教育服务网）

http：//www. cmpbook. com（机械工业出版社·门户网）